rowohlt
BERLIN

Michael Frank

Einhundert Samstage

Stella Levi und die Suche nach einer verlorenen Welt

Aus dem Englischen von Brigitte Jakobeit

Rowohlt · Berlin

Die Originalausgabe erschien 2022 unter dem Titel
«One Hundred Saturdays: Stella Levi and the Search for a Lost World»
bei Avid Reader Press, New York.

Deutsche Erstausgabe
Veröffentlicht im Rowohlt · Berlin Verlag, Mai 2023

Satz Casus Pro bei Dörlemann Satz, Lemförde
Druck und Bindung CPI books GmbH, Leck
ISBN 978-3-7371-0180-6

Die Rowohlt Verlage haben sich zu einer nachhaltigen Buchproduktion verpflichtet. Gemeinsam mit unseren Partnern und Lieferanten setzen wir uns für eine klimaneutrale Buchproduktion ein, die den Erwerb von Klimazertifikaten zur Kompensation des CO_2-Ausstoßes einschließt.
www.klimaneutralerverlag.de

FSC www.fsc.org MIX Papier | Fördert gute Waldnutzung FSC® C083411 *für*

Stella,
natürlich,
und in Erinnerung an meine Großmütter
Sylvia Shapiro Ravetch
und
Harriet Frank Sr.,

allesamt Geschichten-
erzählerinnen

«Die ungeheure Welt,
die ich im Kopf habe …»

Kafka

Das Meer ist nicht weindunkel, sondern von einem so bodenlosen und durchsichtigen Blau, dass es wehtut hinzusehen, so wie es wehtun kann, einem anderen Menschen in die Augen zu sehen. Ich betrachte dieses bodenlose, durchsichtige Blau und höre einer zweiundneunzig Jahre alten Frau zu, die mir erzählt, was an dieser Küste, hier an dieser Stelle, fast auf den Tag genau vor einundsiebzig Jahren geschah.

23. Juli 1944: ein Sonntag. Die Deutschen wählten absichtlich einen Sonntag, erzählt sie mir, denn am Sonntag waren alle Geschäfte geschlossen. Und sie lösten die Luftschutzsirenen aus, obwohl an diesem Tag keine Flugzeuge in Sicht waren und keine Bomben vom Himmel fielen, weil die Sirenen dafür sorgten, dass alle in ihren Häusern blieben – alle anderen. In den sechs, vielleicht auch mehr Stunden, die sie – über 1700 Menschen – brauchten, um zum Hafen hinunterzugehen, gab es nicht einen Zivilisten, der bewusst Zeuge wurde, Einspruch erhob oder kam, um sich zu verabschieden.

Es war wie ein Leichenzug von Menschen, sagt sie, die um sich selbst trauern.

Hier, wo wir stehen, wurde die gesamte jüdische Gemeinde der Insel Rhodos – ihre Gemeinde, auf ihrer Insel, dem Ort, den sie für ihren eigenen kleinen Fleck Land hielt – auf drei Schiffe verladen, die diese über 1700 Menschen zum Hafen von Piräus brachten, von dort ins Gefängnis von Chaidari und von dort zu den Zügen, die sie zwei Wochen später nach Auschwitz transportierten – zeitlich und geografisch bemessen die insgesamt längste und in vielerlei Hinsicht eine der absurdesten, wenn nicht *die* absurdeste aller Deportationen.

«Wir waren Alte, junge Frauen und Kinder», sagt sie. «Die meisten von uns hatten die Insel in ihrem Leben noch nie verlassen, auch ich nicht. Es wäre einfacher gewesen, man hätte uns hier umgebracht, damit wir wenigstens bei unseren eigenen Leuten begraben werden.»

Jetzt blickt die Zweiundneunzigjährige – Stella Levi – aufs Wasser, zum Horizont. Sie betrachtet die saubere, scharfe Linie, die Wasser von Himmel trennt, ein Blau vom anderen. Dann wendet sie sich wieder mir zu. Ihr Gesicht ist düster, ihre in die Ferne gerichteten Augen sehen, was ich mir nicht vorstellen kann.

Einen Moment lang schweigt sie, ehe sie sagt: «Vielleicht kann man an einem bestimmten Punkt nicht mehr leibhaftig zurückkehren. Vielleicht geht es dann nur noch in Gedanken.»

Stella ist nicht zum ersten, aber vermutlich zum letzten Mal in die Juderia von Rhodos gekommen, um eine Verbindung herzustellen – oder es zumindest zu versuchen – mit dem Viertel, in dem sie zur Welt kam und aufwuchs wie ihre Eltern, Großeltern und viele Generationen zuvor seit dem späten fünfzehnten Jahrhundert, als sephardische Juden aus Spanien verbannt wurden und sich über Europa und den Mittelmeerraum zerstreuten. Weil sie hier ist, bin auch ich hier, obwohl ich sie noch nicht annähernd so gut kenne wie heute. Als ich während eines Aufenthalts in Rom erfuhr, dass sie eine Rückkehr nach Rhodos plante, buchte ich ein Ticket und lud mich mehr oder minder selbst ein. Später wird sie mir erzählen, dass dies einer der Gründe für ihren

Entschluss war, mir ihre Geschichte anzuvertrauen. Später werde ich verstehen, dass ich sie auch begleitete, um ihr Vertrauen zu gewinnen.

Wir beide waren uns erst ein paar Monate zuvor in der Casa Italiana begegnet, dem Sitz der Abteilung für italienische Studien der NYU in Greenwich Village, wo ich an einem Abend im Februar 2015 zu spät zu einem Vortrag kam und mich hastig auf einen Stuhl setzte, den einzigen freien Platz an einem langen rechteckigen Holztisch. Während ich noch verschnaufte, schwebte eine Frage über meine Schulter, gestellt mit einem starken italienischen Akzent: «Wo kommen Sie denn her, dass Sie es so eilig haben?»

Die fragende Frau war älter, elegant. Ihre Züge waren energisch, ihr braun getöntes Haar umrahmte makellos frisiert ihr Gesicht. Sie trug einen dunklen Rock, eine Strickweste und Ringe mit Steinen an den langen Fingern.

Ich erklärte ihr, dass ich aus einem Französischkurs kam. Sie nickte gedankenvoll.

Ich war, wie sie, in die Casa Italiana gekommen, um mir einen Vortrag über die Beziehung zwischen Museen, Gedenkkultur und dem Hitlerfaschismus anzuhören. Die Redner sprachen über Gedenkstätten, die Probleme im Zusammenhang mit der Kennzeichnung der realen Schauplätze, an denen abscheuliche Ereignisse stattgefunden haben, oder mit der Erinnerung an diese abscheulichen Ereignisse an Orten, die nichts damit zu tun hatten.

Sie hatte noch eine zweite Frage: «Darf ich fragen, *warum* Sie Französisch lernen?»

Ihre braunen Augen waren stechend und äußerst neugierig. Ich spürte, dass sie eine präzise oder zumindest interessante Antwort erwartete. Aber ich hatte nur eine ganz gewöhnliche Antwort parat. Ich erklärte, dass Französisch die erste Fremdsprache war, die ich gelernt hatte, beginnend in der Mittelstufe, und dass ich, nachdem ich jahrelang mehr Italienisch gesprochen hatte, mein Französisch wieder etwas aufzufrischen versuchte. Ich wolle mich nicht blamieren, wenn ich auf Reisen war, sagte ich. Und dass ich eines Tages Proust in seiner eigenen Sprache lesen wolle.

Irgendwie befürchtete ich, dass dies alles nach *Baguette-Croissant-Béret* klang – im Sinne von: Ich wäre gern in der Lage, in einem Pariser Geschäft nach solchen Sachen zu fragen.

Sie nickte wieder. «Wollen Sie wissen, wie hilfreich die französische Sprache in meinem Leben war?»

Nachdem sie festgestellt hatte, dass ich Italienisch sprach, wechselte sie die Sprache wie ich nun auch. *«Certamente.»*

«Als ich nach Auschwitz kam», sagte sie, «wussten sie nicht, was sie mit uns anfangen sollten. Juden, die kein Jiddisch sprechen? Was sind das denn für Juden? Judäo-Spanisch sprechende sephardische italienische Juden von der Insel Rhodos, versuchte ich zu erklären, ohne Erfolg. Sie fragten, ob wir Deutsch sprächen. Nein. Polnisch? Nein. Französisch? ‹Ja›, sagte ich. ‹Französisch spreche ich …›»

Sie verstummte. «Ich sprach Französisch, *etwas* Französisch, weil meine Schwestern die Alliance Israélite Universelle besucht hatten. Was sie lernten, gaben sie zu Hause weiter. Außerdem hatte ich die Sprache später in der Schule, so wie viele Mädchen auf Rhodos. Weil wir Französisch sprachen, steckten sie uns in Auschwitz zu den Französinnen und Belgierinnen, die Französisch *und* Jiddisch sprachen, dazu ein wenig Deutsch, genug, um zu übersetzen und zu kommunizieren. Und sie verstanden. Weil sie verstanden, was vor sich ging, gelang es ihnen zu überleben – und folglich auch uns.»

Sie lehnte sich in ihrem Stuhl zurück. *«C'est comme ça que le français m'a servi dans ma vie.»*

Am folgenden Morgen erhielt ich einen Anruf von Natalia Indrimi, der Direktorin des Centro Primo Levi, einer in New York ansässigen Organisation, die sich mit der Erforschung der italienisch-jüdischen Vergangenheit befasste und auf deren Initiative der Vortrag stattgefunden hatte. Ich kannte Natalia, weil ich sie um Hilfe bei der Recherche für eine während der Kriegsjahre in Italien spielende Geschichte gebeten hatte, ein Thema, das mich interessierte, seit ich in meinen Zwanzigern einige Zeit dort gelebt hatte.

Stella Levi, sagte Natalia, die Frau, neben der ich am Abend zuvor gesessen hatte, habe sich über unsere Begegnung gefreut. Als ich sagte, das beruhe auf Gegenseitigkeit, erklärte sie mir, Stella habe für einen Vortrag an einem der kommenden Abende im Centro Primo Levi etwas über ihre Kindheit und Jugend in Rhodos geschrieben, und da sie sich ihres geschriebenen Englischs unsicher sei, wolle sie mich fragen, ob ich mich mit ihr treffen würde, um ihr bei der Überarbeitung der wenigen Seiten zu helfen.

Als ich zwei Tage später unter einer grünen Markise am University Place vorbeiging, ahnte ich nicht, dass dies der erste von einhundert Samstagen war, die ich in den folgenden sechs Jahren in der Gesellschaft einer Frau verbringen würde, die mit der Zeit für mich eine Scheherazade, eine Zeugin, eine Beschwörerin und eine Zeitreisende wurde, die ich auf ihrer Reise begleiten durfte.

Vielleicht kann man nur in Gedanken zurückgehen?

Vielleicht.

1

«Ich denke schon länger darüber nach, ob es vielleicht Zeit wäre, wieder zu einem Psychiater zu gehen.»

Mit diesem Satz – es ist nicht der erste, aber fast – empfängt Stella mich in ihrer Wohnung.

«Ich weiß nicht, ob ein Psychiater überhaupt etwas mit mir anfangen könnte», fügt sie hinzu. «Als ich in den 1950ern nach New York zog, war ich bei drei verschiedenen. Auch damals wussten sie nicht, was sie mit mir anfangen sollten.»

Ich trete in ihre kleine Diele. Stella nickt in Richtung eines Stuhls, auf den ich meine Jacke lege.

«Sie konnten mit keinem etwas anfangen, der aus den Lagern zurückkam. Wie auch, sie waren schließlich nicht dort gewesen. Das änderte sich auch nicht, als ich ihnen davon erzählte oder es zumindest versuchte. Aber vielleicht war ich auch diejenige, die nicht bereit war.»

Stella setzt sich in ihren Sessel und zeigt auf das danebenstehende Sofa. Sie trägt eine schicke legere Hose, eine weiße Bluse und wieder eine Strickweste.

Ich nehme Platz.

«Was meinen Sie?», fragt sie. «Ist das eine gute Idee?»

Ich denke: Psychotherapie – am späten Ende des Lebens? Mit Sicherheit würde es einige Nachforschungen und Versuche erfordern, um die richtige Person zu finden. Und wie sollte eine solche Person sein? Was müsste sie erlebt, studiert oder gelesen haben, um jemanden mit Stellas Hintergrund verstehen, geschweige denn ihr helfen zu können?

Sie wartet meine Antwort nicht ab. «Ich bin mir nicht sicher. Seit einiger Zeit fühle ich mich nicht wohl in meiner Haut. Mein Gefühl sagt mir, dass ich reden muss.»

Sie sieht mich unverwandt an, eine zweiundneunzigjährige Frau mit einer Frage, einem Bedürfnis. Da sind wir: von Angesicht zu Angesicht an einem ruhigen Samstagnachmittag in ihrer Wohnung in Greenwich Village bei unserem ersten richtigen Treffen.

«Sind die Lager ... etwas, über das Sie jetzt sprechen möchten?», frage ich.

In ihren Augen blitzt etwas auf, nicht ganz Ärger, aber fast. «Ich dachte, Sie sind hergekommen, um sich ein paar Seiten anzusehen, die ich über Rhodos geschrieben habe.»

«Bin ich auch», erwidere ich vorsichtig.

Sie bedenkt mich mit einem Blick, den ich als misstrauisch deute, und öffnet eine Mappe. Wie sich zeigt, ist es die falsche, denn sie springt auf und eilt zu ihrem Schreibtisch, der in einer Ecke des Wohnzimmers steht – und *aufspringen* ist das richtige Wort; es scheint, als ob sich eine fest gewickelte Spule löst und sie in die Luft katapultiert.

Ich habe noch nie eine Neunzigjährige gesehen, die sich so bewegt. Und auch keine Achtzigjährige, wenn ich's mir recht überlege.

Ein paar Sekunden später drückt sie mir mehrere maschinengeschriebene Seiten in die Hand. Sie erwartet, und daran besteht kein Zweifel, dass ich sie unter ihrem Blick lese und mich dazu äußere, während ich auf diesem Sofa sitze. Ich komme mir vor wie in einer Prüfung.

Sorgfältig lese ich sie, wohl wissend, dass sie mich die ganze Zeit nicht aus den Augen lässt. Auf diesen Seiten offenbart Stella einen Schnappschuss, mehrere Schnappschüsse, von ihrer Jugend in der Juderia. Sie beschreibt einen exotischen Brauch, die sogenannte *enserradura*, etwas, das eine ältere Frau an einer meist unverheirateten, nervösen oder depressiven jungen Frau ausführte: Man wurde sieben oder acht Tage zusammen mit dieser Frau im Haus eingesperrt, eine Art Heilerin, die mit traditionellen Heilmitteln und Kuren arbeitete – auch Stellas Großmutter mütterlicherseits war eine. Für eine Woche mit dieser Heilerin abgeschottet, durfte man nur Wasser und eine dünne Brühe zu sich nehmen. Während der *enserradura* wurden die Häuser zu beiden Seiten geräumt, damit vollkommene Stille und Ruhe herrschte, wenn die Heilerin am Bett der jungen Frau mit einer Handvoll *mumya* saß, der angeblichen Asche jüdischer Heiliger aus dem Heiligen Land. Mit *mumya* in der Hand umkreiste die Heilerin das Gesicht der jungen Frau und sprach dabei ein Gebet. Sie betete und kreiste, bis beide gähnten, und am folgenden Morgen machte sie dann weiter. Nach sieben oder acht Tagen galt die junge Frau als geheilt. Sie stand auf und ging ins türkische Bad, um sich zu waschen und alle schlechten Gefühle entschlossen fortzuschicken.

Ich beende die Lektüre über diesen Brauch, diese *enserradura*, und blicke zu Stella, die im zweiten Jahrzehnt des einundzwanzigsten Jahrhunderts in ihrem Wohnzimmer sitzt, die Wände gestrichen in abwechselnd sattem Ockergelb und pompejanischem Rot, in den Regalen Bücher in fünf verschiedenen Sprachen, auf dem Boden dicke, dämpfende türkische Teppiche, des Weiteren Computer, Fernseher und diverse Geräte. «Ich schätze mal, Sie mussten sich als junges Mädchen nie einer *enserradura* unterziehen.»

«Ach ja? Wie kommen Sie darauf?»

«Intuition.»

Sie fokussiert ihre stechenden, klaren Augen auf mich, ehe sie sagt: «Natürlich nicht. So ein Mädchen war ich nicht.

Und auch keine meiner Schwestern. Meine Schwester Felicie – die Intellektuelle in der Familie – sagte sogar oft: ‹Über solche Dinge dürfen wir nicht mal *sprechen*. Die Moderne hat Einzug gehalten – die westliche Welt steht an unserer Schwelle. Freud, Thomas Mann.›» Sie verstummt. «Heute kann ich darüber sprechen. Inzwischen habe ich eingesehen, dass die Welt, in die ich geboren wurde, sogar … ich weiß nicht … interessant gewesen sein könnte.»

«Damals sahen Sie das anders?»

«Damals wollte ich frei sein. Ich wollte ein Leben, ein größeres Leben, als es sich mir in dieser kleinen Gemeinde auf dieser kleinen Insel mitten im Nichts bot.»

Sie lehnt sich zurück und zeigt auf die Seiten, die ich eben gelesen habe. «Und? Was denken Sie?»

«Ganz ehrlich, ich bin nicht sicher, ob Sie meine Hilfe brauchen.»

«Das Englisch ist nicht perfekt», sagt sie.

«Das Englisch ist nicht fehlerlos, aber die Geschichten … über Ihre Tante Tia Rachel zum Beispiel, die auf ihrer Terrasse das Regenwasser auffängt, um ihrer Tochter die Haare zu waschen. Die mit Schüsseln und Töpfen draußen steht, während sich der Himmel öffnet und es in Strömen gießt, und Ihr Onkel, der sagt –»

«*Esta en ganeden* – sie ist im Paradies.»

Als ich verwirrt wirke, fügt Stella hinzu: «Es war ihr eine Freude, das Regenwasser zu sammeln.» Sie winkt mit der Hand. «Ich möchte, dass Sie in Ordnung bringen, was ich geschrieben habe. Machen Sie das?»

Ja, antworte ich. Einverstanden.

2

In der folgenden Woche friemele ich an Stellas Text herum und schicke ihn per E-Mail zurück. In ihrer Antwort schreibt sie, sie habe das Gefühl, alles sei immer noch falsch. Das stimmt nicht, aber ich werde noch merken, dass sich Stella nicht leicht zufriedengibt. Oder genauer gesagt, es fällt Stella nicht leicht, mit sich zufrieden zu sein.

Am folgenden Samstag kehre ich zurück, und wir gehen meine Änderungsvorschläge durch. Das Ganze dauert vielleicht zehn, fünfzehn Minuten. Danach schiebt sie die Seiten in die Mappe zurück, sieht die Mappe melancholisch an und seufzt.

Schweigend sitzen wir da.

Ich beschließe, ihr zu erzählen, was mir in der vergangenen Woche durch den Kopf ging. Wenn sie bereit sei, sage ich, würde ich gern weiterhin am Samstag kommen. Ich möchte sie zu ihrem Leben in Rhodos, in den Lagern und nach den Lagern befragen.

«Vielleicht über alles andere», sagt sie, «aber nicht die Lager.»

«Wieso nicht die Lager?»

«Weil ich nicht so jemand sein will.»

Ich frage sie, was sie damit meint. Sie beschreibt den Typus von Überlebenden, die ihre Erlebnisse so oft geschildert haben, dass sie verkümmert und fern erscheinen – mechanisch. Sie versteht nicht, warum Leute das tun. Sie wollte nie eine auf dem Podium stehende Überlebende, eine Erzählerin des Holocaust sein, erstarrt, ohne neue Ideen oder Perspektiven, eine, die nur dieses eine Ereignis in einem langen, vielschichtigen Leben derart in den Mittelpunkt rückt.

Ich verstehe, versichere ich ihr. Aber trotzdem – wie wäre es, wenn sie mir über ihr Leben in Rhodos *davor* erzählt, im Stil der Seiten, die sie mir zu lesen gegeben hatte? Wie wäre es, wenn sie diese Lebensweise, diese Menschen, diese Welt erhalten könnte?

«Von uns sind nur noch eine Handvoll übrig», sagt sie nachdenklich.

«Ein Grund mehr», sage ich. «Denn wenn Sie … gehen, geht die Geschichte dieses Ortes und dieser Leben mit Ihnen.»

«Glauben Sie, ich weiß das nicht?» In etwas milderem Ton fügt sie hinzu: «Ich habe so vieles nicht erzählt. Alles, was – schwierig war.»

«Haben Sie Kinder?», frage ich.

«Einen Sohn, ja. John.»

«Haben Sie John von dem Schwierigen erzählt?»

«Nicht viel.»

«Warum das?», frage ich.

«Ich wollte ihn nicht belasten.»

«Und Ihren Enkelkindern, falls Sie welche haben?»

«Drei: Randy, Rita und Lewis.» Sie hält inne. «Ihnen habe ich ein bisschen was erzählt, aber …»

«Aber?»

«Ich nehme an, ich war nicht bereit.»

«Wie bei den Psychiatern?»

Sie nickt nicht. Aber sie schüttelt auch nicht den Kopf.

«Sind Sie jetzt bereit?»

«Vielleicht nächstes Mal», sagt sie und steht auf.

3

Am folgenden Samstag nehmen wir wieder unsere Plätze ein: sie in ihrem Sessel, ich auf dem Sofa neben einer weißen Porzellanlampe mit einem Blumen- und Blätterrelief.

Wir tauschen Höflichkeiten aus und sitzen dann eine Weile betreten schweigend da.

«Sollten Sie mich nicht etwas fragen, um mich in Schwung zu bringen? Wo ich zum Beispiel geboren bin, meine erste Erinnerung, etwas in der Art?»

Ihr Blick: misstrauisch und provozierend zugleich.

«Erzählen Sie mir doch, wann Sie zum ersten Mal gemerkt haben, dass Sie anders sind.»

«Wie kommen Sie darauf, dass ich anders war?», fragt sie, und jetzt funkeln ihre Augen.

Sie war vierzehn, seit ein, zwei Monaten. Die Idee kam ihr mitten in der Nacht – sie hatte keine Ahnung, warum. Vermutlich, weil sie ihre nächstältere Schwester Renée beobachtet hatte, die sechzehn geworden war und anfing, stundenlang im Wohnzimmer oder in ihrem *kortijo* zu sitzen, dem für die besseren Häuser in der Juderia typischen von Mauern umgebenen Hof, und plötzlich wie eine ältere Frau neben ihrer Mutter nähte, stickte und sich vorbereitete – auf den Mann, den sie noch nicht kannte und nicht selbst auswählen würde. Nachthemden, Taschentücher, Tischwäsche. Bettlaken, Kissenbezüge. Stella verabscheute jegliche Handarbeiten. In ihren Augen war es ein lächerlicher Zeitvertreib für ein Mädchen, sich auf diesen Phantommann oder -jungen vorzubereiten, den jemand (ihre Mutter, eine andere Mutter, ein Onkel, eine Heiratsvermittlerin) aus den verfügbaren Kandidaten herauspickte und ihr wie einen Hauptgewinn präsentieren würde. Sie hatte eine andere Idee. Eines Abends holte sie vor dem Zubettgehen einen alten Koffer hinten aus einem Schrank, wischte eine dünne Staubschicht ab und breitete ihn auf dem Boden aus. Dann packte sie ihn sorgfältig mit Kleidern, Schuhen, leeren Notizbüchern, Stiften und einem Mantel, stellte ihn neben die Tür und ging schlafen.

Am nächsten Morgen entdeckte ihre Mutter den Koffer und fragte, ob sie vorhabe, irgendwohin zu gehen.

«Natürlich», antwortete sie. «An die Universität in Italien.»

«Natürlich, an die Universität in Italien», wiederholte Miriam, ihre Mutter. Miriam hatte nur die Grundschule besucht, und mit einer Ausnahme war keine ihrer Töchter über die Mittelstufe hinausgekommen. Aber sie lachte nicht und regte sich nicht auf. Sie sagte nicht: *Mit achtzehn werden dir diese Kleider zu klein sein.* Sie sagte nicht: *Du wärst das erste Mädchen in der Juderia, das so etwas macht.* Sie nickte nur in Richtung des Koffers und ließ die Sache auf sich beruhen.

Vielleicht war es leicht, das Nesthäkchen der Familie in Ruhe zu lassen, zumal es noch ältere Mädchen gab, drei an der Zahl, um die es sich zu kümmern und für die es zu planen galt, sprich, die noch unter die Haube gebracht und im Leben etabliert werden mussten.

Bei Renée, die Stella altersmäßig am nächsten war, wurde dieser Vorfall ein Witz: Stella und ihr gepackter Koffer, Stella, die mit vierzehn vorhatte, an die Universität in Italien zu gehen. Doch nicht für Stella. Ihr Koffer stand monatelang bereit und wurde gelegentlich von ihr umgepackt. Die Witze blieben, während die Monate zu Jahren wurden. Genau wie der Koffer.

4

Aber woher kam die Idee, mit vierzehn zu packen, um zur Universität zu gehen?

Vermutlich durch ihre Schwester Felicie, wobei Stella unschlüssig ist, ob ihretwegen oder trotz ihr.

Sie waren sieben Geschwister – Morris, Selma, Felicie, Sara, Victor, Renée und Stella. Aber da Morris Rhodos schon vor Stellas und Renées Geburt verließ und Selma fortging, als Stella gerade sechs war, war Felicie für den Großteil von Stellas Kindheit das älteste Geschwisterkind im Haus, und sie war noch dazu ein sehr ungewöhnliches.

Stella stahl sich oft aus dem Bett, um Felicie zuzuhören, die mit ihrem Freund Robert Cohen bis spät in die Nacht aufblieb und immer nur *redete*. Robert war offenbar nicht Felicies fester Freund. Erstens passten seine Socken nicht zusammen, und dann saßen sich die beiden mit großem Abstand gegenüber und schienen sich nicht zu berühren. Aber sie redeten (und redeten … und redeten), tauschten Gedanken aus und erwähnten Namen, die Stella kaum kannte: Henri Bergson. Tolstoi. Proust. Außerdem verhielt Felicie sich nicht wie andere Mädchen in der Juderia oder gar in der Familie; sie war nicht wie Selma (soweit Stella sich an Selma erinnerte) oder Sara, die ihrer Mutter beim Kochen half. Sie saß in ihrem Zimmer und las den ganzen Tag bis in die Nacht. Auch zum Abendessen kam sie nicht, wenn sie gerufen wurde. Sie las so viel, dass sie am Hinterkopf eine kahle Stelle bekam, für die Dr. Hasson eine spezielle *pomata* anrühren musste.

Felicie war nicht für die moderne Welt geschaffen; sie

gehörte auch nicht nach Rhodos. Sie besaß den Grips einer europäischen Intellektuellen des frühen zwanzigsten Jahrhunderts im Körper einer jungen Frau, die im Nahen Osten aufgewachsen war; sie hatte eine andere Mentalität, ein völlig anderes Wesen. Felicie interessierte sich nicht für Kleider. Sie machte sich nicht die Mühe, die wenigen verbliebenen Haare am Hinterkopf zu kämmen. Als die Familie für ein Foto außerhalb der von mittelalterlichen Mauern umgebenen Altstadt posierte, drehte sie dem Fotografen als Einzige unter den Kindern den Rücken zu.

Was war los mit ihr? Stimmte etwas nicht mit ihr?

5

Felicie war das erste Mitglied der Familie, das die Juderia nach der Mittelstufe verließ, um bei den *suore*, den Nonnen der *scuola femminile*, der italienischen Oberschule für Mädchen, zu lernen, und ermutigte Stella, ihrem Beispiel zu folgen. Felicie war eine so herausragende Schülerin, dass Stella noch Jahre später, als sie ihr in die Schule folgte, von der *madre superiora* am ersten Tag mit den Worten begrüßt wurde: *«Vediamo un pò se sarai brava come Felicie»* – wir werden sehen, ob du eine ebenso gute Schülerin wie Felicie bist.

Felicie setzte den Maßstab. Und zwar nicht nur in der Schule. Sie und ihre gleichgesinnten Freunde nahmen Stella zu einer Besichtigung des Monte Smith mit, wo italienische Archäologen die Akropolis mit ihren Tempeln, dem Stadion und dem Theater ausgruben, das angeblich als legendäre Schule der griechischen Rhetorik gedient hatte. Sie besuchte auch griechisch-orthodoxe Kirchen und befasste sich gern mit Moscheen – jedenfalls von außen. Durch Felicie begriff Stella, dass sie von etwas Bedeutendem abstammten, das einen weiteren Horizont hatte als die Juderia mit ihrem Strand und Kay Ancha, dem großen Platz mit den verschiedenen Läden. Felicie war die erste junge Frau, von der Stella hörte, sie habe keine Lust, ihre Aussteuer vorzubereiten. Sie dachte überhaupt nicht ans Heiraten, hatte keinen Freund (und auch keine Freundin) und stellte Autoritäten, Vorschriften und Ansichten infrage.

Felicie erklärte ihren eigenen Eltern die Natur des Menschen. Als Sara länger als gewöhnlich unterwegs war und

Miriam besorgt an der Tür wartete, während Stella zusah und sich angstvoll fragte, was bei ihrer Rückkehr passieren würde, setzte sich Felicie mit ihrer Mutter und ihrem Vater hin und lieferte einen kurzen Diskurs über menschliche Freiheit und Glück, in dem sie gleichzeitig rechtfertigte, weshalb es völlig in Ordnung war, wenn eine junge Frau ihrem freien Willen folgte und nach Hause kam, wann sie wollte.

Beim Belauschen der spätabendlichen Gespräche von Felicie und Robert Cohen hörte Stella auch zum ersten Mal, dass sich jemand kritisch über das faschistische Regime äußerte, unter dem sie alle aufwuchsen, auch wenn sie damals kaum verstand, was das hieß. Sie wusste nur, dass die Gespräche ihrer älteren Schwester ihre Eltern irgendwie beunruhigten und, hätte jemand mitgehört, sie alle in Gefahr hätten bringen können. «Nur gut», sagte Miriam, «dass sie sich nur abends unterhalten.»

Felicie, die weise Tochter, die Leserin, die kluge, politisch interessierte Schülerin: Sie schrieb einen brillanten Essay über Verbrechen und Strafe nach Auffassung der alten Griechen. Das bewog David Amato, einen der wenigen Männer aus der Gemeinde, die zum Studieren ins Ausland gereist waren, zu dem Vorschlag, Felicie solle nach Paris gehen und an der Sorbonne studieren, um Lehrerin zu werden, der naheliegende (und quasi einzige) Weg für eine schlaue junge Frau, die keine Lust hatte, zu heiraten, in einem Geschäft oder einem Büro zu arbeiten oder ein Handwerk auszuüben.

Miriam hatte eine Cousine, die in Paris lebte. Felicie sprach fließend Französisch. Sie wäre dort nicht allein gewesen – jemand würde ihr einen Teller Suppe hinstellen und ihr Gesellschaft leisten, während sie studierte –, doch Felicie lehnte ab. Sagte spontan und unmissverständlich Nein.

Stella traf der fehlende Mut ihrer Schwester schwer: «In ihrem Denken war Felicie ein offenherziger Freigeist, aber nicht in ihrer Seele. Es hätte ihr Leben verändert, vielleicht unser aller Leben, wer weiß. Doch stattdessen zog meine Schwester den Vorschlag noch nicht einmal in Betracht. Sie hatte Angst davor, in der Welt da draußen zu leben.»

6

Wenn Felicie ein unvollkommenes Vorbild war, dann war Renée das Anti-Vorbild. Die 1921 geborene und somit um zwei Jahre ältere Renée war ein modisches Mädchen, pingelig, was Kleidung, Schuhe und Haare anging. Stella achtete wenig auf ihr Äußeres (aber mehr als die schlicht gekleidete Felicie). Renée war eine *signorina*, eine richtige junge Dame, die nie ein Wort wie das leicht vulgäre *pasticcio* (Schweinerei) in den Mund nahm; Stella sagte, was ihr in den Sinn kam. Die zögerliche, zarte Renée war Asthmatikerin und wurde von ihrer besorgten Mutter oft verhätschelt. Stella war robust, eine Langstreckenschwimmerin, die im aufgetragenen Badeanzug der letzten Saison zum Strand ging, während Renée das neueste Modell haben musste. Stella war eine furchtlose Taucherin, hatte haufenweise Freundinnen. Sie war neugierig, ehrgeizig und mutig. Renée war wählerischer und anspruchsvoller, in jeder Hinsicht das besonnene Gegenteil.

«Aber wissen Sie», sagt Stella, «nach all den Jahren bin ich mir nicht sicher, ob Renée immer so zart und vorsichtig war oder ob meine Mutter sie nur so behandelte und sie deshalb so wurde. Später stellte ich fest, dass sie in ihrem tiefsten Inneren stark war, aber sie galt nun mal als die zerbrechliche, die ständig ermahnt wurde, einen Pullover anzuziehen oder nicht ins Wasser zu gehen, wenn es zu kalt war. So ist das in Familien. Eine ist so, dann muss die Nächste anders sein …»

Ich frage Stella, was sie daraus schloss.

«Die Freiheit zu wählen, was ich sein wollte», sagt sie.

7

Mit fünfzehn begann Renée zusammen mit Miriam, an ihrer Aussteuer zu arbeiten. Nachdem die älteren Mädchen aus dem Haus waren, hatte Miriam nichts mehr zu tun – und eine Aussteuer für Felicie kam schließlich nicht infrage. Sie nähte Renée ein wunderschönes *camicia da notte* aus Satin; sie bestickte Tischwäsche und die Kanten von Handtüchern. Wie bestellt wurde Renée sechzehn und hatte *un flirt* mit dem Sohn des Bankiers Alhadeff; in der Gemeinde wurde darüber getuschelt, und Miriam hörte davon. Als Sprössling des weit weniger vermögenden Zweigs einer Bankiersfamilie hatte Miriam ein scharfes Gespür für die lokale soziale Hierarchie. «Erhebe dich nicht über deinen Stand», ermahnte sie Renée. «Daraus wird nichts.» Und sie behielt recht.

Aber wenn Renée nicht den Sohn des Bankiers heiraten konnte, wen sollte sie dann heiraten?

Mit Sicherheit niemanden in der Familie, auch wenn Cousins und Cousinen in der Juderia mitunter heirateten. Stellas Großmutter mütterlicherseits, Sara Notrica, die Heilerin, war ein solcher Fall. Sie war mit Mosche, ihrem Cousin ersten Grades, verheiratet gewesen, und ihr Urteil zu dieser Konstellation lautete: «Heirate *nie* einen Verwandten, *niemals.*»

Die Mädchen hörten das ständig, während sie aufwuchsen. Es war eine Warnung, ein Fluch. Als ein Cousin, der im Kongo lebte, ein absolut seriöser junger Mann, um Renées Hand anhielt, sagte sie, sie könne diesen Gedanken noch nicht einmal in Erwägung ziehen.

Mosche Notrica starb vor Stellas Geburt, aber sie wuchs mit dem Wissen auf, dass ihre Cousin-Großeltern getrennt lebten – in der damaligen Zeit und an diesem Ort –, und das beeindruckte sie. Ebenso wie die Tatsache, dass ihre Großmutter Sara in einem Haus lebte, das ihr reicher Bankiersbruder Giuseppe Notrica ihr überlassen hatte, ein angesehener Philanthrop in der Gemeinde, der keine eigenen Kinder hatte und es sich zur Aufgabe machte, das Leben junger Menschen zu verbessern (er unterstützte die Schule, baute Häuser, mit deren Miete er Bücher und Kleidung für arme Schüler kaufte, und gründete die Fondazione Notrica, ein soziales und kulturelles Zentrum, in dem Vorlesungen, Tanzabende und andere Veranstaltungen für die ortsansässige Jugend stattfanden). Schon früh wusste Stella instinktiv, dass ihre Familie, zumindest mütterlicherseits, einer bestimmten Klasse von Menschen angehörte, aber eben doch nicht ganz. «Man weiß nie, in welche Richtung sich das Rad des Schicksals dreht», erklärte Miriam ihren Töchtern nachdrücklich. «Man tut gut daran, andere nicht um ihren Besitz zu beneiden oder ihnen deswegen zu grollen.»

Miriam hegte vielleicht keinen offenen Groll, aber ihr Verhalten erzählte eine etwas nuanciertere Geschichte. Als sie in das Haus ihrer Schwiegermutter gegenüber der Synagoge, der Kahal Shalom, zog, verschönerte sie es mit einem Teil ihrer Mitgiftmöbel: einem Buffet, einem hübschen Tisch und Stühlen, vergoldeten schmiedeeisernen Bettgestellen, die für das vorhandene Ambiente zu fein und zu elegant wirkten. An den Wohnzimmerwänden ließ sie Marmor anbringen – einen Streifen schwarz-weißer Steine, sogenannte *sheshikos*, wie in den besseren Häusern in Rhodos üblich; außerdem einen Kristalllüster; dazu kam ein Eingangsbereich mit einem ansprechenden Tor. «Mein Vater meckerte, weil er nicht gern Geld ausgab», erzählt Stella, «aber er hatte eine Notrica geheiratet ... Im Übrigen gab er meiner Mutter ohnehin, was sie wollte.»

Er hatte eine Notrica geheiratet, sprich, eine junge Frau, die vom Geld kam, aber selbst nicht zwingend welches hatte. Die Notricas, die Menasces, die Alhadeffs – oder die Zweige der Familien mit Geld – hatten sich außerhalb der Juderia niedergelassen, in einem Viertel, das als Marasch bekannt war (türkisch für «außerhalb der Stadtmauern») und in weiten Teilen ursprünglich ein bescheidenes griechisches Viertel war, das die Italiener mit modernen Häusern wiederaufgebaut hatten, ausgestattet mit Badezimmern und supermodernen Küchen, in denen Haushälterinnen in gestärkten Uniformen das Regiment führten und nicht Mütter oder Großmütter. Stella ging mit einigen der Mädchen aus dem Marasch zur Schule, war aber trotz der vorgeblichen Philosophie ihrer Mutter, die sie verstand und versuchte zu verinnerlichen, nicht immun gegen gewisse unvermeidliche Vergleiche und die Gefühle, die sie auslösten, besonders nach dem Besuch der Synagoge oder an Feiertagen. «Unsere wohlhabenderen Verwandten schauten nach dem Gottesdienst bei uns vorbei und tranken einen Schluck Wein oder kosteten Mammas selbst gemachtes Marzipan, aber sie blieben nie zum Essen. Eigentlich eine Banalität, aber Kinder sind sehr empfänglich für solche Unterschiede, mich haben sie geprägt. Auf eine Weise, die ich erst später im Leben verstand, nachdem ich viel zu lange Wert auf Kleidung, Äußerlichkeiten und Materielles gelegt hatte ...»

Als Sara Notrica starb, fuhr an sieben Morgen ein Chauffeur in einem glänzenden schwarzen Auto durch die engen Straßen der Juderia und setzte ihren wohlhabenden Bruder Chaim vor dem Haus der Levis ab, damit er mit dem Rest der Familie trauern und beten konnte. Am Abend holte der Chauffeur ihn wieder ab und brachte ihn, so schien es, nicht nur schnell wieder in ein anderes Viertel, sondern in eine andere Welt.

Auch das prägte Stella. Auch das vergaß sie nie.

8

Nicht dass die Levis in finanziellen Schwierigkeiten steckten, zumindest nicht in den Vorkriegsjahren. Stellas Vater war einer der erfolgreicheren Rhodeslis (so bezeichneten sich die Gemeindemitglieder auf Judäo-Spanisch) und führte als Holz- und Kohlenlieferant das Geschäft seines Vaters weiter. Er hatte ein Monopol auf Regierungsverträge für den Verkauf von Kohle, mit einem Territorium, das sich auf zwölf Inseln erstreckte, und betrieb mit einem türkischen Partner die äußerst wichtige Zollwaage am Hafen. Jahrzehntelang florierte das Geschäft und ermöglichte der Familie ein gutes oder zumindest recht gutes Leben, nicht wie das der reichen Bankiersonkel, aber mit genügend Mitteln, um die Dienste einer Haushälterin, einer Wäscherin und einer Frau in Anspruch zu nehmen, die kam, um *fideos* zu machen, Signora Rachel di Dalva, die Stella mit der Aufgabe betraute, die fadendünnen Nudeln zum Trocknen über das Geländer der Terrasse zu hängen. Außerdem teilten sie sich mit einer anderen Familie eine festlich bemalte und aus zwei Räumen bestehende *cabina* am Strand, wo die jüngeren Kinder ihre Sommer fröhlich und frei in der Sonne verbrachten.

Dennoch waren die Levis stark in der Juderia verwurzelt, was Stella absolut nicht bedauert, zumindest nicht heute (anders war es, als sie sechzehn, achtzehn, zwanzig war und gegen so manche Einschränkungen aufbegehrte, die das Leben in einer so eng verbundenen Gemeinde mit sich brachte). Während Stellas Kindheit und Jugend auf Rhodos gelang es den Juden, Griechen, Türken und schließlich auch den Italienern – trotz ihrer unterschiedlichen Hintergründe, Religionen, Sprachen und Kulturen –, sich die Insel in relativer Harmonie zu teilen, wie sie es jahrhundertelang getan hatten. Dennoch war es äußerst wichtig, wo man lebte, und es wurde für Stella zunehmend wichtiger, wenn sie die bleibenden Themen ihres langen und abwechslungsreichen Lebens rückblickend betrachtete: «Wer außerhalb der Juderia wohnte, gehörte nicht wirklich dazu, denn man konnte nicht wirklich zu den Italienern, Griechen oder Türken gehören.»

Wer in der Juderia blieb, lebte unter den alten Frauen, die nachmittags draußen saßen und Geschichten erzählten, immer in Reichweite der Synagoge, wo man in Notfällen eine Öllampe anzünden oder beten konnte. Speisen brachte man zum Backen zum Gemeindeofen, und während man wartete, bis sie fertig waren, vertrieb man sich die Zeit und plauderte mit den Freundinnen. Gebadet wurde nicht zu Hause, weil es dort weder Bäder noch Duschen gab, sondern einmal in der Woche vor dem Schabbat im türkischen Bad. Man sang und lernte die spanischen *romansas*; man sog die Sprichwörter auf (ein Gelehrter allein zählte zwölftausend) und lebte danach, als wären sie Moleküle in der Luft oder Blut in den Venen; man lernte, die herzhaften Gerichte und Süßspeisen der Großmütter zuzubereiten; man ging vorsichtig über das unebene Kopfsteinpflaster; und beim Einschlafen atmete man den Duft der Höfe, diese intensive, unvergessliche Mischung aus Jasmin und Rosmarin, Lavendel und Rosen und Weinraute.

«Keins der Mädchen, die *außerhalb* lebten, könnte Ihnen etwas von alldem erzählen», sagt Stella. «Ich kann es.»

9

Eines Abends, als sie elf oder zwölf war, lauschte Stella wieder bis spätnachts einem Gespräch zwischen Felicie und Robert Cohen. Diesmal ging es um Gott, aber worum im Einzelnen, konnte sie nicht sagen – bis am nächsten Morgen beim Frühstück ihr Vater, der offenbar auch zugehört hatte, zu Felicie sagte: «Wolltet ihr, du und Robert, damit sagen, dass der *Mensch* Gott erfunden hat? Habe ich das richtig verstanden?» Felicie holte tief Luft und antwortete: «Ja, Papa, so sehe ich es, und so sehen es heutzutage viele von uns.»

Der *Mensch* hatte *Gott* erfunden? Stella rechnete mit einem Erdbeben, einem Sturm. Stattdessen neigte Yehuda den Kopf. Er war nicht verärgert, sondern verblüfft und neugierig. Verwirrt. Dieser Mann, der wie die meisten Menschen in der Juderia sein Leben nach dem jüdischen religiösen Kalender ausrichtete, der nie einen Ruf zum Gebet, einen Feiertag oder ein Ritual verpasste, der stets seine Zizit trug, wenn er zur Arbeit ging, allerdings verborgen unter seinem Hemd, und der seine Schabbatnachmittage nach dem Gebet mit dem Studium des Talmud verbrachte, hörte lediglich zu, was Felicie zu sagen hatte. Er respektierte ihren Intellekt; er war überzeugt, dass sie etwas wusste, etwas sah oder verstand, das ihm entging – «Entweder das, oder er wollte keinen Streit provozieren.»

Für Stella war es das erste Mal, dass sie jemanden ihre Religion anzweifeln (oder hinterfragen oder reflektieren) hörte. Die Levis lebten gegenüber der Kahal-Shalom-Synagoge. Bei jeder kleinen Sorge und jeder beunruhigenden oder schlechten Nachricht schickte Miriam die Mädchen flugs über die Straße, um ein Gebet zu sprechen oder eine Öllampe anzuzünden, oder sie eilte selbst dorthin. Die Synagoge war ihr Anker; das Judentum bestimmte ihre Zeit, ihr Weltbild, ihr Bewusstsein – aber musste das so sein?

10

Wie üblich wurde auch in diesem Herbst am Vorabend von Jom Kippur eines der Rituale begangen, die Stella überhaupt nicht mochte, die Kapparot-Zeremonie, bei der die Familienangehörigen still dastanden, während ein lebendiges, kreischendes Huhn über den Kopf einer Person geschwenkt wird, in dem Glauben, seine (oder ihre) Sünden würden dabei auf das Huhn übertragen. Währenddessen wurde eine bekannte, in der Juderia oft und unterschiedlich beschworene Wendung rezitiert: *«kon el nombre de Avraam, Yishak, i Yakov»* – im Namen Abrahams, Isaaks und Jakobs –, und dann schlachtete der Schächter das Huhn, das anschließend an die Armen verteilt wurde.

Als kleines Mädchen hatte Stella manchmal Glück: Weil ihre Familie so groß war, gingen mitunter die Hühner aus, bevor sie an der Reihe war. Aber nicht in diesem Jahr. Sie schloss die Augen und biss die Zähne zusammen ... und nach kurzer Zeit war das Übel vorbei.

Nach dem Kapparot durfte Felicie, die Ungläubige, zu Hause bleiben – sie machte es sich an diesem, dem heiligsten Tag des Jahres zur Aufgabe, wenigstens die Bibel oder biblische Kommentierungen zu lesen –, während der Rest der Familie über die Straße in die Synagoge ging.

Stella nahm ihren Platz oben bei den anderen Frauen ein. Ungefähr in der Mitte des Gottesdienstes blickte sie nach unten, als mehrere Männer, darunter ihr Nachbar und guter Freund Nisso Cohen, aufstanden und zum Toraschrein gingen. Bevor sie auf die davorstehende Plattform stiegen, streiften sie, wie es Sitte war, ihre Schuhe ab, da sie Kohanim waren, und im selben Moment hörte Stella das Wort *Adonai*, gesungen mit einer lauten durchdringenden Stimme, die ihr einen Schauder durch den Körper jagte. Sie hatte kurz das Gefühl, als sei sie nicht mehr auf ihrem Platz verankert, sondern schwebe schwerelos dahin, anwesend und gleichzeitig auch nicht. «Ich hatte keine Ahnung, was das war oder bedeutete, ich hatte noch nie zuvor so etwas gespürt. Erst eine Ewigkeit später fühlte ich etwas Ähnliches, als der Neffe meiner Freundin Fanny Levy Haschisch von seiner Hochzeitsreise in Mexiko mitbrachte, ich ein paarmal zog, und voilà, der gleiche Schauder, das gleiche Schweben.» Dadurch erkannte sie etwas, das sie damals als Mädchen weder benennen noch identifizieren konnte: nämlich dass das menschliche Gehirn, diese schwammige Masse aus Fett und Protein, eine überaus machtvolle, mysteriöse Kontrolle über ihr Bewusstsein hatte und ein Gefühl von etwas Höherem oder Größerem, etwas *Jenseitigem* vermitteln konnte.

«Ist das womöglich die Definition von Glauben? Das Gefühl, dass man sich erhebt, dass man woanders ist und es dort draußen irgendeine andere Möglichkeit gibt? So empfand ich es als Mädchen, nur dieses eine Mal, allerdings glaubte ich damals nicht, dass ich Gott spürte, und ich glaubte auch nicht, dass es Gott war, als ich damals Haschisch rauchte, und auch jetzt glaube ich das nicht, aber *irgend*etwas habe ich gespürt. Und dieses Gefühl habe ich mein ganzes Leben lang nicht vergessen.»

11

Die Frauen in der Familie, die unbeirrt gottesfürchtig blieben, waren Stellas Großmütter.

Für Stellas Großmutter väterlicherseits, Mazaltov Levi, war die Synagoge, abgesehen von den türkischen Bädern und der eingebauten Steinbank vor dem Haus, der einzige Ort, den sie tatsächlich aufsuchte. Sie hatte ihren festen Platz, den sie jeden Samstagmorgen einnahm; sie kannte die Gebete und glaubte an ihre Macht; das Ritual gab ihrer Woche, ihrem Monat, ihrem Leben Form. Man erzählte sich eine Geschichte über Mazaltov, die zeigt, wie die Religion ihre gesamte Sichtweise prägte: In ihren Jugendjahren, als die ersten Touristen nach Rhodos kamen, legte einmal ein Schiff aus Spanien vor der Insel an. Die Reisenden nahmen an einer Führung durch die Juderia teil, und als Mazaltov hörte, dass die Besucher Spanisch sprachen, erklärte sie: «Wie wunderbar, sie sind alle Juden!»

Ihre Großmutter war davon überzeugt, dass sie alle Juden waren, nur weil sie Spanisch sprachen, das der Sprache ähnelte, der sich die Levis zu Hause bedienten: Judäo-Spanisch, also das alte Spanisch des späten fünfzehnten Jahrhunderts, das die verbannten Juden mitnahmen, als sie Spanien verließen, in das sich im Laufe der Jahrhunderte etwas Portugiesisch, ein bisschen Griechisch, aber mehr Türkisch (logisch, da es die Sprache der langjährigen Herrscher der Insel war) einschlich, und natürlich Hebräisch. «Können Sie sich die Naivität dieser Frau vorstellen?»

Ich schüttele den Kopf. Stella schüttelt den ihren.

«Ich bin mir nicht mal sicher, ob sie auch nur einmal in

ihrem Leben die Juderia verließ. Ich glaube es jedenfalls nicht.» Wieder schüttelt Stella den Kopf. «Wir sprechen von insgesamt zehn, zwölf quadratischen Blocks.»

Ihre Großmutter Sara war ein völlig anderer Fall. Sie verließ die Juderia nicht nur. In einem gewissen Alter, als sie schon fast achtzig war, reiste sie jedes Jahr nach Jerusalem, in der Hoffnung, dort zu sterben und begraben zu werden – in Rhodos und überall im jüdischen Mittelmeerraum galt es als der wünschenswerteste Ort, um sein Leben zu beschließen. Ihr Bankiersbruder Guiseppe und seine Frau waren zu diesem Zweck dorthin gereist und schafften es schließlich auch, aber Sara lebte nach jedem Besuch in Jerusalem weiter. Und so füllte sie ihre Taschen mit *mumya* und anderen Heilmitteln, kehrte auf die Insel zurück und machte sich wieder an die Arbeit.

Nach der Rückkehr von ihren Reisen versammelte Sara ihre Enkelkinder um sich und erzählte von ihren Abenteuern, von ihrem Besuch an den Gräbern von Abraham und Sarah, wo sie durch einen engen Tunnel ging und einer flackernden Kerze folgte, was sie beängstigend und schön zugleich fand. Allerdings offenbarte sich dabei weniger Sara die Gläubige als Sara die Geschichtenerzählerin, die nicht nur nach ihren Reisen, sondern auch oft an Winterabenden die Kinder mit *konsejas* begeisterte, Geschichten, die meist moralischer, lehrreicher oder alberner Natur waren, wie die von Joha, dem weisen Narren oder närrischen Weisen, jedenfalls einem denkwürdigen Schwindler, der in der Juderia von Stellas Jugend oft heraufbeschworen wurde.

12

Sara war keine Schwindlerin und auch keine Närrin; sie war eine kluge Frau und in der Juderia sehr gefragt. «Auf so eine Großmutter», sagt Stella, «konnte man nur stolz sein.»

«Stellen Sie sich vor …», erzählt sie –

Junge Frauen, die häufig an Angstzuständen litten. Yehuda, der sich eines Winters eine Erkältung zuzog, eine ernste Erkältung, die sich zu einer Lungenentzündung auswuchs. In den holprigen, unbeleuchteten Steinstraßen der Juderia fürchteten alle, Junge wie Alte, Robuste und Schwache, sie könnten hinfallen und sich verletzen, oder sie fielen tatsächlich hin und verletzten sich. An wen wandten sich diese hilfsbedürftigen oder leidenden Menschen, was taten sie, um Heilung zu finden oder um ihre Nerven zu beruhigen und ihre Ängste zu mildern?

In der Juderia praktizierten zwei Ärzte, Dr. Hasson (Felicies Pomadenhersteller) und Dr. Gaon. Außerhalb des Viertels wurde auch gelegentlich ein griechischer Mediziner konsultiert, Dr. Filo, der Judäo-Spanisch sprach. Der Familienzahnarzt, ebenfalls Grieche, praktizierte fünfzehn Minuten zu Fuß entfernt außerhalb der Mauern. Doch bevor jemand zu den Experten rannte, wandte er sich an die alten Frauen, die Rezepte und Heilmittel, Praktiken und Gebete von ihren Müttern und Großmüttern erlernt hatten. Sie wurden gerufen und eilten von einem Haus, einem Krankenbett zum nächsten.

Stellas ältere Cousine Rebecca Amato Levy – die Tochter von Rachel, die ihrer Tochter die Haare mit Regenwasser wusch – schrieb am Ende ihres Lebens ein Buch mit persönlichen Betrachtungen unter dem Titel *I Remember Rhodes.* Stella holt es aus dem Regal und liest mir die Beschreibung ihrer Cousine vor, die der gemeinsamen Großmutter in die Häuser folgte, in die sie gerufen wurde:

Mit dem Selbstvertrauen einer Ärztin betrat sie das Haus des Kranken. Ihre Haltung war königlich. Sie trug einen langen Rock und ein Gewand (*sayo* und *antari*), einen kleinen Hut (*tokado*) mit einer Brosche in der Mitte, einen goldenen Gürtel und eine Halskette.

Ihre ersten Worte beim Betreten des Hauses waren: *«Traimi un punado de sal!»* Bringt mir eine Handvoll Salz.

Stellas Augen glänzen, als sie mir erzählt, dass die *enserradura* lediglich die extremste und längste dieser Behandlungen war und ihr deshalb vielleicht besonders lebhaft in Erinnerung ist – entweder das, oder weil sie und ihre Schwestern, wann immer eine in ihrer Straße durchgeführt wurde, zum Übernachten zu ihrer Cousine Sara geschickt wurden und bis spät in die Nacht spielten – ein kleiner Feiertag.

Aber es gab auch andere Heilkuren. Einige sah Stella mit eigenen Augen, und von manchen erfuhr sie erst später, weil sie zu der Zeit, als sie erwachsen wurde, allmählich verschwanden:

Wenn ein Kind stürzte oder jemand – egal wie alt – von nächtlichen Angstzuständen oder Albträumen geplagt wurde, beruhigte die alte Frau den Betreffenden, indem sie ihm drei Prisen Zucker auf die Zunge gab und dabei rezitierte: *«Kon el nombre del Dyo»* oder *«Kon el nombre de Avraam, Yishak, i Yakov»*. Manchmal, als eine Art Tadel an die Straße, die den Sturz oder die Verletzung verursacht hatte, forderte einen die alte Frau auf, sie an genau die Stelle zu führen, wo das Unglück stattgefunden hatte, und dort streute sie Salz oder Zucker auf den Boden und sprach das Gebet. Stella sah ihrer Großmutter oft dabei zu.

Salz diente vielerlei Zwecken. Es konnte eine Rolle bei der *enserradura* spielen (in Kombination mit oder anstelle des *mumya,* falls Letzteres knapp war), aber auch bei anderen Unpässlichkeiten nahmen die alten Frauen ein paar Prisen Salz in die Hand und umkreisten den Kopf – eine als *prekante* bekannte Praxis –, wenn man sich etwa beim Anblick einer Ratte oder beim plötzlichen Betreten eines dunklen Raums wie eines Dachbodens oder eines Kellers erschrocken hatte.

Zur Heilung von Akne wurden Blutegel hinter jedem Ohr platziert. Stella erinnert sich lebhaft, wie sich ihre ältere Schwester Sara einer solchen Behandlung unterzog: Miriam packte einen Blutegel, der ständig vom Kurs abkam und Saras Hals hinunterkroch, und setzte ihn wieder dahin, wo er hingehörte.

Zur Linderung von schwerem Asthma wie dem ihrer Tante Lea Galante Notrica – weitaus schwererem als Renées –, musste die leidende Frau ihren Kopf mit einem Handtuch über einer mit Marihuana gefüllten Schüssel abdecken und inhalieren oder aus dem gleichen Kraut gebrühten Tee trinken.

Um die Erkältung von Stellas Vater zu beseitigen, die sich zu einer Lungenentzündung ausgewachsen hatte, behandelte Stellas Großmutter ihn mit *las ventozas,* sie schröpfte: Ein Docht wurde angezündet und in ein Glas geworfen, das umgestülpt auf den Rücken gesetzt wurde, wo die aufsteigende Hitze eine Sogkraft entwickelte, die dem

Körper angeblich die Giftstoffe entzog. Manchmal reagierte die Haut – blähte sich zu sehr auf –, dann wurden winzige Schnitte gemacht, damit sie wieder flach wurde.

Bei *sarampion* – Masern – kam ein Spezialist vorbei, ein Türke, der einen an den Strand begleitete, wo er einen mit kaltem Meerwasser wusch. In schwereren Fällen setzte er außerdem winzige Schnitte in die Stirn.

Bei Ohnmachts- oder Schwindelanfällen wurde oft Zitrone inhaliert.

Miriams *dolores de kavesa* – wahrscheinlich Migräne – behandelte Sara so: Sie schnitt Zitronen oder Kartoffeln in extradünne Scheiben, legte sie auf Miriams Stirn und wickelte ihr ein Tuch fest um den Kopf. Kartoffeln wirkten auch bei Fieber absorbierend; nachdem man sie wie bei Migräne unter einem Verband auf den glühenden Kopf legte und sie dort eine Zeit lang ließ, waren sie praktisch gekocht.

«Mein Gott!», sage ich zu Stella, als sie mir das erzählt.

«Sagen Sie nicht ‹Mein Gott!›, Michael. Diese Heilmethoden hatten eine gewisse Logik. Sie wurden über Generationen weitergegeben. Und außerdem funktionierten sie.»

13

Als ich in der folgenden Woche ankomme, liegt das Buch von Stellas Cousine noch auf dem Tisch. Während Stella sich Wasser einschenkt, schlage ich es auf.

Bukeras oder eingerissene Mundwinkel sollte man frühmorgens mit einem noch mit Tau benetzten Gegenstand aus Stahl reiben.

Bei Symptomen, die mit dem bösen Blick (*oju malo* auf Judäo-Spanisch) in Verbindung gebracht werden, etwa Appetitlosigkeit, Lethargie und so weiter, sollte man einen blauen Stein oder eine blaue Perle tragen. Oder beim Urinieren eine Handvoll Salz in die Toilette werfen. (Wieder Salz!)

Solche Steinperlen, erklärt mir Stella, oder ihre nahen Verwandten, Anhänger in der Form einer Hamsa oder Hand der Fatima, trugen sie und ihre Schwestern oft an ihrer Unterwäsche befestigt (manchmal zusammen mit einem Stängel *ruda,* Weinkraut) als Schutz gegen alle Arten von Sorgen, Gefahren oder Verletzungen.

Bei *los lokos*, psychisch kranken Menschen: Da war nichts zu machen. Nachdem die Italiener das Kommando übernommen hatten, wurden solche Menschen in eine Einrichtung in Palermo geschickt, und noch Jahre später wurde Palermo mit Geisteskrankheit assoziiert. Wenn jemand ein Verhalten an den Tag legte, das als *loko* oder auch nur als *un poko loko* galt, fragten die Leute: *«Mandaremos a Palermo?»* – Sollen wir ihn nach Palermo schicken?

Bei eitrigen Wunden, Rheumatismus oder Arthritis: Man machte einen Kreuzschnitt auf den Arm oder das Bein, legte eine Kichererbse in die Mitte der Schnittstelle, bedeckte sie mit einem Rebblatt (*oja de kura*) und fixierte das Ganze mit einem verknoteten Schal. Nach ein paar Tagen entstand eine Wunde, das Blatt wurde gewechselt, ebenso wie der Verband, der nun mit dem Eiter aus der entstandenen Wunde gefüllt war. Das wurde fortgesetzt, bis der Schmerz und die ihn verursachenden Giftstoffe verschwanden.

(Diesmal verkneife ich mir ein «Mein Gott!». Inzwischen bin ich klüger.)

Bei *gota*, einem Schlaganfall, gab es kein Heilmittel.

Ich blättere in Rebecca Amato Levys Buch zu einem Kapitel über Volksglauben und mache mir rasch Notizen –

> *Am Abend leiht man sich keine Eier.*
> *Am Abend spricht man nicht über Zähne.*
> *Ein Bett ohne Kissen bringt Unglück.*
> *Wenn man über den Tod spricht und niest, muss man sich am Ohrläppchen zupfen.*
> *Wenn man ohne Tischdecke am Tisch isst, wird der Teufel kommen und einen selbst als Tischdecke hinlegen.*

Die Liste ist lang, fesselnd und stellenweise grässlich. Aber für Stella ist das eigentlich Interessante das *Warum* hinter diesen Glaubenssätzen.

Das Salz oder der Zucker, dort auf die Straße geworfen, wo die Menschen stürzten oder Angst hatten zu stürzen, und das danach gesprochene Gebet? All das, erklärt Stella, ist mit der Topografie der Juderia und ihrer Geschichte verknüpft. Bevor die Italiener kamen und bevor es Elektrizität gab, waren die engen Straßen der Juderia nach Einbruch der Dunkelheit tatsächlich gefährlich, und die Leute hatten Angst, zu stürzen und vor dem nächsten Morgen nicht gefunden zu werden, also dachte sich jemand eine Antwort aus und benutzte die Mittel, die zur Hand waren (Salz, Zucker, ein Gebet).

Das Bett ohne Kissen? Wenn jemand starb, war es üblich, das Kissen wegzunehmen. Als Stellas Vater am Sterbebett ihrer Großmutter Mazaltov saß, zog er nach einiger Zeit das Kissen unter dem Kopf seiner Mutter weg. Jeder wusste, was das hieß.

Nachdem ich das Buch geschlossen habe, erinnert mich Stella daran, dass das Rhodos ihrer Jugend eine facettenreiche Wandlung in Richtung Modernität durchmachte. Solange die Generation ihrer Großmütter noch lebte, respektierten die Jungen durchaus deren Grundsätze und akzeptierten deren Behandlungsmethoden, aber sie waren sich auch bewusst, dass mitunter andere Methoden erforderlich waren.

Als ihre Großmütter Mitte der 1930er beide gestorben waren, hatte sich alles verändert. «Wir lösten uns von den alten Zwängen – oder besser, *vielen* alten Zwängen. Wir gingen öfter zu Hausärzten. Eine von uns rannte jedenfalls ständig zur Apotheke – Menasce oder Spano, wir kauften bei beiden –, um Veramon zu holen, das Schmerzmittel meiner Mutter gegen ihre Kopfschmerzen, oder andere Medikamente, die die Apotheker damals üblicherweise selbst zusammenmischten. Man konnte sich schließlich nicht immer darauf verlassen, dass im Notfall eine kalte Kartoffel oder eine Gurke im Haus war, oder?»

14

Wie war das bei ihrer Mutter, frage ich Stella. Besaß auch Miriam diese heilenden Fähigkeiten – wurden sie von ihrer Mutter und ihrer Großmutter an sie vererbt?

Stella steht auf, geht durch den Raum und greift sich ein gerahmtes Foto von einer Frau mit krausem Haar, die ein elegantes Kleid, lange Halsketten und schicke Schuhe trägt. «Sieht eine Frau, die sich so anzieht, aus, als könnte sie eine *enserradura* durchführen?», fragt sie. Miriam war schick, fügt Stella hinzu, und in Bezug auf ihr Verhalten und Denken in vielerlei Hinsicht auch modern – mit Sicherheit Lichtjahre moderner als *ihre* Mutter. Aber die Wahrheit ist, dass sie keine Zeit hatte, herumzulaufen und Beschwörungsformeln zu rezitieren, weil sie den Haushalt führen und die Kinder ernähren musste. Das war ihre Aufgabe, und bei sieben Kindern nahm sie das über viele Jahre fast völlig in Anspruch.

Wie die meisten Frauen ihrer Klasse in der Juderia erledigte Miriam den Einkauf der Lebensmittel nicht selbst; für eine Dame galt es als unschicklich, mit (männlichen) Ladenbesitzern zu handeln und ihre Einkäufe auf dem Arm herumzuschleppen. Entweder die Lebensmittel kamen zu ihr mittels türkischer oder griechischer Bauern und Milchmänner, die täglich die Juderia besuchten, oder sie schickte die Kinder los, um das Benötigte zu besorgen. Tatsächlich wagte sich Miriam nur in ein Geschäft, um Stoff zu kaufen, den sie zum Damenschneider brachte, oder sie ging zum Schuster, um sich – ausnahmslos – Maßschuhe anfertigen zu lassen. (Die Kinder der nächsten Generation trugen aus Italien importierte, in Fabriken hergestellte Schuhe.) Irgendwann eröffnete ein Türke namens Gabai einen winzigen Lebensmittelladen gegenüber dem Haus der Levis, doch selbst dann schickte Miriam, wenn sie etwas brauchte, eins der Kinder los und ging nie selbst.

Die Zubereitung des Essens war etwas anderes. Miriam kochte, unterstützt von den älteren Töchtern Selma und Sara, während sie noch zu Hause waren, wobei Selma sich am Ende von allen am meisten in der Küche hervortat. Felicie half manchmal aus – «damit sie kein schlechtes Gewissen hatte, und man kann ja nicht immer nur lesen» –, aber Renée und Stella waren in den frühen Jahren noch zu klein, um mit anzupacken, und bekamen stattdessen Teigstücke zum Spielen.

Gerichte, die zu Hause zubereitet und nicht zum gemeinschaftlichen Ofen gebracht wurden, wurden in der Regel auf zwei mit Kohle befeuerten Herdplatten in der Küche gekocht, für größere Mahlzeiten und an Feiertagen allerdings baute Miriam im *kortijo* eine Art Grill auf, ebenso mit Kohle befeuert. (Heiße Kohlen lieferten auch die Hitze in den Kasteneisen, mit denen die Wäsche gebügelt wurde.) Essen wurde grundsätzlich mit Olivenöl zubereitet; bevor die Italiener kamen, benutzte niemand Butter, sagt Stella, und die Levis überhaupt nie. Als ich Stella frage, woher sie weiß, ab welcher Zeit es Butter gab, da dies noch vor ihrer Geburt war und vor allem da sie nie in der Küche ihrer Familie verwendet wurde, gibt sie mir die gleiche Antwort wie immer, wenn ich sie frage, wie sie etwas wissen kann, das in den frühen Jahren des zwanzigsten Jahrhunderts stattfand: «Bei uns wurde alles *erzählt*. So verbrachten wir die Samstagabende: Man erzählte Geschichten, sang Lieder. Die Geschichten und die Musik, das *Wissen*, all das zog sich wie ein Faden durch den Rest meines Lebens.»

Mahlzeiten waren geteilt in frisch zubereitete, die noch am selben Abend verzehrt wurden, und im Voraus zubereitete für den Samstag. Das Schabbatessen am Freitagabend war die sättigendste Mahlzeit der Woche und beinhaltete üblicherweise frischen Fisch oder Huhn. Das Essen für den Samstag wurde am Freitag gekocht, in einer Kohlepfanne warm gehalten und oft mit *burekas* ergänzt, Blätterteiggebäck mit verschiedenen herzhaften Füllungen (Fleisch, Kartoffeln, Spinat).

Gemüse war die Grundlage ihrer Ernährung und wurde oft mit einem Knochen oder einem Fleischrest angereichert: Auberginen, Artischocken (in der Saison), Spinat und *bamya* (Okra; das Geheimnis war, jede Menge Zitrone hinzuzufügen).

Andere typische Alltagsgerichte im Haus Levi und der Gemeinde waren *pastels* oder *pastelikus*, kleine, runde, mit Fleisch und Reis gefüllte Gebäckstücke; *hojaldres*, eine flachere, dreieckige Abwandlung; und *boyus*, ein weiteres, rundes Gebäck mit herzhafter Füllung. All diese Gebäckarten gab es mit Fleisch oder Käse (nie beides) oder Gemüse gefüllt, wobei Eier zum Binden der Zutaten dienten.

Der Nachtisch war eine ernste Angelegenheit. Die Familie aß so viel Süßes, bemerkt Stella, dass sie eigentlich *alle* hätten zuckerkrank sein müssen, nicht nur ihr Vater. Aprikosen, Birnen, Äpfel, Orangen, Feigen und Datteln wurden in verschiedenen Gebäckformen mit Mandeln oder Mandelmus, Walnüssen, Sesam, Honig, Zimt und Gewürznelken vermengt oder einfach kandiert. Wenn kandiert, wurde mit Gabeln oder Löffeln gegessen, die griffbereit in einer *kucharera* steckten, einer runden, hohen Servierschale aus

Silber mit einem Gefäß für Wasser, um das Besteck zwischendurch abzuspülen. Ein üblicher Gegenstand in vielen Haushalten der Juderia.

«Und Ihre Mutter hat das alles in Variationen jeden Tag gemacht?»

«Fast jeden Tag», sagt Stella. «Ja.»

15

Wie stand es mit Wein, frage ich am folgenden Samstag. Trank ihre Familie viel oder überhaupt?

Rhodos war eine der ersten griechischen Inseln, die Weintrauben anbaute, und galt bereits im siebten Jahrhundert vor Christus als einer der größten Weinexporteure – im ganzen Mittelmeerraum fand man Amphoren von der Insel, erkennbar aufgrund der Motive, entweder einer Rose oder einem Bild des Sonnengottes Helios. Aber nein, die Levis waren keine großen Trinker, vielleicht ein Glas am Freitagabend mit dem Segen und an Feiertagen wie dem Pessachfest und gelegentlich noch ein Schluck Ouzo («natürlich mit Wasser verdünnt»), wenn ein Gast zum Essen kam, dennoch hatte die Familie, wie sich herausstellt, eine Vielzahl langjähriger Verbindungen zum Wein und zur Weinherstellung.

Als Stella ihre erste Periode bekam und Schmerzen hatte, schickte Tia Rachel sie zu ihrem Großonkel Yehuda Notrica. In seinem Keller destillierte er einen starken Trunk in dunkle, mysteriöse Flaschen, eine Art Cognac, der ihr Unwohlsein verschwinden und sie auf der Stelle einschlafen ließ. Die Cognac-Herstellung hatte ihr Großonkel von seinem Vater erlernt, Stellas Urgroßvater Behor Masliah Notrica, dem mehrere Hektar Weinberge in der Nähe des Dorfs Soroni gehörten. Miriam hegte dort enge Beziehungen zu einer griechischen Familie, Mihali Elias und seinen drei Töchtern, die auch nach dem Verkauf der Weinberge über Generationen hinweg bestehen blieb. «Ich werde mich immer daran erinnern, wie sich die Stimmung meiner Mutter hob und sie unsere Besuche in dem Dorf genoss. Bei den

Elias' gab es Brot mit einem Ei im Inneren, das beim Backen im Ofen mit dem Teig garte.»

Die Levis verzichteten auf das Essen ihrer griechischen Freunde, da es nicht koscher war; stattdessen brachten sie ihr eigenes mit und machten zwischen den Weinstöcken Picknick mit Obst und Käse, Oliven und Tomaten (und dem Brot, das erlaubt war). An Mariä Himmelfahrt besuchten sie die Tanzfeste, ein Beispiel dafür, wie diese Freundschaft ganz nebenbei die für Rhodos typische kulturübergreifende Offenheit ausdrückte. Sie spiegelte sich auch in einer späteren Freundschaft wider, die Stella und Renée mit einer anderen griechischen Familie pflegte, mit Despola Papathanasis und ihren Brüdern Mihali und Yoti, die die italienische Schule besuchten und zu ihren engsten Freunden gehörten.

«Ursprünglich verbanden uns Essen und Trinken mit diesen Griechen», erzählt Stella. «Trotz unserer Herkunft aus so verschiedenen Welten festigten sich die Freundschaften und hielten bis zur Deportation.»

16

Am folgenden Samstag kommt Stella auf Renée zurück. Es gab noch einen Unterschied zwischen den beiden Schwestern: Stella war ständig unterwegs, sah sich um, entdeckte Neues. Sie fand es toll, bei ihren Freundinnen und Cousinen zu übernachten. Renée hingegen brauchte ihr Bett, ihr weiches Kissen, ihr Nachthemd mit dem bestickten Kragen. Stella war gern mit anderen Kindern zusammen; es war wie eine riesige Pyjamaparty. Ihre Mutter interessierte nur, ob sie geschlafen hatte. «Natürlich, Mamma», sagte sie, auch wenn sie kein Auge zugemacht hatte.

Besonders gern übernachtete sie gegenüber bei Nisso Cohen, wo sie oft tagelang blieb. Am frühen Morgen wurden sie vom Schamasch der Synagoge geweckt, der durch die Straßen eilte und *«La tefila, la tefila!»* rief, die Aufforderung zum Gebet, und dabei mit einem Stock gegen die Eisengitter an den Fenstern schlug.

«Noch heute höre ich diesen Klang», erzählt Stella, «und sehe ich diesen kleinen Mann, der es immer eilig hatte.»

Die Juderia war ein äußerst lebendiger Ort. Sie pulsierte vor Gerüchen, Farben, Bewegungen und Klängen – so vielen Klängen den lieben langen Tag lang. Wenn Stella nicht bei Nisso übernachtete, wurde sie oft noch früher am Morgen vom ersten Ruf zum Gebet geweckt, der aus dem Minarett dröhnte, das die nahe gelegene Moschee überragte. Wenn sie wieder eindöste, oder auch nicht, hörte sie als Nächstes das Gurgeln des unten aufgesetzten Kaffees, dem rasch das Schlagen, Rühren, Kneten und Hämmern folgte, wenn ihre Mutter oder eine der Nachbarinnen bei geöffneten Fenstern und Türen im hellen Morgenlicht in aller Frühe mit dem Kochen für den Tag begann. Dann kamen die Hausmädchen – bei denen, die welche hatten –, die, während sie arbeiteten, auf Judäo-Spanisch über die Höfe hinweg sangen, in einem Gesang in Ruf und Antwort, der außerhalb der Zeit zu stehen schien. Im Laufe des Vormittags kamen der Besenbinder, der seine Waren feilbot, die türkischen Händler mit dem Gemüse und ihrem Joghurt. Dann riefen die Mütter, die eine Pause beim Kochen einlegten: *«Ermana Touriel, sta ben oy?»* oder *«Ermana Alhadeff, oy ke va azer?»* Als Nächstes: die Männer, die Morgengebete im Hof der Synagoge rezitierten. Danach erschallte Gesang, der sich durch den ganzen Tag zog: auf dem Schulweg der Kinder, beim Hinlegen der Babys für den Mittagsschlaf, an den Treffpunkten der Jungen und beim Kochen der Frauen, beim anschließenden Sticken bis spät in die Nacht.

Eines Morgens, nachdem sie bei Nisso übernachtet hatte, ging es seinem Vater Tio Jacov nicht gut, und Nisso bat Stella, ihn mit ihm zusammen ins italienische Krankenhaus zu bringen, auch weil Stella hervorragend Italienisch sprach. «Wir fuhren mit der Kutsche – ja, mit Pferden. Die *carrozza* gehörte Colombo. Man hätte ein Taxi rufen können, aber dann hätten wir ein paar Straßen weiter gehen müssen, und Colombos Kutschen standen in der Nähe. Wir fuhren alle damit, auch meine Mutter, wenn sie wie eine Dame ins türkische Bad gehen wollte …»

Sie fuhren also zu Dottor Galina, der Tio Jacov untersuchte und sagte: «Bei diesem Mann ist nichts mehr zu machen. Er hat einen tödlichen Krebs.»

Stella hatte noch nie solche oder ähnliche Worte über einen Menschen gehört, den sie liebte oder kannte.

Nicht lange danach besuchte sie Tio Jacov. Sie ging in das Zimmer, es war dasselbe, in dem sie oft bei Nisso übernachtete, dasselbe Zimmer mit den Eisengittern, gegen die der Schamasch schlug. Tio Jacov sah sie an, drehte den Kopf zur Seite und wurde ganz still. Es war das erste Mal, dass Stella einen Mann sterben sah, dass sie einen Leichnam sah.

Sie eilte zu Jacovs Frau, um ihr zu sagen, sie solle aufhören, die Wäsche zu waschen, weil Wäschewaschen, wie sie wusste, bei einem Todesfall verboten war. Dann eilte sie zu ihrem Vater, um ihm zu sagen, er solle das Schma Jisrael beten.

«Aber Stella, woher weißt du, dass er tot ist?», fragte ihr Vater. «Woran hast du das gemerkt?»

Sie habe es gemerkt, erklärte sie ihrem Vater, weil sie gesehen hatte, wie er seinen letzten Atemzug tat.

17

Der Tod: Er machte Stella Angst, als sie klein war. Und lange Zeit verband sie ihre Angst mit einem Ort und einem Mann: dem Bestatter Mazal, dessen Name ironischerweise Glück bedeutete. Er führte sein Unternehmen von einem Laden aus, der gut bestückt war mit Särgen unterschiedlicher Formen und Größen, obwohl die meisten Bewohner der Juderia nur in Totenhemden begraben wurden. Heute vermutet Stella, dass die Särge vorwiegend geliehen, zum Transport der Leichen zum Friedhof benutzt und dann zurückgebracht wurden, um gelüftet und abgewischt zu werden, bereit für die nächste unglückliche Seele.

Stella hatte Angst, an Mazals Laden vorbeizugehen – wie alle Mädchen (und viele Jungen). Sie gingen nie, sondern rannten, oft schreiend, daran vorbei.

Aber sein Geschäft ließ sich nicht umgehen, denn es befand sich an der Kayeja de la Havura, eine der wichtigsten Straßen in der Juderia und vermutlich auch eine der ältesten, angelegt, lange bevor die Ritter kamen. Die Ritter des heiligen Johannes, auch bekannt als Malteserritter, übernahmen 1309 die Kontrolle auf der Insel und prägten das Stadtbild, das noch heute an der Bausubstanz der Altstadt zu erkennen ist. Ihre Vorgänger waren die Perser, die Griechen, die Römer, die Genueser und die Byzantiner, ihre Nachfolger die Türken, Italiener und Deutschen. (Rhodos war eine oft eroberte, stark umkämpfte Insel, doch die Juden scheinen dort mit Unterbrechungen seit jeher gelebt zu haben: In der Genesis wird das Volk von Rhodos als Nachkommen der Enkel Noahs beschrieben.)

Schon der Name dieser engen Straße verweise darauf, sagt Stella, was sich dort seit ihrer Entstehung abgespielt haben dürfte. Der Talmud verwendet den Begriff Chaburah (oder Chavurah) für eine Gruppe von Menschen, die sich zur Zeit des Jerusalemer Tempels versammelten, um das Pessach-Opfer darzubringen; irgendwann wurde mit dem Begriff ein außerhalb der Synagoge stattfindendes Gruppenritual beschrieben, das auch aus gemeinsamen Erfahrungen bestand.

Die gemeinsamen Erfahrungen, die in dieser Straße im Laufe der Jahrhunderte gemacht wurden, betrafen so ziemlich alles Wesentliche: Erziehung, Religion, Essen ... und Tod.

An einem Ende der Kayeja de la Havura stand die Talmud-Tora-Schule, die Stellas Vater als Junge besucht hatte; sie befand sich in einem von der Bankiersfamilie Camondo gestifteten Gebäude. Ein paar Häuser weiter war einer der beiden Öfen im Viertel, in dem jedes Jahr die Matzen für das Pessach-Fest gebacken wurden und im Alltag die Bewohner Brot und Pasteten backten oder Gerichte kochten. Das hieß, dass eine Horde junger Leute, darunter oft Stella, vor der Bäckerei in einem großen *kortijo* auf jenen eingebauten Steinbänken saßen, die für das Viertel typisch waren, und sangen, Neuigkeiten austauschten oder flirteten: In den frühen Jahrzehnten des zwanzigsten Jahrhunderts und höchstwahrscheinlich schon lange davor war dies der Jugendtreffpunkt der Juderia.

In derselben Straße befand sich auch die Genisa, der Ort, zu dem Miriam Stella schickte, damit sie dort beschädigte oder zerfledderte alte Gebetbücher durch ein kleines Fenster ablegte. Da verblieben sie, bis ein Gehilfe des Rabbis nach einigen Jahren das gesamte Schriftgut – das für den

Fall, dass es den Namen Gottes trug, sorgfältig beiseitegelegt worden war – abholte und zum Friedhof trug, wo es begraben wurde.

Aber Mazal … Mazal war mitten im Zentrum der Straße – und nicht nur der Straße. Es wäre eine Sache gewesen, wenn er in seinem furchterregenden Laden geblieben wäre, aber der Mann war ständig auf Achse, weil ihm oft auch die Aufgabe zufiel, die Leichenprozessionen durch die Juderia anzuführen. «*Pasa la misva!*», rief er, wenn er sich näherte. «*Pasa la misva!*» – «Wenn man auf der Straße war, rannte man in die andere Richtung oder flitzte in ein fremdes Haus. Und wenn man zu Hause war, schloss man sämtliche Fenster, die auf die Straße führten, und wich mindestens einen Meter von der Haustür zurück – jeder, nicht nur die Kinder. ‹*Presto, presto, pasa la misva, pasa la misva.*›»

Die Leichenprozession ist bekannt als Mizwa (oder *misva*), weil es als gute (oder moralische) Tat galt, die Toten zu ihrer letzten Ruhestätte zu begleiten. Da es für alle Leichenzüge obligatorisch war, an der Synagoge vorbeizuziehen, und da die Kahal Shalom nur wenige Schritte vom Haus der Levis entfernt lag, wich man in der Familie, als Stella ein kleines Mädchen war, ziemlich oft vor der Haustür – und dem Tod – zurück.

18

Stellas persönliche Erfahrungen mit den Todesritualen waren sehr begrenzt, weil Frauen – und folglich auch Mädchen – nie an Beerdigungen teilnahmen. «Aber das hielt mich natürlich nicht davon ab, schon gar nicht nach Tio Jacovs Tod, dass ich mehr wissen wollte, mehr wissen *musste* …»

Sobald die Mizwa die Synagoge passiert hatte, zog sie zum Friedhof, wo sich die Männer, nachdem sie die Gebete gesprochen hatten und der Leichnam in die Erde gesenkt worden war, die Hände an einem Brunnen am Eingang wuschen und sie anschließend sorgfältig an der Luft trocknen ließen. (Das Waschen sollte verhindern, dass sich negative Geister an den Händen festsetzten, und indem der Trauernde sie an der Luft trocknen ließ, widerstand er dem Drang, Gedanken der Trauer und des Verlustes abzuwischen.)

Über die Vorgänge zu Hause weiß Stella mehr zu berichten, weil sie vieles mit eigenen Augen beobachtet hat: Ein Krug Wasser wurde an die Tür gestellt, damit die Besucher sich vor einem Kondolenzbesuch die Hände waschen konnten, wohingegen die unmittelbar betroffenen Trauernden sich sieben Tage lang weder waschen noch die Fingernägel schneiden durften. Während der Schiv'a, der Trauerwoche, saßen alle auf Kissen oder Teppichen, nicht auf Möbelstücken, und dann wurden noch einen Monat lang zerrissene Kleider getragen. Am ersten Tag war es den Trauernden nicht erlaubt, selbst zubereitete Speisen zu sich zu nehmen, nur von Familien und Freunden vorbeigebrachtes Essen. Nach einer Beerdigung aß man als Erstes ein hart gekochtes

Ei, ein Brauch, der noch lange fortbestand, als es die Juderia nicht mehr gab: Als Renée im Jahr 2000 im weit entfernten Berkeley gestorben war, kam Selma mit einem Teller hart gekochter Eier aus der Küche, noch warm und in der Schale.

Zum Zeitpunkt eines Todesfalls und auch später, wenn mal zu häufig, zu ausführlich oder zu verstörend darüber gesprochen wurde, benutzten viele Rhodeslis weiterhin die Wendung *«Leshos de mosotros»* (Weit weg von uns) oder *«Guadrados de todo mal»* (Mögen wir vor allem Bösen beschützt sein), nur zwei von Hunderten Beinahe-Beschwörungsformeln, mit denen die Bewohner einst ihr Leben lenkten, schützten und deuteten.

Was die Frauen betrifft, nun, sie trauerten für sich und ohne öffentliches Ritual – mit einer Ausnahme, die Stella nie vergessen hat, ein uralter Brauch, der mit dem Tod ihrer Großmutter Sara verschwand, vermutlich sogar am selben Tag. Als die Leute sich allmählich für die Schiv'a sammelten, wollte Tia Rachel, Saras Tochter und ältestes Kind, die sich am Ende ihres Lebens um sie gekümmert hatte, nach draußen gehen für *los lloros*. In der Juderia war es üblich, dass die Frauen nach einem Todesfall auf die Straße gingen (bei bestimmten Anlässen engagierte man auch andere Frauen, die an ihrer Stelle die Aufgabe übernahmen), um zu weinen und wehzuklagen. *Los lloros*: die ultimative Bekundung und Demonstration von Trauer.

Die arme Tia Rachel schaffte es kaum durch die Tür, als ihr Bruder Mazliah aufsprang und sie wieder zurückholte: «Sie wirkte schrecklich verwirrt und … *beschämt.*»

Sara Notrica, die Schwester des Bankiers und Wohltäters Giuseppe Notrica, wurde von den Alhadeffs und Menasces betrauert, einer weltlicheren, kultivierteren Klasse von

Menschen, und es sei zu altmodisch, zu unpassend, ja, fast unschicklich, flüsterte Mazliah, dass die Tochter der toten Frau draußen in der Öffentlichkeit stand und heulte. «Nicht heute», sagte Mazliah zu seiner Schwester. «Solche Dinge haben wir inzwischen hinter uns gelassen.»

Tia Rachel drehte sich um und setzte sich still und gedemütigt hin. Es war das Ende von *los lloros* in Stellas Familie und vielleicht in der ganzen Juderia.

19

Der Tod rüttelte Stella wach, er ließ sie erwachsen werden – aber er war keineswegs die einzige Art von Verlust, die sie als junges Mädchen erfuhr.

Sie wurde in eine Familie hineingeboren, in der jemand fehlte: ihr älterer Bruder Morris, der im Alter von zehn Jahren mit seiner Tante und seinem Onkel nach Amerika ausgewandert war. Er war ein Phantom, das in der Familie und im Herzen seiner Mutter eine Lücke hinterließ.

Als mir Stella von Morris erzählt, wird mir bewusst, dass zwischen seinem Abschied 1920 – vor ihrer und Renées Geburt – und der Deportation 1944 ihre Kernfamilie zu keinem Zeitpunkt vollständig unter einem Dach gelebt hatte. Kein Foto existiert von ihnen zusammen, keine Erinnerung und keine einzige verbindende Geschichte.

Solche Abschiede setzten sich in Stellas gesamter Kindheit bis in ihr junges Erwachsenenalter fort. Nach Morris war der nächste und herzzerreißendste Abschied der von Selma. Eines Winters kehrte ein gebürtiger Rhodier aus New York auf die Insel zurück, herbeigerufen von einer Heiratsvermittlerin. Die zugedachte Kandidatin erteilte ihm eine Abfuhr. Selma wurde als Ersatz angeboten: «Als sie ihn sah, schnappte sie nach Luft.» Stella legt eine Hand an ihre Schulter. «Er ging ihr bis hierher, und meine Schwester, nun ja, war eine *Riesin.*»

Am Abend, bevor sie zu ihrem neuen Leben in New York aufbrach, bestand Selma darauf, in einem Bett mit Renée und Stella zu schlafen, ihren beiden kleinen Schwestern, die wie Welpen neben ihr lagen, eine an ihren Rücken und eine an ihren Bauch geschmiegt. Sie waren acht und sechs, und keine fand Schlaf, weil sie sich aneinanderklammerten und weinten. Sie weinten so lange, bis Miriam hereinkam und sagte: «Tochter, du gehst morgen auf eine lange Reise, du brauchst deinen Schlaf, hör jetzt auf zu weinen.»

Wann sie schließlich einschliefen, kann Stella nicht sagen. Am Morgen jedenfalls war Selma fort.

Selma ging 1930. Sechs Jahre später folgte Sara. Selma sei einsam und möge ihre Schwiegerleute nicht, hieß es gegenüber den jüngeren Kindern; sie brauche eine Schwester, sie brauche Familie um sich.

Es war eine Erklärung, wie man sie Kindern gibt, aber die Wahrheit war komplizierter. Die Levi-Kinder folgten einer langen Reihe junger Leute – anfangs meist Männer, aber mit der Zeit auch Frauen –, die Rhodos um die Jahrhundertwende allmählich verließen und es weiterhin taten, nachdem die Italiener die Kontrolle auf der Insel übernahmen und die örtliche Wirtschaft viele Abschwünge erlebte, unter anderem auch den Zusammenbruch kleiner familiengeführter Banken und Geschäfte in der Juderia. Diese Emigration setzte sich bis zum Erlass der Rassengesetze 1938 und danach fort. Junge Männer errichteten Stützpunkte, die sich oft zu florierenden Unternehmen entwickelten, in Belgisch-Kongo, aber auch in Buenos Aires, Kapstadt, Rhodesien, New York, Los Angeles und Seattle. Wurde ein Sohn an diese entlegenen Orte geschickt, oder eine Tochter (um dort zu heiraten), hieß das oft, dass man sie jahre- oder jahrzehntelang nicht mehr sah, in vielen Fällen sogar nie wieder.

Stella erinnert sich auch an die Tränen, als ihr älterer Bruder Victor 1939 nach Belgisch-Kongo aufbrach. Miriam weinte, als sie ihrem Sohn beim Packen der Taschen half, sie weinte bis in die Nacht, und sie weinte am nächsten Morgen, als sie und Yehuda ihn traditionsgemäß an der Tür segneten, indem sie erst die Mesusa und anschließend Victors Kopf berührten, bevor sie ein Gebet sprachen und ihn mit der Wendung *«Ke tenga viajes buenos i kon mazal bueno»* – mögest du eine sichere Reise und viel Glück haben – fortschickten.

Die Familie schrumpfte. Die jungen Mädchen wurden größer und nahmen den Platz der älteren Kinder ein. Es gab weniger Stühle am Tisch und mehr leere Betten.

Als Felicie 1940 auf dem letzten Dampfer abfuhr, um von Rhodos über Neapel nach New York und schließlich an die Westküste zu reisen, hatte sich die Atmosphäre in der Juderia verändert. Es flossen weniger Tränen, die Gefühle waren ambivalenter: «Rückblickend betrachtet scheint es fast, als hätten meine Eltern verstanden oder gespürt, dass Felicie nie überleben würde, was uns bevorstand. Natürlich ist das unmöglich, da sie keine Ahnung hatten, was kam. Vielleicht überzeugte sie die bloße *Möglichkeit* einer ungewissen Zukunft davon, dass Felicie, die Ungewöhnlichste unter uns, gehen sollte. Und natürlich war sie die älteste Übriggebliebene, folglich war sie als Nächste an der Reihe.»

20

Die Schwester, der Stella äußerlich am nächsten kam, war Sara, die in der Juderia als eine *kayijera* galt – jemand, der selten zu Hause ist, sondern immer draußen auf der Straße (der Begriff kommt wahrscheinlich von *kayes*, «Straße» auf Judäo-Spanisch), ständig loszieht, etwas vorhat und feiert. Stella war noch zu jung, um eine richtige *kayijera* zu sein, aber sie traf sich, im Gegensatz zu Renée, durchaus gern mit Freundinnen. Und zwar ziemlich oft.

Eines Nachmittags besuchte sie ihre Freundin und Klassenkameradin Marie Menashe, die mit der Grippe im Bett lag. Stella hatte gehört, dass Marie ihre Medizin nicht nahm, und ging zu ihr, um sie dazu zu ermutigen. Sie saß auf dem zweiten Bett im Zimmer und bemühte sich redlich, die sture Marie zur Vernunft zu bringen, als deren älterer Bruder Davide hereinkam und sich neben sie setzte. Ihre Arme berührten sich, zufällig, ohne Absicht, ohne Hintergedanken. Er saß nicht vorsätzlich neben Stella, es war einfach der Platz, der sich anbot. Davide sah hübsch aus, obwohl Stella nie auf diese Weise an ihn oder einen anderen Jungen gedacht hatte.

«Er setzte sich, unsere Arme berührten sich, und ich spürte ein *frisson*, zum ersten Mal spürte ich so etwas bei einem anderen Menschen. Sie wissen, was ein *frisson* ist, Michael? Ein *frisson sensuel*?»

«Ja, Stella, ich weiß, was das ist.»

Sie streckt den Arm aus und fasst an die Stelle, an der sein Arm ihren berührte. «Ich spüre es immer noch.»

Sie war zwölf. Das war vor mehr als acht Jahrzehnten. Und trotzdem erinnert sie sich an das Gefühl.

«Ich saß zum ersten Mal so nah bei einem Jungen. Man rangelt vielleicht am Strand, albert herum, kämpft aus Spaß im Sand oder bespritzt sich mit Wasser, aber so etwas hatte ich noch nie gespürt. Nicht so.»

Wenn das ihre erste Wahrnehmung dieser Art war, frage ich Stella, wie erfuhr sie dann von …

«Nicht von meinen Eltern, *o Dio santissimo*, nein. Ich sah sie nie unbekleidet. Meine Mutter bedeckte sich selbst im türkischen Bad. Wir Mädchen waren anders.»

«Haben Sie je gesehen, wie Ihre Eltern sich berühren?»

Sie schüttelt den Kopf. «Nie. Auch keine Umarmung, keinen Kuss. Ich sah sie auch nie zusammen ausgehen. Das Bett war der einzige Ort, an dem sie allein Zeit miteinander verbrachten.»

Aber sie hatten sieben Kinder, bemerke ich.

«Ja, aber ohne jemals zu erklären, wie die zustande kamen. Was ich über all diese Dinge wusste, lernte ich später von meinen Schwestern und meinen Freundinnen. Und aus Büchern. Sie müssen wissen, in der Juderia wurde viel gelesen.»

21

All «diese Dinge» begannen im Kleinen mit einem Geschenk, das Selma ihr aus New York schickte: einem zweiteiligen geblümten Strandanzug, bestehend aus einer kurzen Hose und einem Oberteil, den sie aufgeregt anzog, wenn sie zum Strand ging oder von dort kurz zum italienischen Kaffee huschte. Voller Stolz erzählte sie jedem, der fragte oder auch nicht, dass ihre Schwester ihr diesen Anzug aus *Ah-merika* geschickt hatte.

Es überraschte sie, dass ein Kleidungsstück verändern konnte, wie sie ihren Körper und sich selbst sah.

Sie war acht, vielleicht neun, als der Strandanzug ankam, aber älter (fünfzehn, vielleicht sechzehn), als Selma ihr ein zweites denkwürdiges Geschenk schickte, ein schönes gelbes Jersey-Kleid mit Streifen, das sich von ihrem dunklen Sommerteint abhob. *«Signorina crema e cioccolato»*, nannten sie die italienischen Jungs. Miss Schokolade mit Sahne. Ihre Mutter war nicht begeistert – nicht wegen des Spitznamens, sondern wegen der Bräune. Sie fand, dass Mädchen ihre Haut schützen und die Sonne meiden sollten.

Wurde einer dieser Jungs ihr Freund?

Sie schnalzt mit der Zunge. Nicht diese Jungs. Noch nicht.

Welche dann? Und wann?

Stellas Antwort: «Ich bin nicht bereit, Ihnen das zu erzählen.»

Ein weiterer Grund für die Denkwürdigkeit von Selmas erstem Geschenk war die Tatsache, dass es von der Stange kam. In der Juderia von Stellas Jugend kaufte niemand fertig genähte Kleidung, außer vielleicht gelegentlich einen Pullover oder importierte Schuhe (und auch dann nur junge Leute), und das begann erst, als sich die Italiener auf der Insel fest etabliert hatten. In Stellas Kindheit ging Miriam nach dem Besuch des Stoffgeschäfts mit ihren Einkäufen zu Josef Ben Attar, einem Schneider aus Alexandria, der eine Dschellaba trug. Josef, der eine Werkstatt mit jungen Lehrlingen hatte, nähte die Kleider von Miriam und den Mädchen, bis die Levis schließlich zu Stellas Notrica-Cousinen auswichen, die gut nähten und außerdem zur Familie gehörten.

Die Schnittmuster und Modebegriffe stammten aus französischen Zeitschriften: *diagonalment, plissé, drapé*. Zeitschriften präsentierten Modelle für *madame* und Modelle für *mademoiselle* – «das überschnitt sich *nie*» –, und für Pessach oder Rosch ha-Schana bekam jede mindestens ein neues Kleid.

Auch Yehudas Kleidung wurde für ihn angefertigt, allerdings von einem griechischen Schneider, der zum Maßnehmen und Anpassen ins Haus kam. Wie der Schneider Josef trug Yehuda eine gestreifte Dschellaba aus gutem Material, aber nur zu Hause, nie auf der Straße. Außerdem trug er, in den frühen Jahren von Stellas Kindheit, einen Fes zur Arbeit, den er unter dem Druck seiner Töchter, die fanden, er sehe damit zu *alla turca* (zu türkisch und folglich zu altmodisch) aus, schließlich aufgab, wenn auch nicht ohne Protest.

Stellas Großmütter waren in geheimnisvolle Schichten und Lagen gehüllt – Blusen, Röcke, Gürtel und Roben über Unterkleidern –, und ihr unergründliches Haar war stets unter einer Haube verborgen. Stella sah ihre Großmütter nie unbekleidet oder mit offenem Haar, noch nicht einmal in einem gestreiften Pestemal im türkischen Bad. Ihre Körper waren ein Rätsel.

Der Körper im Allgemeinen blieb für Stella noch lange in vielerlei Hinsicht rätselhaft.

22

Eine von Stellas frühesten Erinnerungen:

Sie ist zweieinhalb, vielleicht drei Jahre alt. Ihre Mutter trägt ihr auf, ein Stück weiter in der Straße zu Ermana Dalva zu gehen und sie um etwas *«teneme aki»*, so versteht sie es, zu bitten. Stella tut wie geheißen. Ermana Dalva lädt sie ein, Platz zu nehmen. Stella wartet geduldig. Nach einer halben Stunde sagt sie zu Ermana Dalva: «Geben Sie mir jetzt etwas *teneme aki*?» – «Ja, natürlich. Hab ein bisschen Geduld.» Sie wartet eine weitere halbe Stunde und fragt wieder. Ermana Dalva bittet sie um noch ein bisschen mehr Geduld. Sie gibt ihr einen Keks. Ist der Keks *teneme aki*? Stella glaubt es nicht. Nach einer weiteren halben Stunde sagt Ermana Dalva zu ihr, sie könne nach Hause gehen.

«Aber was ist mit dem *teneme aki*?»

«Das hab ich dir schon gegeben.»

Teneme aki, auf Judäo-Spanisch «behalte mich hier», aber auch «hab ein Auge auf mich» oder «pass auf mich auf». Manchmal wurde es auf Türkisch gesagt: *otur burda* (bleib hier). Niemand in der Juderia hatte Kindermädchen oder Babysitter; wenn eine Mutter etwas besorgen musste oder einen Augenblick für sich haben wollte, schickte sie ihr Kind zu einer Freundin in der Nähe und erklärte dem Kind, es solle um etwas *teneme aki* bitten, ein bisschen *otur burda*.

Dies war Stellas erste Begegnung mit der Verwirrung, dem Mysterium, der Macht und Vielschichtigkeit von Sprache, etwas, das sie für den Rest ihres Lebens auf die eine oder andere Weise begleiten würde. Wie könnte es auch anders sein, nachdem sie in einem ständig wechselnden Turm von Babel der Kommunikation aufwuchs?

Ich bitte sie, mir zu erklären, wer welche Sprache benutzte und in welchem Zusammenhang.

Judäo-Spanisch war die Sprache der Juderia, die in jedem Haus gesprochen wurde. Stellas Großmütter verstanden außerdem liturgisches Hebräisch. Sara Notrica, ihre Großmutter mütterlicherseits, sprach noch Türkisch und ein wenig Griechisch. Beide Frauen lebten fast zwanzig Jahre lang unter den Italienern, lernten aber nie ein einziges Wort ihrer Sprache.

Stellas Vater Yehuda schrieb Judäo-Spanisch in Solitreo, einer sephardischen Form der hebräischen Schrift, die es dem Schreiber ermöglichte, die Sprache in hebräische Buchstaben zu übertragen, indem er Wörter phonetisch buchstabierte (vom portugiesischen *soletrar*, buchstabieren).

In der nächsten Generation lernte nur Morris Solitreo, bevor er 1920 nach Kalifornien ging, und im frühen zwanzigsten Jahrhundert hatten die Sprecher des Judäo-Spanischen bereits angefangen, die Sprache in lateinischen Buchstaben zu schreiben, meist phonetisch und mit einer verwirrenden Kombination aus Einfallsreichtum und Inkonsequenz.

In der Schule lernte Yehuda Hebräisch schreiben und lesen. Miriam lernte Hebräisch nach dem Gehör; sie kannte Gebete, Lieder und vereinzelte Wörter und Wendungen. Sie sprach etwas Türkisch und Griechisch; Yehuda sprach Türkisch, weil er den Großteil seines Lebens in dieser Sprache Geschäfte betrieb.

Sowohl er als auch Miriam verstanden mehr Italienisch als ihre Mütter, aber bedeutend weniger als ihre Kinder.

Die Levi-Kinder benutzten – wie alle Kinder der Juderia – in der Schule eine Sprache, die ihre Eltern weder lasen noch schrieben – im Grunde zwei verschiedene Sprachen.

Die älteren Geschwister besuchten die Alliance Israélite Universelle, die in Rhodos, wie überall im Nahen Osten, ihre Mission vorantrieb, Kindern eine westlich geprägte Erziehung zu geben, die religiös und modern zugleich war, um sie aus dem «Gefängnis» (wie es ziemlich herablassend hieß) der Sprache zu befreien, die sie zu Hause benutzten. Doch gerade als die Alliance ihren linguistischen und kulturellen Griff auf der Insel gefestigt und das Denken junger Mädchen wie Selma, Sara und Felicie kolonisiert hatte, die französische Romane lasen und in der Juderia herumliefen und ihre Klassenkameradinnen und Freundinnen mit einem geflöteten *bonjour* und *bonsoir* oder (an Rosch ha-Schana) *bonnes fêtes* grüßten, kamen die Italiener.

1925, zwei Jahre nach Stellas Geburt und während Italien seine administrative Kontrolle auf Rhodos verstärkte, verwandelte sich die Alliance in die Scuole Ebraiche Italiane, die italienischen jüdischen Schulen (Plural, weil es eine für Jungen und eine für Mädchen gab). Die französischen Lehrer, die französischen Manieren, die französischen Lehrbücher (und Liebesromane) verschwanden, und alles Italienische hielt Einzug: Sprache, Musik, Literatur, Geschichte, Fußball und (einige) Speisen. Die drei jüngeren Levi-Kinder – Victor, Renée und Stella – wuchsen in einer sprachlich und kulturell anderen Welt auf als ihre Eltern und älteren Geschwister. Nicht unbedingt über Nacht, aber manchmal fühlte es sich so an – alle jüngeren Leute grüßten jetzt *ihre* Freunde mit *buongiorno* und *buonasera*.

Englisch sprach fast niemand in Rhodos, nur eine außerhalb der Juderia lebende Familie, die Cohens, deren Vater

Privatunterricht gab, und ein Fremdenführer namens Corodobal, der seinen Lebensunterhalt damit verdiente, die wenigen englischsprachigen Besucher auf der Insel herumzuführen.

23

Die in der Juderia verwendeten verschiedenen Spitznamen und Ehrentitel ergeben eine interessante Fußnote zu den vielen Sprachen, die dort gesprochen wurden. Wie in einigen anderen spanischsprachigen Gegenden wurden die Männer und Frauen der Generation von Stellas Großeltern und Eltern typischerweise als *Ermano* und *Ermana* angesprochen. («Ähnlich wie bei den Afroamerikanern, die sich *Brother* und *Sister* nennen.») Allerdings war nicht jede Frau *Ermana*. Manche wurden stattdessen mit *Madame* angesprochen, warum, hat Stella nie genau verstanden, vielleicht, weil jemand woanders herkam – also *Madame Leon* oder in bestimmten Kontexten *Madame Miriam*, zum Beispiel für Stellas Mutter. In formelleren Zusammenhängen wurde sie mitunter auch mit dem Namen ihres Mannes bezeichnet: *Ermana Sara Notrica de Moshe* war Stellas Großmutter, Moshes Frau, und Miriam war *Ermana Miriam deYehuda Levi* – Yehudas Miriam.

Diese Benennungen wurden komplizierter, wenn man die Erstgeborene einer Familie war, dann wurde man beispielsweise als *Ermana Behora Soriano* oder *Ermana Behora Franco* angesprochen – beide Miriams Freundinnen –, da *Behora* (für Frauen) und *Behor* (für Männer) erstgeboren hieß und oft erwähnt wurde.

Eine andere respektvolle Ansprache war *Señor* oder *Señora*: *Señora Miriam de Moshe Levi* oder nur *Señora Miriam Levi*. Señora war ein besonders aussagekräftiges Wort in der Gemeinde. Bevor die Italiener kamen (das heißt: bevor *Señora* mit *Signora* verwechselt wurde) war es auch ein

Vorname – zum Beispiel der von Stellas älterer Schwester Selma: Sie wurde als Señora Levi geboren, benannt nach ihrer Urgroßmutter Señora Halfon.

Man nimmt an, dass Señora als Vorname eine Hommage an Doña Gracia Mendes Nasi ist (Doña ist eine Variante von *Señora*), die um 1510 in Portugal in einer Familie von Conversos, also Juden, die zum Christentum zwangskonvertiert wurden, geboren wurde. Sie führte ein Leben, das eines Schelmenromans würdig wäre: Sie war eine Geschäftsfrau und Bankierin, die Druckereien förderte, andere Conversos aus Spanien und Portugal schmuggelte, Jeschiwas und Synagogen stiftete und gegen Ende ihres Lebens eine Proto-Zionistin, der es gelang, Süleyman I. zu überzeugen, ihr einen langfristigen Pachtvertrag für ein Anwesen in der Nähe der Stadt Tiberias in Galiläa zu gewähren, wo sie emigrierte Juden wiederansiedelte.

«Wenn man das Glück hatte, Señora zu heißen», erzählt mir Stella, «trug man seinen Namen mit großem Stolz.»

Judäo-Spanisch, Hebräisch, Türkisch, Griechisch, Französisch, Italienisch … Namen, Spitznamen, Namenspatronen: Nachdem mir Stella all das dargelegt hat, möchte ich gern wissen, was «ihre» Sprache ist, die Sprache, in der sie denkt und sich am tiefgründigsten ausdrückt. Ich zögere, von Muttersprache zu sprechen, denn das müsste Judäo-Spanisch sein. Ihre Heimatsprache vielleicht? Ihre am häufigsten benutzte Sprache? Oder gibt es vielleicht mehr als nur eine Sprache?

Wie auch immer man es bezeichnen mag, Stella antwortet spontan, dass für sie diese Sprache Italienisch ist: «Ich habe Italienisch vom ersten Moment an geliebt. Für mich klang es schön, es ähnelte meiner Sprache, und es fühlte sich an wie eine Sprache, in die ich geboren wurde. Außerdem war es die Sprache, in der ich meine Schulbildung erhielt und die mir die Welt eröffnete, als ich noch in Rhodos war.»

In welcher Hinsicht, frage ich sie.

«Mein Denken. Meine Freundschaften.» Ihre Augen leuchten. «Meine Mehr-als-Freundschaften.»

«Ihre Freunde waren also Italiener?»

«Der Teil kommt später, Michael – *forse*» – vielleicht.

Ich versuche zu begreifen, was es heißt, sprachlich und in vielerlei Hinsicht kulturell zu einem Land zu gehören, in dem man nicht aufwuchs und das man zum ersten Mal mit Anfang zwanzig besuchte – und dann unter derart ungewöhnlichen Umständen, nämlich als Überlebende eines Konzentrationslagers.

Versteht Stella sich als Italienerin? Und was heißt das überhaupt in ihrem Fall?

Sie denkt kurz nach, ehe sie sagt: «Das ist eine völlig andere Frage. Nein, ich verstehe mich nicht als Italienerin. Auch wenn ich zwei Jahre in Italien gelebt habe, ist es nicht mein Ursprungsort. Das ist die jüdische Gemeinde der Insel Rhodos, die ein halbes Jahrtausend zuvor in Spanien entstand und eine Zeit lang, eine kurze Zeit lang, unter italienische Kontrolle fiel.»

Sie legt eine Pause ein. «Eine lange Antwort, ich weiß. Aber eine kurze gibt es nicht, jedenfalls ist mir noch keine eingefallen.»

Stellas Vater, fährt sie fort, sah sich nie als Türke oder Italiener. So dachten die Leute seiner Generation nicht. Seine gesamte Lebenserfahrung war vom Judentum durchdrungen, und diese Verbindung gab er an seine Kinder weiter. Obwohl sie später nicht gläubig war, sagt Stella, hat sie sich in Rhodos, wenn überhaupt, dann nur mit ihrem Judentum identifiziert, das die Wochen, die Jahreszeiten, die Feiertage – ihrer aller Leben, ihre ganze Welt organisierte.

«Das ist mein Erbe», so Stella. «Aber meine Identität ist etwas völlig anderes. Sie ist fließend. Ich sehe mich weder als das eine noch das andere. So empfinde ich seit meiner Kindheit, und dieses Gefühl wurde mit zunehmendem Alter immer stärker.»

Mehrere Jahre nach dieser Unterhaltung besuchen Stella und ich gemeinsam einen Abend, an dem die Historiker Saul Friedländer und Carlo Ginzburg über Friedländers neues Memoir diskutieren. Bei unserem nächsten Treffen spreche ich mit ihr über einige seiner Bemerkungen.

Ich erzähle ihr, dass mich besonders einer der ersten Sätze Friedländers verblüfft hatte: «Wenn Sprache ist, wo man lebt, dann habe ich kein Zuhause, weil ich keine feste Sprache habe.»

Stella nickt. «Ja, ich glaube, das gilt für viele von uns, die von ihren Herkunftsorten getrennt wurden.»

Friedländer erklärte weiter, dass er früher auf Französisch geschrieben habe und inzwischen ins Englische gewechselt sei, er jedoch in beiden Sprachen keinen «Halt» gefunden habe. Er lebe nicht «in seinem Namen», weil er ihn fünfmal geändert habe. Es habe Jahre gedauert, sagte er, zu wissen, wer er ist. Er schrieb über den Holocaust, fand aber seine eigene Stimme erst, als er seine eigene Geschichte schrieb. Er musste sich an einen Ort begeben, sagte er, der kein Ort ist. Am Ende fand er diese Identität in der Erinnerung.

«Ohne meine Erinnerung hätte ich vermutlich keine Ahnung, wer ich bin», sagt Stella. «Aber selbst hier bleibt meine Identität mit Sprache verbunden. Judäo-Spanisch hilft mir tatsächlich, mich zu erinnern. Ich höre ein Lied, einen Satz, ein Wort – und sofort bin ich wieder in der Juderia meiner Jugend.»

«Die trotzdem nicht Ihr Zuhause ist.»

«Nous serons toujours exilés», sagt sie und macht sich eine (leicht abgewandelte) Zeile aus Racines *Esther* zu eigen.

Ihr Zuhause sei kein Ort, fährt Stella fort, weil Rhodos, das Rhodos von heute, nicht ihr Ort ist und es nicht sein kann. Sie hat kein echtes Zuhause; wie viele Juden und die meisten Überlebenden wird sie immer eine Verbannte sein. Sie ging nach Los Angeles zu ihrer Familie oder zu dem, was von ihrer Familie übrig war, fühlte sich dort aber nicht zu Hause. Sie ging nach Israel, aber auch dort fühlte sie sich nicht zu Hause. Am meisten zu Hause fühle sie sich in New York, sagt sie, weil New York aus so vielen Verbannten, so vielen Wanderern wie ihr bestehe.

Ginzburg, erinnere ich sie, fragte Friedlander, ob die Erfahrung des Exils ihm die Chance gegeben habe, mehr im Leben zu sein, zu wachsen.

«In meinem Fall trifft das zu», sagt Stella, «auch wenn das Exil seinen Preis hat, glauben Sie mir.»

24

Die *scuola femminile* ist eine katholische Schule außerhalb der Juderia, dreißig Minuten zu Fuß entfernt, vorbei an der Moschee, der Brücke. Wie zuvor ihre Schwester Felicie, meldete sich Stella dort im Alter von zwölf Jahren für die strenge *quarta ginnasio* an und lernte bei den Nonnen, den *suore* (ihr Orden hieß *suore d'Ivrea*). Der Abschluss war die *maturità* und ermöglichte den Schülern ein Studium an der Universität.

Jeden Morgen versammelte sich in der Juderia eine Handvoll Mädchen – ganze fünf in Stellas Jahrgang – und machte sich auf den langen Weg durch die Stadt. Im Winter trugen sie schwarze Röcke, cremefarbene Blusen und schwarze Söckchen; sobald das Wetter im Frühjahr wechselte, tauschten sie die schwarzen Socken gegen weiße. Jede Haarsträhne saß perfekt; ihre Schulhefte waren sauber und makellos, ihre *grembiulini* frisch gebügelt.

Als Stella zum ersten Mal durch die Schultür trat, eröffnete sich ihr «*tutto ad un tratto*, vroom» – mit einem Mal, *wumms* – eine neue Welt, neue Schulfächer, Möglichkeiten, von denen sie zuvor nur geträumt hatte. Sie hatte das Gefühl gehabt, für alles gerüstet zu sein, durch Felicie, durch Geschichten, die ihre Großmutter erzählte, die sie in der Bibel und in anderen Büchern gelesen hatte, aber diese Schule war eine Offenbarung. Literatur. Latein. Altgriechisch. Geschichte. Mit Lehrern, die ihr etwas beibrachten, die sich um sie kümmerten, sie unterstützten. Sie war aufgeregt und, ja, auch besorgt. Sie hatte Angst, eine *brutta figura* abzugeben, Angst, nicht schlau genug zu sein, Angst, getestet zu werden und sich nicht selbst zu genügen, aber ihr Wissensdurst war so groß, dass sie ihre Ängste weitgehend überwand.

In der *scuola femminile* lernte Stella Latein und Arithmetik, sie vertiefte ihr Wissen der französischen Grammatik, und bei der jungen, vor Leben sprühenden Schwester Teresa lernte sie italienische Gedichte auswendig, wie Leopardis «A Silvia», das sie fünfundsiebzig Jahre später und eine halbe Welt entfernt für mich rezitiert, mit theatralischer Stimme, hochgerecktem Kinn und aufrechter Haltung, vermutlich wie damals, wenn sie gebeten wurde, vor der Klasse stehend zu rezitieren:

Silvia, rimembri ancora
Quel tempo della tua vita mortale,
Quando beltà splendea
Negli occhi tuoi ridenti e fuggitivi …

In der Schule konkurrierte sie entschlossen um die Goldmedaille als Klassenbeste mit Silvia Rozio, deren Vater ein Besenbinder war und deren ältere Brüder zu den klügsten Köpfen im Viertel gehörten. Silvia gewann Gold; Stella begnügte sich mit Silber: *Vediamo un pò se sarai brava come Felicie.*

«Offenbar war ich nicht *brava* genug», sagt Stella.

Am Mittwoch, wenn die anderen Mädchen Religion hatten, kam Rabbi Albagli mit seiner winzigen Brille und unterrichtete sie über das Judentum, während eine Schwester Aufsicht führte, nicht nur weil er der einzige Mann unter Mädchen war, sondern auch um sicherzustellen, dass sie aufpassten. Schließlich waren sie zum Lernen da, und sei es über ihre eigene Religion.

Stella sagt, man habe ihnen nie ein ungutes Gefühl wegen

ihres Judentums vermittelt, zumindest nicht offen, aber natürlich kam am Mittwoch der Rabbi, und sie gingen nie zur Messe; stattdessen warteten sie im Garten, machten Hausaufgaben oder spielten, sie fielen also als anders auf, waren ausgeschlossen. Im Mai, dem Monat der Mutter Gottes, gab es viele Anlässe, von denen sie befreit waren, aber das Positive daran war, dass Stella von ihren Schulkameradinnen viel über den Katholizismus erfuhr, was ihr sonst entgangen wäre.

«Ich war meinem Traum einen Schritt näher», erzählt Stella mit glänzenden Augen. Einen Schritt näher, ihren Koffer zu nehmen und zum Studium nach Italien zu gehen.

Fast beiläufig lässt Stella bei ihrer Beschreibung der Schule eine Kleinigkeit fallen.

Nach dem Krieg habe sie versucht, Schwester Teresa in Rom, im Viertel Trastevere, zu finden, wo sie und einige andere *suore* anscheinend damals lebten; sie wollte ihr eine Frage stellen, eine Frage, die sie gerne allen gestellt hätte. Zweimal begab sie sich auf die Suche, zweimal scheiterte sie.

Um welche Frage handelte es sich?

«Oh, ganz einfach», sagt Stella gleichmütig. «Ich wollte wissen, da sie unsere Lehrerinnen waren, die Lehrerinnen von meiner Schwester, ihren Freundinnen und so vielen von uns, wo sie eigentlich an dem Tag waren, als man uns zusammentrieb. Ich wollte fragen, warum sie nie Nachforschungen anstellten oder Einspruch erhoben und warum sie an dem Tag, als man uns wegbrachte, noch nicht mal kamen, um sich wenigstens zu verabschieden.»

25

Die fünf Mädchen aus der Juderia waren nicht die einzigen Jüdinnen, die von den *suore* unterrichtet wurden. Auch die Töchter einiger wohlhabender Familien, die aus dem Viertel weggezogen waren und anders lebten als der Rest, gingen dort zur Schule.

Inwiefern lebten sie anders? Ging es nur um die besser ausgestatteten Häuser?

Größer und besser ausgestattet, ja, aber nicht nur das. Es schien, als wären sie in eine andere Welt, ein anderes Land übergewechselt. Sie lebten mit Haushaltsgeräten, richtigen Badezimmern und Hauspersonal. Obwohl sie viel näher an der Schule wohnten als die Mädchen in der Juderia, manche nur ein paar Straßen weiter, brachte sie ein Chauffeur, der ihnen die Türen öffnete, und sie stiegen aus, erst ein Fuß in einem makellos glänzenden Schuh, dann den zweiten. Zu ihnen gehörten die Menasces, Verwandte von Stellas Mutter aus dem Notrica-Zweig, dem Teil der Bankiersfamilie. Eines Nachmittags lud Evelina Menasce Stella zum Essen bei sich zu Hause ein, zusammen mit ihrer Klassenkameradin Bella Almeleh, einem Mädchen aus der Juderia, das große Augen bekam, als es sich an den Tisch setzte und Stella zuflüsterte, während es diskret in die Richtung nickte: «*Dio*, da liegt ein Messer!»

Die Menasces hatten gesehen, wie Angehörige einer bestimmten Schicht in Paris, Rom und Athen lebten: Ihre ganze Lebensweise war modernisiert, urban – weltgewandt. Während man in modernen europäischen Haushalten die Tische mit Messern deckte, aß man in der Juderia nur mit einer Gabel, einer Gabel und einem Stück Brot, da die meisten ihrer Gerichte aus bereits gehackten, gewürfelten oder geschnippelten Zutaten bestanden und oft lange auf dem Feuer garten. Wer brauchte da ein Messer auf dem Tisch, ein weiteres Hilfsmittel, das gespült, abgetrocknet und weggeräumt werden musste? Die Familien waren groß, es gab schon genug Teller und Besteck ... und das Brot, nun ja, es saugte die Sauce auf und schmeckte sehr gut ...

«Wir lebten nicht unbedingt *primitiv*», sagt Stella. «In meiner Mädchenzeit in der Juderia wurde der Tisch eben einfach nicht mit Messern gedeckt.»

Es schien, als wären sie in eine andere Welt übergewechselt. Ich frage Stella, was genau das heißt. Lag es wirklich nur daran, dass die Tische dort mit Messern gedeckt waren und es moderne Geräte oder Badezimmer mit Duschen und Wannen gab?

«In gewisser Weise schon», erwidert sie.

Nicht nur die Sanitäranlagen, auch das Wasser, Wasser im Allgemeinen, erklärt Stella, ergäbe eine Geschichte, ein Dutzend Geschichten – ein Porträt der Juderia für sich.

Als Stella aufwuchs, stand ein Brunnen in der Mitte ihres *kortijo*. Sicher, die Italiener brachten fließendes Wasser und Abflussrohre für Sanitäranlagen in die Juderia (Innenduschen und Bäder blieben allerdings weiterhin eine Seltenheit), doch das hieß nicht, dass der Brunnen versiegte – im Gegenteil. Zum Putzen der Fußböden holten die Levis bis zum Schluss Wasser aus dem Brunnen, und da es auch nach der Ankunft der Italiener keine Kühlschränke gab, benutzten sie ihn zur Kühlung, indem sie Flaschen in einem großen Korb hinabließen; Wassermelonen wurden im Sommer, ebenfalls in einem Korb, unterirdisch gelagert, sodass sie besonders süß und frisch blieben. Die Nachbarin im oberen Stockwerk, die keinen eigenen Brunnen besaß, wollte den der Levis benutzen – sie ging sogar so weit, dass sie eines Tages einen Flaschenzug auf ihrer Terrasse montierte und einen Strick in den Hof baumeln ließ –, aber Selma war vehement dagegen, weil sie hinterher nicht das Chaos wegwischen wollte. «Sie können sich nicht vorstellen, welches Geschrei das Ganze nach sich zog.»

Dann war da noch *la dulse* – «Ich habe keine Ahnung, warum das so genannt wurde … *dulse* … *dulce* … *dolce* … süß? Eigentlich bedeutet es ja das Gegenteil.» Hin und wieder eilte der vom Rabbi aufgescheuchte Schamasch aus der Synagoge durch die Straßen und rief aufgeregt: *«La dulse, la dulse!»* Dann rannten Miriam und die anderen Frauen los, um Flaschen, Schüsseln und Töpfe mit Wasser zu füllen, und deckten die Gefäße mit einem Handtuch ab, weil sie wussten, dass das Wasser aus den Leitungen wegen eines bösen Geistes in der Juderia eine Zeit lang giftig wäre, nicht lange, ein paar Stunden vielleicht, höchstens einen halben Tag (die Zeitspanne war nie genau bekannt). Währenddessen sollte niemand trinken oder waschen, was auch niemand tat.

Einmal ging Victor zur Mandraki-Hafenpromenade, um dort in einer der Bars ein Glas Wasser zu trinken, nur um zu zeigen, wie absurd diese Tradition war, worüber sich Miriam, die noch an solche Dinge glaubte, ziemlich aufregte. Und Felicie, nun, man kann sich unschwer vorstellen, was sie dachte: Sie hatte natürlich nichts mit *la dulse* am Hut.

Stella konnte die Sache mit *la dulse* nie aufklären, ebenso wenig wie ihre Cousine in ihrem Buch, und auch sonst finden wir niemanden. Sie fragt sich, ob der Brauch auf die osmanische Zeit zurückgeht, als die Menschen gar kein fließendes Wasser hatten und diejenigen, die keine Brunnen besaßen, ihr Wasser aus Gemeindebrunnen bezogen – zwei befanden sich in der Nähe der Synagogen, zwei oder drei an anderen Stellen in der Juderia, und einer war in der nahe gelegenen Turkeria. Wurde das Wasser vielleicht zu bestimmten Zeiten und aus bestimmten Gründen schlecht? Oder kontaminierte es vielleicht jemand, wenn es einen Konflikt gab?

Möglicherweise hing es mit einem anderen Brauch zusammen, der verlangte, bei einem Todesfall jedes Gefäß im Haus zu leeren. Ich finde zwei Erklärungen: Eine beruht auf der Überzeugung, dass der Todesengel sein Schwert in stehendem Wasser reinigt, wenn er welches finden kann; die andere besagt, dass jeder böse Geist im Wasser Zuflucht suchen und den Lebenden schaden kann. Ich frage Stella, ob sie je von einer der beiden Geschichten gehört hat, was sie verneint. «Viele dieser Dinge sind einfach passiert, wissen Sie. Niemand erklärte uns, warum.»

26

Eines der unantastbaren Rituale der Woche war ein Besuch im Hammam, Miriam und die Mädchen gingen jeden Donnerstag, manchmal auch am Freitag, für mindestens zwei Stunden, oft länger. Miriam war der Liebling einer Bediensteten namens Fatmà. Selbst wenn das türkische Bad voll war, nahm Fatmà «Miriam Hanum» (Madame Miriam) in Empfang und reservierte den Levi-Frauen den größten Raum, damit sie ihre Straßenkleidung gegen ein Pestemal (ein gestreiftes türkisches Handtuch aus saugfähiger Baumwolle) und hohe Holzclogs, *takos* auf Judäo-Spanisch oder *zoccoli* auf Italienisch, tauschen konnten. Dann gab sie ihnen eine *stregadura* (im Judäo-Spanisch von Rhodos ein rauer Handschuh zum Abbürsten abgestorbener Hautpartikel) sowie einen *yashmak* (wieder türkisch: ein Kopftuch, manchmal mit Pailletten besetzt, das man nach dem Waschen um das feuchte Haar schlang). Es überrascht nicht, dass Stella die verschiedenen Sprachen zur Beschreibung des Hammams vermischt, wo Türkinnen, Jüdinnen, manchmal auch Italienerinnen (aber nie Griechinnen) den Nachmittag in friedlicher Eintracht verbrachten.

Der Besuch begann in der – kochend heißen – Sauna und ging weiter in einem mit Marmor verkleideten Raum, der mit Becken und heißen und kalten Wasserhähnen ausgestattet war. Dort wurde eine *taz*, eine gehämmerte Metallschale, meist aus Kupfer, mit Wasser gefüllt, die Fatmà benutzte, um mit dem rauen Handschuh die alte Hautschicht von ihren Körpern zu scheuern. Danach zog sie einen feinen weißen Kamm durch ihr Haar. «Es war, als würde einem nicht nur der Körper, sondern ein Teil von einem selbst abgescheuert, sodass man sich jede Woche erfrischt und fast wie neugeboren fühlte. Ich glaube nicht, dass ich seither in meinem Leben je wieder so sauber war.»

Die Becken waren nicht zum Eintauchen gedacht – auch wenn es in einem separaten Teil des Hammams ein solches Becken gab, das ausschließlich von jüdischen Frauen für das Tauchbad zur rituellen Reinigung genutzt wurde, da es zu Stellas Zeit in der Juderia keine Mikwe mehr gab. (Jahre später wurden zwei solche Bäder entdeckt, die beide zu Synagogen gehörten.)

Bevor sie gingen, servierte Fatmà ihnen Kaffee, Limonade und Süßigkeiten und betupfte sie mit *agua de flor*, dessen Hauptbestandteil Jasmin war.

«Möchten Sie mal riechen?», fragt mich Stella.

«Sie haben *agua de flor*? Gibt es in Greenwich Village einen neuen Hammam, von dem ich nichts weiß?»

Sie lacht, huscht in die Küche und kommt mit einem kleinen Glasfläschchen zurück, dessen Inhalt fast verdunstet ist. «Ich habe es vor Jahren aus der Türkei mitgebracht», sagt sie, zieht den Korken heraus und reicht es mir.

Jasmin, stimmt. Deutlich ausgeprägt. Vielleicht auch ein Hauch Orangenblüte.

«Kochen Sie damit?», frage ich. «Bewahren Sie es deshalb in der Küche auf?»

Sie schüttelt den Kopf. «Früher benutzten es Frauen, wenn sie sich schwach fühlten, es war also eine praktische Sache, die man zur Hand haben sollte.»

Heute, wende ich ein, scheinen sich Frauen nicht mehr oft schwach zu fühlen oder gar ohnmächtig zu werden.

«Die Gleichberechtigung zwingt uns, manches aufzugeben», sagt Stella lächelnd.

27

Das türkische Bad war für Stella auch der Schauplatz eines der schönsten Ereignisse, als sie klein war: das *banyo de novya,* bei dem die künftige Braut die Mikwe und die anschließende Henna-Party besuchte, bei der getanzt, die *kantigas de novya* gesungen und Berge von Süßigkeiten verzehrt wurden, die von der Mutter und den Tanten der Braut tagelang vorbereitet worden waren.

Auch den Hochzeitsritualen in der Juderia sah Stella als Kind gern zu. Ein oder zwei Wochen vor dem großen Tag wurde der *ashugar* der Braut, jene Mitgift, die sie jahrelang bestickt hatte, zum Haus ihres künftigen Mannes gebracht, während eine kleine Gruppe griechischer Musiker mit Mandolinen und Tamburinen die ganze Pracht begleitete, zu der neben der Leinenwäsche oft auch Gläser, Geschirr, Haushaltswaren und in einigen Familien das geschenkte Silber der Großmutter gehörte, alles balanciert auf den Köpfen von eigens dafür engagierten Leuten. Dann, am Tag der Hochzeit, brachte der Vater oder ältere Bruder der Braut die junge Frau zu ihrem Mann in die Synagoge, und danach gingen alle zum Feiern in einem Festzug zum Haus der Brautfamilie oder eines Freundes, wenn es größer war oder einen Garten hatte, oder in ein Hotel, das Regina oder das Albergo delle Rose, wenn die Frau aus einem bessergestellten Haus kam.

Zu Beginn des Krieges besuchte Stellas Lehrer und (späterer) Freund Luigi Noferini eine dieser Hochzeiten; die jungen Leute legten Platten auf, und es war das erste Mal, dass Stella ihn tanzen sah, das erste Mal, dass sie mit einem

Mann außerhalb ihres Freundeskreises tanzte. Zu diesem Zeitpunkt fanden allerdings nur noch wenige Hochzeiten statt, da zunehmend mehr junge Menschen, vorwiegend Männer, die Insel verlassen hatten.

Das Gespräch über Hochzeiten führt uns wieder zu Felicie zurück. Zeigte sie kein Interesse an jungen Männern? Beeindruckte sie nie jemand?

«Über solche Dinge sprachen wir nicht», erzählt Stella. «Sie traf sich, wie schon gesagt, mit Robert Cohen, manchmal saßen sie an entgegengesetzten Enden des Zimmers, manchmal zusammen auf dem Sofa und unterhielten sich bis spät in die Nacht. Aber es schien nie über Gespräche hinauszugehen, zumindest nach meinem Eindruck. Außerdem trug er nie zusammenpassende Socken.»

Ich frage Stella, ob ihre Eltern denn nicht besorgt waren, weil ihre älteste Tochter noch zu Hause war, ohne Aussichten oder einen bestimmten Plan für die Zukunft. Und ihre Antwort ist, wie immer bei Felicie, dass sie es bei jedem *anderen* Mädchen gewesen wären. Die meisten Eltern in der Juderia verhielten sich damals, als lebten sie fünfzig, hundert Jahre in der Vergangenheit. Mit einer Frau, die nicht heiratete, stimmte etwas nicht, sie löste einen Sturm der Besorgnis aus, nicht aber Felicie: Sie war standhaft; sie hielt nichts von der Ehe; sie war eine Freidenkerin. «Vielleicht war ihr etwas zugestoßen», grübelt Stella. «Ich meine körperlich. Etwas Intimes. Wenn es so war, habe ich es nie erfahren ...»

Sie verstummt eine Weile. «Manchmal frage ich mich, ob sich Felicie für unattraktiv hielt. Sie war es nicht, aber ich weiß noch, wenn wir mit unserem *yashmak* aus dem türkischen Bad kamen, zog nur sie sich den Schleier über das Gesicht, so wie die Türkinnen es machten. Und nicht nur dann. Sie wandte sich bei jeder Gelegenheit ab, bedeckte ihr Gesicht, ließ sich nicht gern fotografieren, zeigte sich nicht gern.»

Nach einer weiteren Stille frage ich vorsichtig, ob Felicie möglicherweise nicht an Männern interessiert war.

«Ich glaube nicht, dass es daran lag», erwidert Stella. «Aber auch da bin ich mir nicht ganz sicher. Solche Themen waren bei uns tabu. Sie dürfen nicht vergessen, sie behandelte und sah mich als kleines Mädchen, die kleine Schwester, die ich ja auch war.»

Ich frage Stella, ob sie Leute in der Gemeinde kannte, die schwul waren, und wenn ja, welchen Stand sie hatten. Und ob darüber gesprochen wurde, hinter vorgehaltener Hand vielleicht. Sie erzählt mir, dass sie überhaupt erst nach dem Krieg eine *Vorstellung* von Homosexualität hatte, als sie nach Amerika kam und weit mehr über die menschliche Natur wusste. In Amerika wurde ihr im Nachhinein klar, dass sie und Felicie Schriftsteller lasen und liebten, die schwul waren, zum Beispiel Verlaine, Rimbaud und Proust, und sie erinnerte sich an einen ihrer liebsten Freunde, einen Jungen, der sehr gut aussehend, blond und aufmerksam gegenüber seiner Mutter war. Er hatte ein sanftes Gemüt und bewegte sich gern in der Gesellschaft von Mädchen. Erst im Nachhinein wurde ihr klar, dass er wahrscheinlich schwul war. Auch er starb in den Lagern.

«Wie wäre sein Leben wohl in einer anderen Zeit oder an einem anderen Ort verlaufen?», sagt Stella nachdenklich.

Sein Leben, so wie andere Leben in der Juderia?

«Aber er war doppelt gestraft. Er durfte nicht er selbst sein … und dann durfte er gar nicht sein.»

28

Es gab auch einen Hammam für Männer – opulenter als das für Frauen –, aber Yehuda besuchte es nur selten. Er badete lieber zu Hause.

Da es bei den Levis weder Badewanne noch Dusche gab, hatte Miriam im *kortijo* eine Vorrichtung zurechtgebastelt: einen riesigen Topf für heißes und einen zweiten für kaltes Wasser, umgeben von einem Vorhang als winzige Kabine für Yehudas wöchentliche Waschung; Miriam mischte, je nach Bedarf, heißes und kaltes Wasser aus den Töpfen und goss es ihm über den Kopf – eine selbst gebaute Dusche.

Das alles fand wie die Besuche im Hammam einmal wöchentlich zur Vorbereitung auf den Schabbat statt, auch wenn sich alle nötigenfalls natürlich auch während der Woche wuschen, und die Hände und Füße jeden Tag. Im Sommer stand das Meer zur Verfügung, wo die modernisierenden Italiener Duschen installiert hatten; kalte Duschen, aber immerhin Duschen.

Was den Gang zur Toilette betraf: Er wurde ebenfalls im Hof erledigt, in einem winzigen Klosett mit einem Fenster in der Tür, wo sich anstelle von Toilettenpapier ein Tongefäß mit sauberem Wasser befand und ein eigener Schwamm für jedes Familienmitglied zum Waschen.

«Purim, Purim lanu» lautete eine alte Redensart in der Juderia. *«Pesah en la mano»* – Purim ist da, Pessach ist nah. Und Pessach hieß, alles in Sichtweite zu putzen und zu waschen. Auch alles außer Sichtweite.

Sobald die mitunter wilden Purim-Festlichkeiten abklangen, erzählt Stella, wandelte sich spürbar die Energie im Viertel. Mütter, Töchter und griechische oder manchmal jüdische Hausmädchen, die eigens für diese Wochen engagiert wurden, begannen mit dem gründlichsten Hausputz des Jahres. Sie räumten Kammern, Schränke und Schubladen aus; sie rückten noch den letzten Tisch und Stuhl beiseite; persische und türkische Teppiche wurden mit einer Mischung aus Salz und Essig geschrubbt und zum Trocknen auf die Terrasse gehängt. Kronleuchter wurden gewaschen, Silber wurde poliert, das besondere Porzellan aus dem Schrank geholt, wo es das ganze Jahr unberührt stand. Häuser wurden außen und innen gestrichen. Dann folgte in der ganzen Juderia ein letzter Angriff auf Schmutz, Staub und Ruß, bei dem selbst das Stück Straße vor der Haustür geschrubbt wurde. Tatsächlich achteten die Nachbarn penibel darauf, dass ihr schmutziges Wasser nicht von ihrem Haus zum nächsten lief: Ermana Leon fing am Donnerstagmorgen an, also begann Ermana Levi ein paar Stunden später. Die unmittelbare Nachbarin folgte eine Stunde später und so von Haus zu Haus bis zum Ende der Straße, dem Ende des Schmutzes, dem Ende des Tages.

Stella schüttelt den Kopf. «Es ist eine Lebensweise, die Sie nicht verstehen, nicht verstehen können», sagt sie. «Selbst meine Geschwister und ich konnten es nicht verstehen, als wir uns später trafen. Die viele Zeit und Energie, die Stunden, Tage, manchmal Wochen – nur zum Putzen?»

Doch die Tage vor Pessach drehten sich *nicht nur* um Hausarbeit. Eine spürbare Unruhe erfasste die Nachbarschaft, je näher der Feiertag rückte, besonders in Stellas Kindheit. «Nehmt den längeren Weg», ermahnte Miriam die Kinder gelegentlich, wenn sie die ummauerte Stadt verließen.

«Geht nicht an den Griechen vorbei.» Manchmal gehorchten sie ihr, manchmal nicht; aber in der Pessach-Woche taten sie es immer, aus Angst, die Griechen, zumindest einige, könnten sie mit Steinen bewerfen. Die klassische Erklärung für das Steinewerfen ist ein Wiederaufleben der Ritualmordlegende, der Glaube, dass die Juden bei der Zubereitung ihrer Matzen Christenblut verwendeten. Tatsächlich hatte es vor Ort einen erschütternden Fall gegeben, in dem die Griechen den Juden einen Ritualmord an einem christlichen Jungen vorwarfen; es kam zu Blockaden, Freiheitsberaubung, Folter und Gerichtsverhandlungen, bevor die Gemeinde freigesprochen wurde – doch dieser Vorfall war 1840. Wahrscheinlicher ist, dass die bereitwillige Aufnahme der modernisierenden Italiener durch die Juden alte, beigelegte Spannungen wieder anfachte – jedenfalls ging das Steinewerfen in Stellas Jugendzeit langsam zu Ende.

Jom Kippur war ein weiterer Feiertag, der mit einem Wasserritual verbunden war. Wenn dieser heiligste Tag des Jahres sich dem Ende zuneigte, kam ein Türke auf seinem Esel in die Juderia geritten und brachte große Gefäße mit, die typisch für Rhodos waren und an die Amphoren der Antike erinnerten; sie waren mit Wasser aus dem nicht weit entfernten Rodino-Park gefüllt, dem angeblich süßesten, köstlichsten Wasser auf der Insel. Der Reiter wartete geduldig vor der Synagoge auf das Ende des Gottesdienstes, wenn alle nach draußen drängten, das reine Wasser von Rodino tranken und so das Fasten beendeten.

Ein Zeitsprung nach vorne: Die Großmütter sterben und nehmen viele der alten Sitten mit sich. Die Italiener lassen sich nieder und bringen ihrerseits viele neue Sitten mit, einschließlich dieser: Yehuda, der nicht einmal gern den

Weg zum türkischen Bad auf sich nahm, befolgte jetzt den Rat seines Arztes und fuhr zur Behandlung seines Diabetes mit dem Bus nach Kalithea, um dort … das schwefelhaltige Wasser zu trinken, dessen harntreibende Wirkung und andere Eigenschaften von den Italienern entdeckt beziehungsweise wiederentdeckt worden waren. Sie errichteten ein reich verziertes osmanisches Badehaus mit maurischen Kuppeln und Bögen, das während des Kriegs schwer bombardiert wurde.

Miriam, die grundsätzlich nie allein reiste, zog für Wasser sogar noch weiter weg. Sie packte des Öfteren eine Tasche für mehrere Tage und fuhr mit dem Schiff zu der nahe gelegenen Insel Nisyros: noch eine Wasserkur. Eine Frau wie Stellas Mutter mag diesen Ausflug als äußerst modern empfunden haben, aber die heilende Kraft des Wassers reicht weit zurück, denn sie wurde von keinem Geringeren als Hippokrates persönlich entdeckt.

29

In der Juderia wusste jeder über jeden Bescheid. Mehr als das: Jeder war in jedermanns Angelegenheiten verstrickt. Zum Teil lag es daran, dass in der Juderia alle miteinander verwandt waren – es sei denn, man entschied sich, es nicht zu sein.

Ich bin verwirrt. «Buchstäblich verwandt?»

«In gewisser Hinsicht ...»

Ich bitte Stella um einen Realitätscheck. Könnte sie grob nachrechnen, mit wie vielen Leuten in der Gemeinde sie *tatsächlich* verwandt war?

Sie beginnt mit ihren Cousins und Cousinen ersten Grades: acht, neun ... zwölf. Cousins und Cousinen zweiten Grades, also, wenn man die Halfons, die Menasces (oder Menascés – die Schreibweise variiert je nach Familienzweig), die Notricas, die Pihases ... fünfundvierzig, fünfzig vielleicht. («Vergessen Sie nicht, dass meine Großeltern Cousin und Cousine waren, das reduziert die Zahl um einiges.») Großcousins und -cousinen zweiten Grades? Neffen und Nichten vierten Grades? Sie kannte gar nicht alle, nicht einmal die Hälfte; sie sagt, bestimmten Freunden und Klassenkameradinnen habe sie nähergestanden, aber wenn ich unbedingt auf einer Zahl bestehe, bitte schön: 150, 160. Wahrscheinlich mehr.

Also etwa 160, 170 Leute oder etwas weniger als 10 Prozent der gesamten Bevölkerung der Juderia, wenn man die Zahlen von 1944 zugrunde legt.

Verwandt mit 10 Prozent der Menschen, unter denen man lebt? Ist das möglich?

«Es ist nicht nur möglich. Ich treffe noch heute Menschen, von denen ich nicht wusste, dass ich mit ihnen verwandt bin.»

Erst neulich, erzählt Stella, habe sie einen Anruf von einer Frau in New Jersey erhalten, die in Rhodesien geboren wurde. Ihre Mutter war mit Stella in Auschwitz und überlebte, und ihre Tante Flora – die Letzte einer großen Familie – ging in der Schule mit Stella in eine Klasse, starb aber in den Lagern. Rosa Israel war ihre Mutter, und ihre Großmutter Ermana Sarotta war, wie sich herausstellt, eine Menasce, die mit einem Pihas verheiratet war, und der wiederum ein Cousin von Stellas Notrica-Großmutter, weil *ihre* Mutter eine Pihas war, und der Vater war natürlich («natürlich!») Mazliah Notrica, der Erzeuger der Bankiersfamilie …

Ich notiere mir, was Stella erzählt, kann aber nicht wirklich folgen. Das heißt, ich verstehe das Wesentliche: Sie waren alle miteinander verbunden, wechselseitig verbunden.

… es sei denn, man entschied sich, es nicht zu sein.

Schon die Bauweise der Juderia verband alle miteinander. Die Terrasse der Levis war durch eine niedrige, keinen halben Meter hohe Brüstung von der Terrasse der Familie Turiel getrennt, und so konnte Stella aufmerksam die Geburt ihrer Nachbarskinder Boaz und Elliot Turiel verfolgen, die natürlich zu Hause stattfand, mithilfe der *komadre*, einer Hebamme (ein ganzes Leben später sind Stella und Elliot immer noch Freunde). Sie musste nicht einmal nach unten gehen, um die Neuigkeit zu erfahren.

Wie die Terrassen waren auch die *kortijos* einer Familie und damit ihr Leben für andere zugänglich. Den ganzen Tag unterhielten sich Frauen über die Höfe hinweg, fragten, was es am Abend zu essen gab, warum diese Tochter oder jener

Sohn mit diesem Sohn oder jener Tochter ausgegangen war, wer am Abend zuvor lange unterwegs war, wer sich nicht wohlfühlt, wer einen Albtraum oder einen schönen Traum gehabt hatte. Und dann wurde ständig gesungen, nicht nur innerhalb eines Hauses, sondern auch als Verbindung zwischen einem Zuhause und dem nächsten, zwischen einer Familie und der anderen. Wenn Tia Rosa zu Besuch kam, sang sie den Kindern vor, um Zänkereien zu beenden oder die allgemeine Laune zu heben, und ihre Stimme erschallte durch ein offenes Fenster über den Hof hinweg. Und bevor Stella sich's versah, lehnte sich eine Nachbarin aus *ihrem* Fenster und rief: «*Ah, kantando estash*», und sofort streckte ein Chor von Frauen die Köpfe aus Fenstern und Türen und sang:

Una pastora yo ami
Una ija ermoza
De mi chikez yo la adori
Mas ke eya no ami
De mi chikez yo la adori
Mas ke eya no ami

Achtzig, neunzig Jahre nachdem sie es zum ersten Mal hörte, singt Stella mir mit immer schwächer werdender Stimme dieses Lied über die Liebe eines Jungen zu einer Schafhirtin vor, einem schönen Mädchen, das er seit seiner Kindheit liebt, und nicht zum ersten Mal habe ich das Gefühl, dass ich über Stellas Jugend hinweg in die ihrer Mutter und deren Mutter und vielleicht sogar noch weiter zurückblicken kann.

«Unglaublich», sage ich. Und Stella sagt nickend: «Unglaublich – aber auch, je nachdem, wie alt man war, durchaus einengend.»

Als Stella ein Mädchen war, erzählt sie, schien alles so freundlich – «heimelig» würde man hier sagen –, aber als sie älter wurde, fühlte sich alles etwas zu heimelig an. Die Nachbarinnen schauten aus dem Fenster, wenn sie abends ausging, und wieder, wenn sie zurückkam; sie nahmen zur Kenntnis, was sie anhatte und sogar, in welche Richtung sie ging. «Und als ich dann älter war und Zeit mit jungen Männern verbrachte, Italienern ... oh, da wurden die Zungen gewetzt.»

Nur Miriam hielt sich zurück: Sie war gegen so etwas. Sie war nicht am Klatsch über ihre Kinder oder andere interessiert.

Sie sagte zu Stella: *Deine Stimme ist zu hoch, die Nachbarn hören dich.* Oder: *Wieso gehst du nicht ein bisschen leiser aus dem Haus?* Oder: *Geheimnisse behalten wir für uns.*

Stella gab sich alle Mühe, aber die Augen waren scharf, die Ohren gespitzt. Sie nahmen selbst die schwächsten Signale auf.

30

Jeder wusste auch über die Streitigkeiten der anderen Bescheid. Und wohin und zu wem die Leute gingen, um sie zu schlichten. Stellas Großmutter Sara Notrica gehörte zu diesen Vertrauenspersonen – eine Heilerin in einem anderen Sinn. Ein Paar in der Krise, der Mann, sagen wir, will noch ein Kind, die Frau, nachdem sie sechs Kinder geboren hat, ist fertig, hundemüde, besorgt über den Mangel an Essen, Kleidung, Geld: Wie lösten sie solche schwierigen Fragen? Sie gingen zu der alten Frau, und die machte einen Vorschlag, erteilte einen Rat.

Welchen Vorschlag, welchen Rat?

«Diese Unterhaltungen fanden nur hinter geschlossener Tür statt.»

Stella wusste, dass sie kamen. Sie wusste, dass sie die Tür schlossen. Aber sie wusste nicht, was *genau* besprochen wurde.

Trotzdem ... wusste sie, ob es zum Beispiel um noch mehr Kinder ging, ob das Paar Empfängnisverhütung praktizierte? «Sie hatten ihre Methoden, die aber nicht immer funktionierten.»

Und ... und wenn die Empfängnisverhütung nicht klappte? Wurden solche Schwangerschaften beendet?

Eine enge Freundin von Stella – «Den Namen werde ich Ihnen nicht nennen» – wurde schwanger. Sie versuchte es im türkischen Bad, weil man dort manchmal etwas tun konnte. Eine andere junge Frau, älter als Stella, wusste sich zu helfen, weil ihr Freund die nötigen Informationen geliefert hatte; ihre Eltern organisierten einen Flug nach Italien.

Es kam sehr selten vor, dass jemand nach Italien flog. Im Fall dieser jungen Frau wussten nur ihre Eltern, Stella und eine andere Freundin Bescheid.

Galt das als skandalös?

«Natürlich.»

«Was wurde denn so geredet?»

«Es ging das Gerücht um, dass es einen bestimmten Ort gab. Sie nannten es meistens *terme* – Heilbäder – für eine Kur. Eine körperliche Kur, eine geistige Kur. Sie wissen schon.»

«Und niemand hat sich gefragt, warum sie nicht einfach zu Hause bleibt und eine *enserradura* macht?»

«Schwangerschaft war etwas, das nicht in den Bereich einer *enserradura* fiel. Im Übrigen war das in den frühen Vierzigerjahren. Inzwischen lebten wir in einer moderneren Welt.»

31

In einem Buch über Rhodos stieß ich auf eine Erkenntnis des Autors Nathan Shachar, die ich bei meinem nächsten Treffen mit Stella zur Sprache bringe: «Nur die Minderheit der Menschen verfügt über die Geistesgegenwart und verbalen Mittel, alles wahrzunehmen und zu verarbeiten, wenn der Wechsel von einer Lebensform zu einer anderen stattfindet.»

Auf irgendwie unheimliche Weise scheint Shachar Stella zu beschreiben. Als Mädchen in Rhodos bekam sie sicherlich vieles mit und war auf die sich verändernden Lebensformen ringsum eingestimmt; und sie hat damals und seither sicherlich alles verarbeitet, was sie gesehen hat. Aber wie wurde sie zu dieser Art Mensch, zu einem Teil jener Minderheit, die die Geistesgegenwart und verbalen Mittel besaß oder entwickelte?

«Ich weiß nicht, ob ich diese Frage beantworten kann», sagt Stella. «Das ist ein bisschen, als würden Sie fragen: ‹Warum hast du braunes Haar oder grüne Augen?›»

Sie denkt eine Weile nach. «Aber ich glaube … ich glaube, wenn ich fähig war, die Veränderung in meiner Umgebung wahrzunehmen, lag es wohl an meinem Bewusstsein und Verständnis dafür, dass es eine größere Welt gab. Ich war sehr neugierig auf alles, was dort draußen vor sich ging, vermutlich hat mich das für Unterschiede sensibilisiert. Ich lebte in der Juderia, wusste aber, dass es nur ein paar Straßen weiter mehr als nur die Juderia gab. Ich achtete auf Leute, die offenbar anders waren, wie mein Onkel Isaac Amato, der trotz seines Klempnerberufs ein sehr kultivierter Mann und begeisterter Leser war, der sich alles selbst beigebracht hatte. Ich wuchs auf einer Insel auf, aber ich wusste, dass es nur ein Fleckchen Erde in einem riesigen Meer war. Es war etwas, das ich in meinem tiefsten Inneren gespürt habe ...»

Stella erinnert sich, als Mädchen auf den Horizont geblickt zu haben im Wissen, dass jenseits des dunklen Blaus Welten lagen, andere Welten mit anderen Gepflogenheiten. Sie wusste das aus den Geschichten, die sie gelesen hatte; aufgrund der Geschichte von Rhodos mit all den Invasionen und Transformationen, von denen sie in der Schule und von Felicie gehört hatte; aufgrund der Schiffe, die am Hafen anlegten, von denen einige die ersten Touristen und andere die ersten Emigranten auf die Insel brachten, die auf ihrer Reise nach Palästina einen Halt einlegten; und aufgrund der Zeichen eines Anderswo, die ihre Familie an sich hatte – ihre Vergangenheit, ihre Arbeit, ja, sogar ihre Namen und Spitznamen waren davon geprägt.

Ihr Vater handelte mit Holz und Kohle, die er importierte und in der Region auslieferte. Von wo importierte er sie? Rumänien vielleicht, oder aus der Ukraine; jedenfalls gelangten sie wie viele Waren wahrscheinlich über die Türkei hierher. Stella weiß es nicht sicher, und wenn sie etwas nicht sicher oder fast sicher weiß, schweigt sie lieber. Der springende Punkt aber ist, dass diese Güter aus dem Ausland kamen, ebenso wie die Gewürze, mit denen ihr Großvater Notrica eine Generation früher gehandelt hatte. Schon damals war in ihrer Familie ein vages Verständnis für eine größere Welt vorhanden, in der Produkte von weit entfernten Orten nach Rhodos geliefert wurden, vermutlich über die uralten Handelswege im nahe gelegenen Izmir.

Dann war da natürlich ihre Großmutter Sara, die regelmäßig ins Heilige Land fuhr, auch wenn sie damit nicht die Einzige in der Familie war. Stellas Großonkel auf der großväterlichen Notrica-Seite, Yehuda Notrica, der jüngste Bruder ihres Großvaters und der einzige, der in Stellas Zeit noch lebte, wurde wegen seiner vielen Pilgerfahrten – nicht nach Mekka, sondern nach Jerusalem – liebevoll Hadschi Yehuda genannt.

Ein Mann mit einem Spitznamen, der auf seinen Hang zum Reisen anspielte: Das hinterließ Eindruck. Für Stella warf es Fragen auf, genau wie die Tatsache, dass die Kommunikation mit den leuchtenden, lebhaften Persönlichkeiten ihrer älteren Schwestern nunmehr auf den Postweg beschränkt war, ein weiteres starkes Zeichen von Anderswo, fast lebensnotwendig, wenn der Briefträger auf seinem Fahrrad in die Juderia kam und seine Ankunft klingelnd verkündete: Wer hatte an diesem Tag das Glück, einen Lagebericht aus Frankreich, der Türkei oder Amerika zu erhalten? Die Nachricht, dass ein Brief gekommen war, verbreitete sich wie ein Lauffeuer im Viertel. Jede Neuigkeit wurde mit den anderen geteilt: Das Anderswo kam für kurze Zeit ins Haus. Anderswo wurde hier.

32

Das Anderswo spiegelte sich auch in den Gebäuden von Rhodos: in den griechischen Ruinen auf dem Monte Smith und in den standhaften *palazzi* der Ritter, deren Vorherrschaft auf der Insel ihre Spuren bis in die Juderia hinterließ, wo an einem Gebäude unweit von Stellas Elternhaus eines ihrer Wappen hing (und noch hängt).

Ein besonders imposantes Gebäude der Ritter stand am Kay Ancha, einer großen *piazza* in der Juderia: Nach ihrer Ankunft richteten die Italiener dort in den noblen Steinmauern ein Kulturinstitut ein, die Dante-Alighieri-Gesellschaft, die den Begriff der größeren Welt in mehrfacher Hinsicht erweiterte. Die Dante-Alighieri-Gesellschaft beherbergte eine umfangreiche Bibliothek, und natürlich gab es nichts, was einen jungen neugierigen Jugendlichen weiter reisen ließ als ein Buch. Zu den eifrigsten jungen Nutzern der Bibliothek gehörten – wenig überraschend – Felicie und Robert Cohen, zusammen mit einem jungen Mann namens Giuseppe Hazan, den Stella liebevoll Yosefacci nannte und oft wegen seiner intellektuellen Ansprüche aufzog, wenn er lange Spaziergänge unternahm und mit seinem Lehrer Frate Angelino über Philosophie diskutierte: *«Ma, Yosefacci, vai a fare il peripatetico?»* (Es liegt ein leichter Spott oder vielleicht auch Neid in der Art, wie sie ihn fragte, ob er nach dem Vorbild der Peripatetiker einen philosophischen Spaziergang machen wolle.) Die Dante-Alighieri-Gesellschaft bot auch Vorträge an und war im Viertel von solcher Bedeutung, dass anlässlich eines Besuchs des italienischen Königs, Viktor Emanuel III., türkische Teppiche in der Juderia ausgelegt wurden, die den gesamten Platz einschließlich der Treppe zur Dante-Alighieri-Gesellschaft bedeckten, wo der König von dem großen Rabbi Reuben Eliyahu Israel höchstpersönlich gesegnet wurde.

Auch Stella ging oft in die Bibliothek, aber – fast noch wichtiger – die Dante-Alighieri-Gesellschaft stellte auch eine Verbindung zur größeren Welt her, wenn dort die jährlichen Sommerkurse für italienische Studenten stattfanden. Stella beobachtete ihre Ankunft und stellte sich Fragen über diese intelligenten, überschwänglichen jungen Männer: Woher kamen sie, wohin gingen sie, ob auch Stella vielleicht irgendwann einen Platz unter ihnen finden würde?

«Ich denke oft an dieses Gebäude», sagt Stella, «mit seinem bedeutungsvollen Wappen und der schönen Treppe, die es schon zu Lebzeiten meiner Urgroßeltern und Ururgroßeltern gab – seit ewigen Zeiten. An die Menschen, die in der Juderia ihr Leben führten: Was dachten sie, wenn sie dieses Wappen sahen, das ihr Viertel mit seinen einstigen Herrschern verband? Fingen sie an, wie ich über ihre Vorgänger zu spekulieren, darüber, wie sich im Laufe der Jahrhunderte alles verändert hat? Wie die Leute verschwanden, ihre Gebäude jedoch blieben?»

Ein Schweigen senkt sich über uns. Ich spüre, wie Stella abwägt, ob sie einen Gedanken, ein Detail erwähnen soll. Diesmal gesteht sie ganz offen, dass sie nicht sicher ist, ob sie diese eine Sache, die so seltsam, vielleicht sogar unangemessen erscheint, hinzufügen soll. Und dann:

«Ich weiß nicht, wie das für Sie klingt ... aber der andere Ort, der dieses Gefühl des Anderswo in mir auslöste, waren die Lager. Sie dürfen nicht vergessen, dass ich Rhodos das erste Mal verließ, als sie uns nach Athen brachten und von dort mit dem Zug durch Europa fuhren. Ich schaute aus dem Fenster, sah die Bahnhöfe vorbeirauschen: Dies war der Kontinent, von dem ich so lange geträumt hatte. Und danach ... danach trafen wir im Lager die Französinnen und Madame Katz und Paula, die aus Belgien stammten. Sie sprachen über Paris, Lyon, Brüssel. Sie hatten diese Orte tatsächlich gesehen und erlebt, oder waren zumindest mit ihnen verbunden, Orte, die ich so gern gekannt oder besucht hätte. Sie hatten dort gelebt. Sie kamen von dort ...»

Die größere Welt kam unter den unwahrscheinlichsten aller denkbaren Umstände näher.

33

N*ach der Ankunft der Italiener*: Dieser Refrain zieht sich durch Stellas Erzählungen und leitet Veränderungen ein, die in zwei Phasen stattfanden und sich politisch unterschieden, sich in ihrer Erfahrung und Erinnerung jedoch überblenden.

Die erste Phase begann 1912, als die Italiener Rhodos im italienisch-türkischen Krieg eroberten, die zweite etwa zehn Jahre später, 1923, als Italien mit dem zweiten Vertrag von Lausanne die Souveränität über den Dodekanes erlangte und sein Engagement in der Region verstärkte. (Der Dodekanes – oder die «zwölf Inseln» – sind fünfzehn größere und hundertfünfzig kleinere Inseln in der Ostägäis, viele davon unbewohnt, und er umfasst neben Rhodos auch Kos, Patmos und Leros.)

Die Geschichte der italienischen Eroberung von und Herrschaft über Rhodos – einer Insel, zu der das Land seit der Antike keine besondere Verbindung hatte – wurde unter anderem von Nathan Shachar und Esther Fintz Menascé beschrieben. Die Eroberung von Rhodos war verbunden mit dem Wunsch Italiens, durch den Erwerb von Kolonien mit den anderen großen europäischen Ländern zu konkurrieren (am Ende bekamen sie Libyen und Äthiopien in Afrika), und sie war Teil eines komplizierten Machtkampfes in der Region, der mit dem Zerfall des Osmanischen Reiches einsetzte. Aber wie fühlte es sich für Stellas Familie und die Gemeinde insgesamt an, dass ihre eigene unmittelbare Welt sich auf diese Weise veränderte?

Nach der Ankunft der Italiener –

Sie brachten Elektrizität und fließendes Wasser in die Juderia, wo früher fast jeder sein Wasser aus Brunnen oder öffentlichen Quellen bezog.

Sie befestigten Straßen und benannten sie um, restaurierten die ursprünglich von den Orden errichteten Bauwerke und nutzten sie neu.

Sie führten moderne medizinische Versorgung ein, boten schon früh kostenlose Behandlung in der Juderia an – wie während der Spanischen Grippe von 1918 – und bauten später ein modernes Krankenhaus.

Sie gewährten den nach der Ratifizierung des Vertrags von Lausanne geborenen Kindern die Staatsangehörigkeit.

Unter den Osmanen lebten und arbeiteten Juden und Türken oft zusammen innerhalb der ummauerten Stadt, während die Griechen außerhalb lebten; nach der Ankunft der Italiener durften die Bürger wählen, wo sie lebten.

Die Italiener fügten der mittelalterlichen Stadt klobige moderne Gebäude im faschistischen Stil hinzu; sie gestalteten die außerhalb der Stadt gelegenen Quellen in Kalithea im maurischen Stil um; sie bauten und beleuchteten die Seepromenade; sie überholten den Hafen (mit persönlichen Konsequenzen für Stellas Vater) und den türkischen Suk. Sie bauten ein Theater (das Teatro Puccini), ein Kino (das San Giorgio), Luxushotels (das Albergo delle Rose), einen Geselligkeitsverein (den Circolo d'Italia), Schulen, öffentliche Gebäude, Privathäuser und Privatvillen – alles rasant in den Jahren kurz vor Stellas Geburt und während ihrer Kindheit und Jugend.

Im Zuge einer Antimalaria-Kampagne legten sie Sümpfe trocken. Sie pflanzten Wälder und führten fortschrittliche landwirtschaftliche Methoden ein. Zur Förderung des Tourismus gruben sie Ruinen der Antike aus und richteten ein archäologisches Museum in einem von den Orden erbauten ehemaligen Krankenhaus ein.

Sie verlangten eine Genehmigung für das Tünchen der Gebäude in der Juderia, das jedes Jahr vor Pessach stattfand. Sie reformierten das Bildungssystem. Sie führten Busse und Taxis ein, die (im Laufe der Zeit) Kutschen und Esel ersetzten, auch wenn beides noch weit in Stellas Leben hinein existierte. Um 1936 bevölkerten sie die Insel mit vielen Tausenden Italienern und veränderten damit die Zusammensetzung der örtlichen Gesellschaft.

Sie führten noch viele weitere Dinge ein: Mode, Kino, italienische Literatur, populäre und klassische Musik, Sport (GER – Gioventù Ebraica di Rodi – war die jüdische Fußballmannschaft), Essen (obwohl sich die Gastronomie der Juderia behauptete) sowie eine Haltung oder Mentalität, könnte man sagen, die entschieden moderner, fortschrittlicher und westlicher ausgerichtet war und unbeabsichtigt eine Liberalisierung der Sitten und Gebräuche in der jüdischen Gemeinde begünstigte. Dies betraf vor allem die jüngere Generation, die ihre Synagogenbesuche am Samstagmorgen allmählich einstellte und es sogar wagte, an genau diesem Tag zum Strand zu gehen, weitete sich aber im Laufe der Zeit auf die Generation von Stellas Eltern aus, zumindest auf einige Frauen wie Miriam, die samstags mit ihren Freundinnen außerhalb der Juderia umherbummelte, zum Strand ging, sich im Kino einen Film ansah oder den grünen, eine halbe Stunde außerhalb der Stadtmauern gelegenen Rodino-Park, der die Quelle des Süßwassers beherbergte, das jeder am Ende von Jom Kippur trank. All das wäre vor der Ankunft der Italiener undenkbar gewesen.

Nachdem Stella mir all das dargelegt hat, frage ich sie, ob

sie glaubt, dass einige oder die meisten dieser Modernisierungen sich nicht ohnehin durchgesetzt hätten, da auch das Leben im abgelegenen Rhodos stetig weiter ins zwanzigste Jahrhundert vordrang. War dies nicht der allmähliche, unaufhaltsame Wandel, der sich in dieser Zeit auch andernorts im südlichen Mittelmeerraum und im Nahen Osten vollzog?

Sie antwortet mit dem Hinweis auf eine Sache, die nicht ohnehin stattgefunden hätte: Mit ihrer Ankunft setzten die Italiener, wenn auch unwissentlich, eine Reihe von Ereignissen in Gang, die im Laufe der Zeit zur Zerstörung derselben Gemeinde führte, die in Rhodos fast ein halbes Jahrtausend in relativem Frieden gelebt hatte.

34

Unter den Italienern wurde Rhodos von vielen unterschiedlichen Männern regiert. Zu den besseren – zumindest vom zwangsläufig beschränkten Standpunkt der jungen Stella gesehen – gehörte einer der ersten, Mario Lago (November 1922 bis November 1936), der viele der ambitionierteren Bau- und Renovierungsprojekte überwachte, die Küste umgestaltete, das Bildungssystem erneuerte und Mussolini überredete, die Einrichtung eines Rabbinerkollegs zu genehmigen, eine Geste, die weniger aufgeklärt und großzügig war, als sie zunächst erscheinen mag, wenn man bedenkt, dass es für die faschistische Führung von Nutzen sein konnte, künftige Rabbiner auszubilden, die in der Levante verstreut lebten und vielleicht mit dem Regime sympathisierten. (Es gibt sogar die Vermutung, dass die Trennung der Juden von den Griechen und Türken und ihre scheinbar bevorzugte Behandlung ein Teil der nicht immer subtilen Spaltungspolitik war, mit der die Regierung ihre eigene Macht über diese unterschiedlichen, aber bis dahin meist verträglichen Gemeinschaften festigen wollte.)

Lago wurde von seinem Gegenteil ersetzt, Cesare De Vecchi (Dezember 1936 bis Dezember 1940). Er war ein kompromissloser Faschist und Mitglied von Mussolinis Quadrumvirat (den vier Männern, die Mussolini ins Amt verhalfen, indem sie im Oktober 1922 den Marsch der Schwarzhemden auf Rom organisierten), eine schwierige Persönlichkeit, deren Versetzung nach Rhodos als Gouverneur des Dodekanes faktisch eine Verbannung war. Arrogant, schnurrbärtig und dogmatisch begann er, die Studenten am Rabbinerkolleg zu beruhigen, dass die Einrichtung nicht gefährdet sei («Ich kann Ihnen versichern, dass Italien kein Imperium sein könnte, wenn es nicht die religiösen Überzeugungen aller Menschen respektieren würde, die unter seinem Schutzschild leben»); knapp zwei Jahre später schloss er die Türen des Kollegs, bevor die ersten Rassengesetze erlassen wurden, die er dann rigoros durchsetzte und denen er mehrere eigene üble Gouverneurserlasse hinzufügte.

Doch schon vor den Rassengesetzen, sagt Stella, war eine Veränderung in der Atmosphäre von Rhodos spürbar. «Fast unmerklich, aber beklemmend. Ein Gefühl. Ich glaube, es hatte zunächst damit zu tun, dass kleine Läden geschlossen oder umgebaut, der türkische Bazar abgerissen und viele Minarette abgeschnitten wurden. De Vecchi wollte ein elegantes, modernes, italienisches Rhodos. Davor lebten wir – oder besser, lebten meine Großmütter und Eltern – *alla turca.*»

Was genau hieß es, frage ich, *alla turca* zu leben?

Stella lacht über die Frage, als sollte ich die Antwort inzwischen eigentlich kennen, doch dann erinnert sie mich daran, wie zutiefst türkisch das Leben ihrer Eltern anfangs war. Ihr Vater war, was seine Kleidung (bis zu einer bestimmten Zeit), seine Sprache und sein allgemeines Empfindungsvermögen betraf, in vielerlei Hinsicht türkisch. Er pflegte feste berufliche Verbindungen zur Türkei, hatte auch einen türkischen Partner, Husnu – tatsächlich überwand Yehuda nie ganz sein Misstrauen gegenüber den Italienern, deren Anwesenheit auf der Insel er als vorübergehend betrachtete. Miriam war mit Husnus Frau Mervish befreundet und nahm die Mädchen samstags oft zu einem Picknick in deren *guerta* – Garten – mit, in dem es eine Ecke mit Gemüse gab und der gleich außerhalb der Stadt lag (wie die meisten türkischen und jüdischen Familien lebte Husnus Familie innerhalb der Mauern). Die Türken brachten ihnen nach dem Fasten nicht nur Wasser aus dem Rodino-Park, sondern auch täglich Joghurt, Obst und Gemüse von ihren Höfen, und viele Nachbarn der Levis kamen ursprünglich aus Orten wie Istanbul, Bodrum und Izmir oder waren dort verwurzelt.

Doch wenn Stella von einem Leben *alla turca* spricht, meint sie eher den Alltag in einer kleinen Gemeinde auf einer kleinen Insel weit entfernt von einer großen Stadt unter dem nachklingenden Einfluss alter – und altmodischer – Sitten und Gewohnheiten. Es war das Gegenteil eines Lebens *alla franca* – wie die Europäer. Und das hieß, dass man sich, wenn man eine Frau der früheren Generationen war wie Stellas Großmutter Mazaltov, nie aus dem Viertel wagte. Es hieß, dass man sich vor dem Betreten eines Raums mit Teppichen die Schuhe auszog und oft mit Kissen auf dem Boden saß; oder dass man das Wohnzimmer mit einem Sofa ausstattete, das in eine Nische eingebaut und gepolstert war wie bei den Levis. Es hieß, dass man zur Arbeit einen Fes trug (Stellas Vater – bis seine Kinder es ihm abgewöhnten) oder im Haus eine Dschellaba und, wenn man älter war, zu Hause blieb und dort Chai aufbrühte und trank (wieder ihre Großmutter Mazaltov). Es hieß, dass man (als Frau in einem gewissen Alter oder manchmal auch als Mann) nie im Meer baden ging. Für die Jungen bedeutete ein Leben *alla turca*, rückständig zu sein: «Wir machten uns oft lustig über meine Eltern und sagten: ‹*Basta alla turca!*›»

Sich darüber lustig machen – und gleichzeitig dagegen rebellieren? «Nun, ich nehme an, es gab uns das Vokabular, nach dem jede neue Generation sucht, eine Möglichkeit, uns zu unterscheiden, uns abzugrenzen … unabhängig zu sein», sagt Stella nachdenklich. «Aber gleichzeitig verstanden wir *alla turca* auch als positiv: Wenn Selma etwa die Ud spielte, was sie von ihrem Türkischlehrer lernte, oder wenn wir zum Purimfest ein schönes, mit Goldfaden besticktes Samtgewand anzogen – auch das war *alla turca*, genau wie das Servieren von Baklava und anderen köstlichen Süßigkeiten an Feiertagen.»

Diese nachklingenden Spuren der alten Welt verloren sich Monat um Monat und Jahr um Jahr, fast, als würde das Meer seinen Rhythmus und seine Muster ändern. In Stellas Erinnerung fallen diese Veränderungen mit dem Tod ihrer Großmütter Mitte der 1930er-Jahre zusammen, doch im Grunde wurden sie schon lange davor in Gang gesetzt, wie es bei Veränderungen üblich ist. Gebäude wurden umgebaut oder umfunktioniert, Gewohnheiten lockerten sich, und auch das Wohlbefinden am eigenen Ort – die Zugehörigkeit zur Insel – veränderte sich. Stella erinnert sich zum Beispiel, dass sie des Öfteren anhalten und strammstehen musste, wenn De Vecchis Autokonvoi vorbeifuhr: «Angesichts dessen, was danach kam, war das eine Kleinigkeit, aber damals empfanden wir es nicht so.» Hätte Miriam herausgefunden, dass eins der Mädchen sich nicht den Erwartungen entsprechend verhielt und die Familie in Schwierigkeiten mit der Regierung brachte, wäre sie in Ohnmacht gefallen, hätte einen ihrer berüchtigten Migräneanfälle gekriegt oder noch Schlimmeres. Selbst der politisch engagierte Victor, ein Antifaschist mit kommunistischen Tendenzen und der Offenste in der Familie, hielt es für besser, der Obrigkeit unter den gegebenen Umständen zu gehorchen, und so gehorchte Stella. «Vielleicht habe ich De Vecchi salutiert», sagte sie, «aber ich hatte keine Sekunde lang Angst vor ihm – und was das angeht, auch sonst niemand. Zumindest nicht damals.»

35

De Vecchis Einfluss war dennoch tiefgehend und schädlich. Abgesehen von seinen Ergänzungen zu den Rassengesetzen und den eher unbedeutenden Erlassen, etwa der Umbenennung von Straßennamen nach berühmten Faschisten (via del Duce, via Arnaldo – Benitos Bruder – Mussolini), fanden unter De Vecchi zwei ziemlich verstörende Veränderungen statt.

Die erste traf Stellas Familie persönlich. Im Zuge der Sanierung der Porta Santa Caterina beschlagnahmte De Vecchi das Lagerhaus, von dem aus Yehuda, wie davor schon sein Vater, sein Geschäft betrieb. In seinem Eifer, Rhodos zu modernisieren, ging De Vecchi in großem Stil vor: Er löschte einfach (wie zugegeben auch einige seiner Vorgänger) jede Struktur aus, die seinem Plan zur Säuberung und Verbesserung widersprach, um die Insel zu einer idealisierten Version ihrer glorreichen Vergangenheit zu machen. Für Stellas Vater war die Verlegung seines Geschäfts äußerst beunruhigend, weil er ein Stück weiter in die Stadt ziehen musste.

Die zweite Veränderung De Vecchis berührte die ganze Gemeinde. Um neue Grünflächen anzulegen, ordnete er an, den jüdischen Friedhof von seinem seit einem halben Jahrtausend bestehenden Standort zu verlegen. Dies löste den größten Kummer aus, den Stella in ihrem Leben bisher gefühlt und gesehen hatte – weniger bei ihr als vielmehr bei ihren Eltern, ihrer Familie, der ganzen Gemeinde. Die Exhumierung der Leichname zog sich über Wochen und wurde von religiösen Zeremonien begleitet. In einigen Fällen waren die Gräber nicht markiert, weil das traditionelle Jahr seit dem Begräbnis der Toten noch nicht vorbei war; andere trugen Steine, die bis ins sechzehnte Jahrhundert zurückdatiert und nicht mehr lesbar waren. Über Wochen und Monate hing eine Schwere über der Juderia; danach war das Viertel nie wieder ganz dasselbe.

«Schon damals flüsterten einige hinter vorgehaltener Hand: ‹Das ist ein schlechtes Omen. Ihr werdet sehen.›»

«Glaubte man ihnen?», frage ich Stella.

Sie schüttelt den Kopf. «Aber wir hätten es tun sollen.»

36

E*s war unser eigenes kleines Stück Land.*
Stella hatte das schon mehrmals zu mir gesagt.
Unser eigenes kleines Stück Land –
Heute fügt sie hinzu
– bis sie es uns wegnahmen.

Das Erste, was sie Stella und allen jüdischen Kindern auf der Insel wegnahmen, war das Recht, die Schule zu besuchen. Für das junge Mädchen, das einen Koffer neben seiner Tür aufbewahrte, das unbedingt so gut sein wollte wie ihre Schwester Felicie, das mit Silvia Rozio um die Goldmedaille konkurrierte, das schon ungewöhnlich früh um die Bedeutung von Bildung wusste, wohin sie führen und was sie aus ihr machen könnte, kam dieses Gesetz, wie sie es ausdrückt, einem körperlichen Schlag gleich.

«Im Herbst 1938 war ich fünfzehn und bereit für das erste Jahr am Gymnasium», erzählt sie. «Auf diesen Tag hatte ich *jahrelang* gewartet. Ich empfand diese Verbannung als einen sehr persönlichen Verlust. Ich verlor das Recht, menschlich zu sein. Ich weiß nicht, ob ich überhaupt darüber sprechen kann.»

Stella weiß nicht, ob sie überhaupt darüber sprechen kann, aber als sie anfängt, kann sie kaum noch aufhören. Felicie mit ihrer unglaublichen Belesenheit, mit ihrer Liebe für Geschichte, sagt sie, redete oft über die Vertreibung ihrer Vorfahren aus Spanien. Es war nicht so, als hätten sie das je vergessen. Die Familien in der Juderia sprachen eine andere Sprache, sie hatten ihre eigene Küche, ihren Aberglauben und ihre Heilmittel, ihre Sprüche und Lieder. Sie wussten, dass man sie früher, in ferner Vergangenheit, aus ihren Häusern, ihren Ländern, ihren Schulen verjagt hatte. «Aber jetzt lebten wir in der modernen Welt», sagt sie, und ihre Stimme wird lauter und schneller. «Wir hatten seit fünfhundert Jahren auf Rhodos gelebt und in den vergangenen fünfundzwanzig Jahren unter diesen kultivierten Italienern, die uns Bücher und modische Kleidung gebracht, die Oper und Filme – Shirley Temple! – importiert hatten.» Wie ihre Klassenkameradinnen war auch Stella eine gute *piccola Italiana*, die gehorsam Faltenrock, weiße Bluse und um den Hals ein Seidentuch trug, um im Stadion mit den anderen Schulkindern den Gouverneur zu unterhalten. Die Schüler wurden in Formationen eingeteilt, die DUX und REX buchstabierten; Stella gehörte zum REX. «Ich war stolz, an der Spitze des Bogens vom R zu stehen. Wir stolzierten wie alle katholischen Kinder, wir waren kleine faschistische Patrioten, und dann waren wir plötzlich *nichts*. Sie verwandelten uns in Personen ohne jegliche Bedeutung.»

Ich höre zu, während Stella versucht, diese Entwicklung in ihrem jungen Leben einzuordnen. Sie beschreibt ihr Minderwertigkeitsgefühl, das sie noch Jahrzehnte später verfolgte. Sie dachte oft, es käme von ihrer Mutter, die sich ihren reichen Verwandten in mancherlei Hinsicht unterlegen fühlte, oder dass es mit ihrer Stellung als Jüngste unter vielen älteren, lebhaften Geschwistern zusammenhing. Aber dann, sagt sie, sieht sie sich wieder durch die Stadt zu den *suore* gehen, strotzend vor Energie, Neugier und Ehrgeiz; wie sie zu Hause ihre großen Schwestern belauschte und so ihr Französisch perfektionierte; wie sie am Strand den Jungen zuhörte und versuchte zu verstehen, worüber sie redeten und wie sie dachten, was sie fühlten. «Ich sehe da nicht das Verhalten von jemandem, der sich unterlegen fühlt. Inzwischen weiß ich, dass es damit zusammenhing, was mir 1938 widerfuhr. Die Welt um mich veränderte sich – und ohne eine Wahl zu haben oder es zu wollen, veränderte ich mich mit ihr.»

37

Einige Zeit nach dieser Unterhaltung besuche ich eine Vorlesungsreihe von Michele Sarfatti, einem führenden Historiker, der sich mit der Aufarbeitung der Geschichte der Juden in Italien beschäftigt, und wie nicht anders zu erwarten, ist auch Stella da, aufrecht sitzend, wachsam und geduldig, aber ihre Geduld ist angespannt, katzenhaft und aufmerksam. Im Obergeschoss der Casa Italiana, in demselben Raum, in dem Stella und ich uns zum ersten Mal begegnet sind, legt Sarfatti im Laufe dreier Abende sorgfältig die Ergebnisse seiner lebenslangen Studien und Recherchen sowie der Auswertung alter Archive und Akten dar. Zahl für Zahl, Fakt für Fakt, zeichnet er ein Bild davon, was es hieß, unter Mussolini Jude in Italien oder in einer italienischen Kolonie wie Rhodos zu sein.

Während ich mir Notizen mache, beobachte ich Stella aus dem Augenwinkel. Ich frage mich, wie es sich wohl anfühlt, mehr als achtzig Jahre später die von ihr durchgestandenen Erlebnisse als unpersönliche historische Bilanz zu hören.

Nach der Hälfte des dritten Abends spricht Sarfatti über 1938 und die unmittelbar darauffolgenden Jahre:

Im Herbst und Winter 1938 wurden die Rassengesetze erlassen.
Nur ein öffentlicher Protest gegen die Rassengesetze ist bekannt, er tauchte in einer Turiner Zeitschrift auf: In Neapel fanden Straßenreiniger im September 1938 kleine Papierfetzen, auf denen «stoppt den Rassismus» stand. Mehr nicht.

Juden in allen öffentlichen Berufen, wie etwa Soldaten, Busfahrer, Bibliothekare, wurden entlassen.
Jüdische Schauspieler und Künstler wurden aus Konzerthallen, Theatern, Filmgesellschaften ausgeschlossen. Ihre Namen wurden von Aufnahmen getilgt.
Jüdische Anwälte, Ärzte und Hebammen wurden ausgeschlossen oder in ihrer Arbeit eingeschränkt.
Juden durften nicht als Straßenhändler, Hotelbesitzer, Zirkusartisten, Schreibwarenhändler oder Verkäufer von katholischen sakralen Gegenständen tätig sein.
Im Jahr 1938 wurde «Skandal in der Oper» verboten – ein Film der Marx Brothers von 1935.
1938 wurden sämtliche Spuren des Judentums aus Schulen entfernt: Lehrer, Schüler, jüdische Autoren, Erwähnungen von nach 1850 verstorbenen jüdischen Autoren. Marx, Einstein und Freud wurden aus Lehrbüchern getilgt, Verleger druckten keine neuen Bücher jüdischer Autoren mehr, und ältere Bücher von Autoren wie Henri Bergson wurden konfisziert und aus dem Handel gezogen.

Bei dem Namen Henri Bergson, einem von Felicies Lieblingsautoren, versteift sich Stellas Rücken. Ihr Gesicht kann ich von meinem Platz aus nicht sehen.

Am folgenden Samstag erinnert mich Stella daran, dass die Rassengesetze für sie nicht nur ein Vermerk in einem Geschichtsbuch oder ein Teil der Recherche eines Professors waren. Unter den Rassengesetzen wurde ihr Vater gezwungen, sein Holz- und Kohlegeschäft an einen neuen – italienischen – Eigentümer zu verkaufen, sodass er praktisch dessen Angestellter wurde. Das Geschäft lief zunehmend schlechter und brachte immer weniger Geld. Die Einkünfte der Familie erfuhren einen alarmierenden Rückgang.

Sie verstummt einen Augenblick und erzählt mir dann von einem Vortrag, den sie an einem Jahrestag der Rassengesetze vor einer Schulklasse hielt.

«Stellt euch vor, heute Morgen hätte man euch mitgeteilt, dass euer Vater sein eigenes Geschäft nicht mehr führen darf, und dann, am Nachmittag, dass ihr nicht mehr die Schule besuchen dürft», sagte sie zu den Schülern. «Ihr würdet ein Leben lang brauchen, um zu begreifen, was das für eure Selbstwahrnehmung bedeutet, für euer Selbstwertgefühl. Ich nahm das sehr persönlich. Es fühlte sich an, als würde man meine Familie und mich wie Tiere behandeln – Tiere müssen schließlich nicht arbeiten oder lernen, nicht wahr?»

Sechs Jahre später, als Stella nach Auschwitz geschickt wurde, konnte sie den Feind wenigstens *sehen*: «Man wusste, mit wem man es zu tun hatte und was man tun musste, um zu überleben. Man lernte, wie man um sein Leben kämpft. Als ich aus der Schule geworfen wurde, war der Feind unsichtbar. Gegen wen sollte ich kämpfen? Ich hatte keine Ahnung.»

38

Eines Tages, nicht lange nach dem Inkrafttreten der Rassengesetze, wollte Stella sich die Neuerscheinungen in Barberas Buchladen ansehen, der sich außerhalb der Juderia befand, aber noch innerhalb der Stadtmauern. Die Bibliothek in der Dante-Alighieri-Gesellschaft war aufgrund der neuen Gesetze geschlossen worden und versagte allen im Viertel den Zugang zu Büchern. Blieb nur noch die Buchhandlung, die von Rosa Galante betreut wurde, einer *très sympa vendeuse*, die vorerst noch arbeiten durfte, obwohl auch sie Jüdin war.

Stella hatte nicht viel Geld, um Bücher zu kaufen, aber sie schaute sie sich gern an: *Vom Winde verweht*. Der neueste Roman aus Ungarn, Italien oder Frankreich. In dem Buchladen stöberte an diesem Nachmittag auch ein nachdenklicher Mann, dünn, älter – in seinen frühen Dreißigern –, den Rosa Galante Stella vorstellte: Luigi Noferini, ein Lehrer für italienische Literatur am Jungengymnasium (ebenfalls von den Italienern gegründet, es wurde von den Salesianern Don Boscos geleitet, auch wenn nicht alle Lehrer Priester waren). Noferini fragte Stella, wie sie es denn jetzt, angesichts der Ereignisse, mit dem Lernen halte.

«Gar nicht», erwiderte Stella. «Ich lese ein bisschen. Und warte. Aber ich würde gern mehr tun ...»

Stella und Noferini standen zwischen den Bücherstapeln und unterhielten sich eine Weile, und dann machte Noferini einen Vorschlag. Wie fände sie es, wenn er nachmittags nach seinem offiziellen Unterrichtsschluss eine Schattenschule organisierte? Er und vielleicht noch eine Handvoll Kollegen könnten sich heimlich mit den jüdischen Schülern treffen, die an ihrer Weiterbildung interessiert waren, um am Ball zu bleiben für – nun, für die Zukunft.

Er würde keine Bezahlung verlangen, erklärte er Stella. Es sei einfach nur richtig.

Noferini für Literatur, Bianchi für Latein und Altgriechisch, Sotgiu, der Sarde, für Philosophie; ein junger Mann aus der Juderia, Hugno, auch er mittlerweile aus der Schule entfernt, verpflichtete sich als Mathelehrer: In den folgenden wenigen Jahren ersetzte dieser Unterricht, der bei den Lehrern zu Hause stattfand, für Stella und fünf Jungen aus dem Viertel das Gymnasium.

Warum keine anderen Mädchen? «Ich habe gefragt, aber keine wollte mitmachen.»

Eines Abends, nach der zweiten Unterrichtsstunde, bat Noferini Stella, noch einen Moment zu bleiben. «Stella», sagte er, «du hast einen äußerst wachen Verstand, aber du musst mir versprechen, hart zu arbeiten. Es wäre schade, ihn nicht zu nutzen. Du musst bereit sein, mit den von uns gestellten Aufgaben Schritt zu halten, denn dieser ganze Antisemitismus wird irgendwann verschwinden, und dann wirst du studieren, ich weiß es. Versprichst du mir das?»

Sie versprach es.

Fast von Anfang an ahnte Stella, dass Noferini alles verkörperte, was sie wissen und sein wollte. Er liebte Literatur, Geschichte und Musik. Er war ein begnadeter Tenor und nahm Gesangsunterricht bei einem hiesigen Lehrer. Einige der ersten Arien, die sie je hörte, aus *La Gioconda* und *La Fanciulla del West*, hörte sie in seiner Stimme; erst eine Ewigkeit später sah sie diese Opern auf der Bühne.

Was Lyrik anging, vertrat er feste Ansichten. In Dantes

Göttlicher Komödie war ihm das *Inferno* lieber als das *Paradiso*, weil er überzeugt war, dass das Paradies nicht existierte. Zu seinem Lehrstoff gehörten ausländische Schriftsteller wie Tennyson und Ruskin; und wie Schwester Teresa ermutigte er sie, Verse auswendig zu lernen.

Im späten Nachmittagslicht ihres Wohnzimmers in Greenwich Village kann Stella ein Dreivierteljahrhundert später in ihr Gedächtnis eintauchen und ein Beispiel von D'Annunzio hervorholen: *«Non è mai tardi per tentare l'ignoto, non è mai tardi per andare più oltre.»*

«Es ist nie zu spät, das Unbekannte zu suchen», übersetzt sie für mich. «Nie zu spät, darüber hinaus zu gehen.»

39

Die Auswirkungen der Rassengesetze waren in der ganzen Juderia spürbar und berührten das Leben aller, oft auf unerwartete und unvorhersehbare Weise.

«Natürlich habe ich geweint, als ich aus der Schule geworfen wurde», sagt Stella, «aber was konnten wir letztlich tun? Ich hatte Glück oder war zäh, wie immer man es sehen will. Ich fand eine Lösung, was meine Bildung betraf, zumindest vorübergehend. Schließlich mussten wir unsere neue Realität akzeptieren. Meiner Meinung nach war die Akzeptanz in der Anpassungsfähigkeit der Juden angelegt. Das heißt nicht, dass es gut war zu akzeptieren, aber man muss weiterleben. Also lebten wir weiter.»

«Aber haben Sie sich nicht – wie soll ich sagen? – verraten gefühlt von diesen Italienern, die Sie so begeistert aufgenommen hatten?», frage ich sie. «Oder fühlten Sie sich von ihrem Verhalten nicht zumindest gekränkt oder verstört?»

Stella überlegt kurz. «Sie dürfen nicht vergessen, dass ich fünfzehn war. Und ich war nicht Felicie oder Victor – ich hatte kein großes politisches Bewusstsein, nicht in diesem Alter. Ich glaube, ich habe die einzelnen mir bekannten Italiener wie die Nonnen an unserer Schule und Noferini einfach gedanklich von der italienischen Regierung getrennt. Für mich waren das zwei verschiedene Arten von Italienern. Einzelpersonen waren eine Kategorie, die Regierung eine andere. Und wahrscheinlich war ich nicht die Einzige, die das tat.»

Die Levis lebten weiter, auch wenn es für ihren Vater der Anfang vom Ende war – oder besser, das Ende seiner Arbeit, weil er unter den Rassengesetzen die Kontrolle über sein Geschäft verlor; und dann, weil Victor über diese Entwicklung so wütend war, dass Yehuda für ihn den Umzug in den Kongo organisieren musste (eine kostspielige, aber, wie sich herausstellte, möglicherweise lebensrettende Entscheidung); und schließlich, weil die Rassengesetze mit Yehudas fortschreitendem Diabetes zusammenfielen, der ihm das Arbeiten irgendwann ganz unmöglich machte. Ich frage Stella, ob die Rassengesetze zu seiner angegriffenen Gesundheit beitrugen. «Wie soll man das eine vom anderen trennen? Sie erließen die Gesetze; sein Geschäft lief schlecht; er wurde krank; es waren schwere Zeiten für uns – *sehr* schwere Zeiten.»

Nach einer kurzen Pause fährt sie fort: «Aber wir schlugen uns irgendwie durch. Wir ... kamen zurecht. So würde man es vermutlich in Amerika sagen. Hatten wir denn eine andere Wahl?»

Da Renée inzwischen die *terza tecnica* abgeschlossen hatte, das Pendant zur Mittelschule, die Schüler für Büroarbeit qualifizierte (im Gegensatz zum strengen Gymnasium, das Felicie und später Stella besuchte), ermutigte Miriam sie, sich eine Stelle zu suchen. Sie fand eine im Büro des Rechtsanwalts Sampietro.

«Nach der Einführung der Rassengesetze passierte etwas, was Sie vielleicht verwundert», sagt Stella. «Da man uns, den übrig gebliebenen Jugendlichen der Juderia, verboten hatte, mit den Italienern zu verkehren oder die von ihnen bevorzugten Orte zu besuchen, wandten wir uns nach innen. Wir waren jetzt weniger und wuchsen als Gruppe zusammen, freundeten uns mit Leuten unterschiedlichen Alters an, trafen uns auf der Treppe vor dem alten Haus der Alhadeffs und vertieften unsere Gespräche, unsere Verbindungen, unseren Zusammenhalt.»

Und wie so oft in Rhodos entwickelten sich die Dinge auf ihre eigene Weise. Trotz De Vecchis Verschärfungen der Rassengesetze wurden einige Vorschriften irgendwann nicht mehr so streng eingehalten. Juden, die vom Kinobesuch ausgeschlossen waren, kehrten wieder zurück. Auch das Strandverbot wurde irgendwie umgangen. Anfangs durften Juden keine nichtjüdischen Ärzte konsultieren, doch auch dieses Gesetz ließ sich irgendwann nicht mehr durchsetzen – Stella erinnert mich daran, dass sie aufgrund ihrer guten Italienischkenntnisse den Vater von Nisso Cohen ins Krankenhaus begleitet hatte, wo er von Dottor Galina behandelt wurde.

Das Rabbinerkolleg war geschlossen. Ungeachtet der komplexen Absichten, die hinter der Gründung gestanden haben mochten, war der Schmerz über die Schließung dieser besonderen Einrichtung groß. Ebenso wenig ließ sich die Tatsache ignorieren, dass die Berichterstattung über das örtliche Leben des *Messaggero di Rodi*, der italienischen Lokalzeitung, zunehmend mit unverhohlen antijüdischen Äußerungen gespickt war (*«All'inferno tutti gli Ebrei»* – Zur Hölle mit allen Juden – lautete 1938 eine Überschrift am Vorabend von Jom Kippur). Und auch die Gesetze, die es Juden verboten, Radios zu besitzen (auch wenn das nicht befolgt wurde) oder Geschäfte zu gründen oder zu führen, ließen sich nicht rückgängig machen.

Es passierten seltsame, groteske bis brutale Dinge, die aus dem Nichts zu kommen schienen: Der Vater von Stellas Klassenkameradin Evelina Menasce, John – «*Jean* nannten wir ihn, *à la française*» – war eine Zeit lang Präsident der jüdischen Gemeinde und beschloss Anfang 1939, ein Abendessen für einige der örtlichen faschistischen Größen auszurichten. Er deckte seinen Tisch nicht nur mit Messern, sondern engagierte auch einen Butler und mehrere Hausmädchen, die das Essen servierten, was Eindruck machte, allerdings den falschen, wie sich zeigte: Wenige Tage später wurde er von einem seiner Gäste einbestellt (erzählte man sich jedenfalls) und gezwungen, eine große Menge *olio di ricino* – Rizinusöl – zu trinken und anschließend mehrere Runden im Stadion zu laufen. «Sie können sich vorstellen, was danach passierte.»

Am folgenden Morgen setzten Menasces italienische Partner ihn in ein Privatflugzeug. «*Bumm*, er wurde schnell nach Paris verfrachtet, und schon bald folgte ihm die ganze Familie mit Frau und drei Kindern, darunter auch Evelina. Sie landeten alle am Ende in Buenos Aires.»

Was genau hatte er denn verbrochen, frage ich Stella.

«*Genau* kann ich es Ihnen nicht sagen. Er war ein jüdischer Bankier, der es weit gebracht hatte, gut lebte, sich die Dienste eines Butlers leistete und die falschen Leute zum falschen Zeitpunkt einlud. Das genügte an diesem Ort und in dieser Zeit. Aber es war ein Zeichen, eines von vielen, die wir zur Kenntnis nahmen.»

Die Veränderung der Atmosphäre unterwanderte auch die heimliche Schule. Eines Abends öffnete der Lehrer Sotgiu während des Unterrichts bei sich zu Hause das Fenster und entdeckte in der Ecke des Fensterbretts etwas Kleines, Metallisches, das er noch nie gesehen hatte. Er berührte es, zupfte daran, löste es ab: ein Mikrofon. Das Haus wurde abgehört. «Sotgiu war ein Gegner des Regimes und vermutlich schon auf dem Radar der Regierung», erklärt Stella. Seine

Frau kam hereingerannt und fragte besorgt: «Was sollen wir tun? Solltest du den Unterricht nicht besser aufgeben? Was ist, wenn wir in Schwierigkeiten geraten?»

«Sollen sie mithören», antwortete Sotgiu gelassen. «Vielleicht lernen die Faschisten dann ein bisschen Philosophie. Vielleicht erweitert das ihren Horizont ...»

Es gibt einen klaren Bereich, in dem die Rassengesetze das Leben einiger Menschen ungewollt verschonten. Eine besonders harte Bestimmung hob die Rechte von Juden auf, die später als Januar 1919 nach Rhodos gekommen waren (oder aufs italienische Festland); diese «Ausländer» wurden angewiesen, die Insel bis März 1939 zu verlassen, sprich, um die fünfhundert Menschen waren gezwungen, ihre Geschäfte und Häuser zu verkaufen, ihre Habseligkeiten und ihr ganzes Leben zu packen und anderswohin zu ziehen. Sie landeten in Tanger, Palästina, dem belgischen Kongo, in Rhodesien und Südamerika, Orte, wo ihnen, wie sich herausstellte, die Deportation in die Lager erspart blieb.

L'ebreo errante, der wandernde Jude, freiwillig oder per Dekret – meist per Dekret: «Manchmal», sagt Stella trocken, «war das immerhin unsere Rettung.»

40

Stella war keine erfahrene junge Frau, doch das sollte sich ändern. Sie war sich bewusst – schließlich hatte sie Charlotte Brontë gelesen –, dass sich zwischen Lehrer und Schülerin, besonders einem älteren Mann und einer jüngeren Frau, eine Energie, eine bestimmte Dynamik entwickeln konnte. In den ersten Jahren der heimlichen Schule, als Stella fünfzehn, dann sechzehn war, blieben sie und Noferini nur Lehrer und Schülerin, Schülerin und Lehrer, doch mit siebzehn ... mit siebzehn saßen sie eines Abends allein nebeneinander an seinem Schreibtisch. Der Unterricht war für den Tag beendet. Stella schloss ihr Buch, und Noferini legte seine Hand auf ihre. Nur das, mehr nicht. «Und da spürte ich es zum zweiten Mal in meinem Leben, dieses *frisson*. Dem *frisson* folgte ein Schauer, der mich von Kopf bis Fuß durchzuckte ...»

Danach bot Noferini an, sie ans Tor zur Altstadt zu begleiten, da er außerhalb und sie innerhalb der alten Mauern lebte. Sie unterhielten sich die ganze Zeit über Literatur. Literatur und Lyrik, nicht darüber, was am Schreibtisch passiert war. Als sie sich verabschiedeten, errötete er.

Ich frage Stella, ob sie sich daran erinnert, welches Gefühl dieser Moment in ihr auslöste.

«Sein Alter spielte keine Rolle. Und schließlich war es eine – eine andere Zeit. Er überschritt nie eine Grenze. Ich fühlte mich nicht ausgenutzt. Er war mein Lehrer, und jetzt wurde er mein Freund, mehr als mein Freund.»

«Mehr als Ihr Freund ...»

«Nicht so, wie Sie denken», sagt Stella. «Nicht damals.» Sie verstummt. «Luigi war nicht jung, er sah nicht besonders gut aus, aber er interessierte mich. Und allem Anschein nach auch umgekehrt. Danach fühlte sich alles irgendwie … *anders* an.»

41

Noferini wurde Stellas Freund, gehörte zu ihrem Freundeskreis, und sie zu seinem. Eines Tages sagte er zu ihr: «Da ist jemand, den du kennenlernen musst, ein Rechtsanwalt, der in der italienischen Armee als Leutnant dient. Einer der besten Menschen, die ich das Glück habe zu kennen.»

Noferini hatte Leutnant Gennaro Tescione – einen neapolitanischen Anwalt aus einer Familie angesehener Juristen – im Circolo d'Italia kennengelernt, zuvor ein Verein für Leute einer gewissen Schicht in Rhodos, jetzt umfunktioniert als Versammlungsort für Offiziere und Akademiker und deren Familien, von dem nach 1938 Juden ausgeschlossen waren. Tescione war jünger als Noferini, Ende zwanzig, und er erinnerte Stella sofort an Felicie: Er war eine Art Anachronismus, ein Mann mit Herz und Seele, der besser in die Mitte des neunzehnten Jahrhunderts als ins frühe zwanzigste Jahrhundert gepasst hätte. Seine Vorstellungen vom Militär und von (anwaltlicher) Pflicht und Verantwortung waren altmodisch. Frauen nannte er stets *Signora* oder *Signorina* – selbst sie war lange nur *Signorina Stella* –, Noferini hingegen war viel bodenständiger, er gehörte zur Gruppe dazu. Tescione schrieb romantische Gedichte und schenkte Stella ein Buch mit einer an Dante angelehnten Widmung: *«Nel cammino della mia vita sarai sempre un'immagine di luce»* – auf dem Weg meines Lebens wirst du immer ein Leuchtfeuer sein.

Tescione war ein Mann mit Prinzipien: In seiner Freizeit übernahm und gewann er einen beeindruckenden Pro-bono-Fall für einen ortsansässigen Griechen, den man der Revolte gegen das italienische Regime beschuldigte. Tescione war sportlich – ein Schwimmer wie Stella, im Gegensatz zu Noferini. Er lehrte sie das Kraulschwimmen, das gerade nach Rhodos gekommen war. Er brachte ihr bei, ihren Sprung vom *trampolino*, dem Sprungbrett, das auf einer Plattform vor der Küste schwamm, zu optimieren. Eines Nachmittags, als sie weit hinausgeschwommen und nur noch sie beide im kühlen kobaltblauen Meer waren, hielt er mitten im Schwimmzug inne. «Meinst du, wir könnten es bis in die Türkei schaffen?», fragte er und lachte übermütig – so jedenfalls kam es Stella damals vor. Wenn sie heute an Tesciones Frage zurückdenkt, fragt sie sich, ob sein Lachen nicht eher nervös als übermütig war, ob ihn vielleicht der Gedanke beschäftigte, ob sie, wenn die Lage sich schlecht entwickelte, ihr Leben retten und bis zur türkischen Küste schwimmen könnten.

Es dauerte nicht lange, bis Stella merkte, dass auch zwischen ihnen viel *simpatia* bestand.

In diesem Sommer begriff sie einiges über sich:

«Es war das Jahr, der Sommer, in dem ich zum ersten Mal das Gefühl hatte, *frei* zu sein – dass ich *frei* sein konnte. Dass ich tun und lassen konnte, was ich wollte, und mir keine Sorgen machen musste, dass irgendwer vielleicht sagte: ‹Ach, Stella, die nimmt Unterricht bei einem Italiener, und mit einem anderen geht sie schwimmen.› Natürlich wurde über mich geredet, aber es war egal, ich entschied, dass es mir egal war. Ich glaube, meine Mutter half mir dabei. Sie freute sich, wenn Luigi zu uns kam. Sie wusste, dass ich mit Gennaro befreundet war – sie ließ ihm sogar Essen bringen, als er krank war. Heute ist mir klar, dass sie in gewisser

Weise eine sehr moderne Einstellung hatte, wirklich außergewöhnlich, und verstand, dass die Italiener eine starke Anziehungskraft auf uns Mädchen in der Juderia ausübten. Sie war offen und vertraute mir. Sie vertraute meinen Freundschaften mit diesen beiden Italienern.»

Ihre Mutter sagte in diesem Sommer etwas, das Stella nie vergaß. Eine junge Frau in der Juderia, arm, war mit einem italienischen Soldaten ausgegangen und wurde schwanger. Die ganze Familie der jungen Frau trauerte, und überall im Viertel wurde darüber getratscht. Miriam, die vehement gegen jede Art von Klatsch war, sagte nur: «Keiner, der eine Tochter hat, sollte sich zu einem solchen Thema äußern.» Und bei den Levis tat es auch niemand.

42

Eines Nachmittags warf ein Mann von der Terrasse der Rotunda Aprikosen in Richtung Strand, wo Stella, ihre Freundin Clara Gabriel und Michel Menasce, der auf Kos lebte, aber auf Rhodos zu Besuch war, beim Schwimmen waren. Rückblickend ist Stella überzeugt, dass dieser Mann einen der beiden, vermutlich Michel, gekannt haben musste. Und wer, als Größte der Dreiergruppe, fing die geworfenen Früchte? Stella natürlich. Der Mann lachte; Stella und ihre Freunde lachten. Der Mann kam von der Terrasse zum Strand und stellte sich vor.

Renzo Rossi war Ende dreißig, ein erfolgreicher Geschäftsmann und Unternehmer, studiert, mit breitgefächerten Interessen, an Büchern, Musik, Antiquitäten und Geschichte. Nach Rhodos war er auf Vorschlag seines Schwagers gekommen, mit dem er sich ein Haus in der Stadt teilte, während ein Schweizer Architekt ihm eine stattliche Villa in der Nähe von Trianda baute, wo er Wein kultivierte (sein Weingut CAIR produziert noch heute). Es dauerte nicht lange, bis er und Stella Freunde wurden, gute Freunde.

Ein *dritter* älterer Italiener?

«Sie haben meinen Charakter immer noch nicht verstanden, Michael», erklärt sie mir. «Ich bewegte mich außerhalb der Standards. Ich war offen für alle Freundschaften, mit Männern, mit Frauen. Mit Menschen jeden Hintergrunds und Alters. Man muss nicht mit jedem ins Bett gehen, der einen interessiert, schon gar nicht damals und dort. Ich pflegte diese Einstellung nicht bewusst. So war und lebte ich einfach.»

Nach einiger Zeit machte Stella Rossi mit Noferini und Tescione bekannt, und Rossi lud sie sonntags oft alle zum Essen in seine neue Villa ein, zusammen mit den Sampietro-Schwestern und anderen lebhaften jungen und nicht so jungen Leuten. Er beschäftigte eine Griechin, Evangelina, die hervorragend kochte. Zu Stellas neunzehntem Geburtstag kaufte er ihr ein Fahrrad, ein Bianchi, in *bluette*, was sie ein wenig überraschte, aber sie nahm es an, weil es praktisch und im Kontext ihrer Lebensumstände ein sinnvolles Geschenk war, da es das Kommen und Gehen aus der Juderia sehr erleichterte.

Irgendwann stellte sich heraus, dass Rossi Jude war, nämlich als Stella mitbekam, dass er seine Geschäfte zwar noch verwaltete, die Inhaberschaft jedoch offiziell seinem katholischen Schwager übertragen worden war. «Wir hatten keine Ahnung. Er wirkte durch und durch italienisch, was immer das heißen mag. Er kam nie in die Juderia, um die Synagoge zu besuchen; solche Dinge interessierten ihn nicht. Aber offenbar kam er aus einer alten jüdischen Familie in der Toskana.»

War er auf der Suche nach einer Frau?, frage ich Stella, und sie vielleicht eine Kandidatin?

«Vielleicht», erwidert sie ausweichend, «vielleicht auch nicht.»

Ihre Augen glänzen. Ich merke, dass sich hinter dem Ganzen eine Geschichte verbirgt, aber mittlerweile habe ich gelernt, geduldig zu sein.

«Ich unterhielt mich gern mit Rossi, ich mochte seine Kultiviertheit», fügt sie hinzu. «Ich fand es schön, bei seinen Essen als vollwertige Erwachsene behandelt zu werden – und ich gab mir große Mühe, eine zu sein. Er interessierte sich für unsere heimliche Schule, für alles, was Noferini und die anderen Lehrer uns beibrachten. Heute frage ich mich, ob er sich, da er Jude war, vorzustellen versuchte, was er an unserer Stelle getan hätte. Sein Interesse und seine Neugier waren äußerst reizvoll. Die ganze Art, wie er dachte und lebte, gab mir einen Vorgeschmack auf die Lebensweise, von der ich träumte.»

43

In einer bestimmten Gemütsverfassung spricht Stella darüber, wie sie sich in den Jahren nach den Rassengesetzen an die neue Realität anpasste; in einer anderen bietet sie eine abweichende Sichtweise zum selben Thema. Höchstwahrscheinlich trafen beide zu, zumindest zu unterschiedlichen Zeiten.

Die abweichende Sichtweise:

«Ehrlich gesagt bin ich durch die Rassengesetze so geworden, wie ich bin. Der Ausschluss aus der Schule war die größtmögliche Demütigung. Diese Erfahrung hat mich geformt oder, wenn man so will, deformiert.»

Sie erklärt weiter, dass sie sich bis heute den meisten ihr bekannten Menschen unterlegen fühlt. Selbst als sie arbeitete, fiel es ihr schwer, sich Geltung zu verschaffen und für ihre Rechte einzutreten. Sie half anderen Leuten, Geld zu verdienen, tat in dieser Hinsicht aber lange Zeit nicht so viel für sich, wie sie hätte tun können. Sie schaffte es nicht, eigene Projekte, Pläne und Ambitionen zu verwirklichen.

Das Muster wiederholte sich immer wieder. Sie nahm Gitarrenstunden, aber als sie das Instrument nach der dritten Stunde nicht beherrschte, gab sie auf. Sie nahm Unterricht in englischer Konversation, hielt aber keinen Monat durch. Sie schrieb sich in einem Kurs für kreatives Schreiben an der Columbia University ein. Der Dozent las ihre erste Aufgabe, eine Skizze ihres Lebens, und sagte: «Stella, Sie haben tolle Ideen, die Sie entwickeln müssen – ich werde Ihnen helfen.» Sie entschied daraufhin, dass sie keine Schriftstellerin sei. Sie war zu ungeduldig; bei schwierigen oder anstrengenden Projekten gab sie auf; sie wollte, dass alles sofort und mühelos vonstattenging. Später studierte sie Psychologie an der New York University. «Ich blieb bis zu den Prüfungen dabei, dann bekam ich Panik.»

Mir fällt auf, dass sich Stellas Gesicht bei dem Wort *Prüfung* verändert und eine Härte annimmt, die fast schon an Schmerz grenzt. Und ihr fällt auf, dass es mir auffällt.

«Da ist etwas passiert, das mit meiner Schulbildung zusammenhängt ...»

Sie verstummt, blickt auf die Bücherwand rechts, dann auf das Foto ihrer Mutter, das an einer Wand hängt, dann zum anderen Ende des Raums, wo noch mehr Bücher stehen.

«Die Lehrer, die uns unterrichtet haben – Noferini, Sotgiu, Bianchi – stellten fest, dass wir, obwohl man uns den Schulbesuch verboten hatte, tatsächlich für die *maturità* zugelassen waren, und wir waren einverstanden, es zu versuchen. *Ich* war einverstanden. Ich habe, sagen wir mal, intensiv gelernt. Ich kannte den Unterrichtsstoff, ich kannte die Antworten. Ich war vorbereitet. Und zwar gut, glauben Sie mir.»

Die Prüfungen fanden in der *scuola maschile* statt. Die Prüfer waren die Priester-Lehrer der Jungenschule, und als Stella in den Raum trat, das erste Klassenzimmer seit zwei Jahren, und alle hinter einem Tisch aufgereiht sah, den Blick auf sie gerichtet, auf sie wartend, da stolperte sie. Und schlimmer noch: Sie kam vom Weg ab. «Ich erstarrte. Es war wie in einem dieser Angstträume, in denen man den Mund öffnet, um zu schreien, und kein Ton kommt heraus.»

Kein Ton kam heraus, und doch war sie hellwach. Nicht eine Silbe, nicht ein Satz. Sie beherrschte den Unterrichtsstoff, aber sie konnte die Prüfung nicht ablegen. Sie konnte die Prüfung nicht einmal anfangen.

Als Stella mir von diesem Nachmittag erzählt, wirkt sie nicht verstört, nur abwesend. Wie erstarrt, weit weg.

«Wenn ich später in meinem Leben an diesen Augenblick, diese Szene dachte, verglich ich sie mit der spanischen Inquisition – meine eigene kleine spanische Inquisition», fährt sie fort. «Nur dass *ich* dafür verantwortlich war. Dieses Versagen begleitete mich für den Rest meines Lebens. Es verfolgte mich. Selbst als ich in New York lebte und glücklich war, wusste ich, dass ich im Leben versagt hatte. Inzwischen bin ich überzeugt, dass es – oder ich glaube oder rede mir ein, dass es teilweise – an diesem Tag lag, als ich den Mund nicht aufbekam und die Antworten nicht sagen konnte, die in meinem Kopf alle da waren.»

Aber fand ihre Erfahrung bei der Prüfung nicht in einem bestimmten Kontext und unter Umständen statt, die sie nicht unter Kontrolle hatte? Im Leben versagt, ist das nicht ein bisschen zu … pauschal oder absolut?

Als ich Stella diese Frage stelle, überlegt sie kurz und sagt: «Nicht für mich.»

44

Mit dem Krieg, in den Italien im Juni 1940 auf Seite der Achsenmächte eintrat, kam durch die Ankunft der Flüchtlinge aus Europa ein ganz neues Anderswo auf die Insel, ein Strom von Menschen, die um jeden Preis nach Palästina wollten. Die Gewässer des Dodekanes wurden von weit mehr Emigrantenschiffen befahren, als Stella geahnt hatte, doch allmählich verstand sie, wer diese Menschen waren und wohin sie strebten, nachdem zwei denkwürdige Schiffe aufgetaucht waren, die einen deutlichen Eindruck bei ihr und der gesamten Gemeinde hinterließen.

Das erste war die *Rim*, die – wie viele dieser Schiffe – unter panamaischer Flagge von Konstanza am Schwarzen Meer auslief, mit etwa sechshundert Juden aus der Tschechoslowakei, Österreich, Ungarn und Rumänien an Bord; nach ihrer Ankunft in Rhodos im Juni 1939 nahm sie weitere zweihundert Passagiere auf, viele davon jene «ausländischen» Juden, die nach Januar 1919 auf die Insel gekommen waren und sie bis zum Frühjahr 1939 verlassen sollten. Kurz nach dem Auslaufen jedoch brach am 3. Juli in der Nähe von Symi ein Feuer auf der *Rim* aus, und unter De Vecchis Befehl rettete die italienische Marine alle 814 Passagiere und 13 Besatzungsmitglieder. Sie wurden nach Rhodos zurückgebracht, in einem notdürftigen Lager im Fußballstadion untergebracht, zum Teil versorgt und bewacht von Bewohnern der Juderia, bevor sie am 13. August nach Palästina aufbrachen.

Stellas Nachbarin Rebecca Leon gehörte zu den Rhodeslis, die freiwillig die Insel verließen. Als Stella sie fragte, was sie zu dieser Entscheidung bewog, antwortete Rebecca, sie sei

Zionistin und sehe die Zukunft in Palästina, nicht auf Rhodos.

Rebecca war nicht die einzige Zionistin in ihrer Generation, die vielleicht eine halbe Generation über Stellas war: «Es gab Treffen, es gab Gespräche, es gab zionistische und revisionistische Debatten – die Namen Jabotinsky, Trumpeldor und Weizmann wurden leidenschaftlich diskutiert, besonders unter den Jungen –, aber es war nicht so, dass alle packten und gingen oder überhaupt darüber sprachen. Viel mehr junge Leute gingen in den belgischen Kongo, nach Rhodesien, in die Staaten.» Sie hält inne. «Aber Sie dürfen nicht vergessen, ich war das Baby in der Familie. Für mich gab es nicht die Möglichkeit, irgendwohin zu gehen.»

Noch dramatischer als die Reise der *Rim* verlief die unwahrscheinliche und geradezu filmreife Odyssee der *Pentcho*, ein Donauraddampfer, der im Mai 1940 unter bulgarischer Flagge von Bratislava aus in See stach, mit über fünfhundert Passagieren, die ebenfalls hofften, Palästina zu erreichen. Dem Dampfer, der für eine Überseefahrt nicht gebaut war, gelang es im September, nach sechs Wochen auf der Dobra ins Schwarze Meer zu fahren. Er überstand Unwetter, Stürme und die Intervention der Briten, die Juden an der Auswanderung ins Heilige Land zu hindern versuchten. Trotzdem gelang dem Schiff die Durchquerung des Bosporus und der Dardanellen bis in die Ägäis, sodass die hoffnungsvollen Passagiere rechtzeitig in Piräus ankamen, um Rosch ha-Schana zu feiern.

Als die *Pentcho* wieder in Richtung Osten aufbrach, passierte sie die Insel Stampalia, wo ein Schlepper sie aus den italienischen Hoheitsgewässern lotste. Ein paar Tage später, am 9. Oktober, explodierte der Heizkessel, und das Schiff strandete auf der Insel Kamilanisi, einem dreieinhalb

Kilometer langen verlassenen Steinfelsen. Dort gingen die Passagiere rasch von Bord, retteten, was sie an Essen und Materialien finden konnten, und sahen zu, wie das Schiff sank. Was übrig blieb, beschrieb ein Passagier als einen zerfransten roten Teppich, der, wie John Bierman in seinem anschaulichen Buch *Odyssee* berichtet, aus massenweise Bettwanzen bestand, die den Reisenden auf der gesamten Fahrt zugesetzt hatten.

Die verschollene *Pentcho* wurde von einem britischen Schiff entdeckt und dem Internationalen Roten Kreuz gemeldet. Es dauerte nicht lange, bis De Vecchi, dessen Gouverneursbefugnis gerade mal bis Kamilanisi reichte, von Mussolinis Stabschef Pietro Badoglio den Befehl erhielt, eine weitere Rettungsmission einzuleiten – niemand wollte sechshundert tote Zivilisten auf italienischem Territorium. Und wieder wurde ein ganzes Dorf europäischer Juden in das Fußballstadion gebracht; dort und in den Kasernen der Luftwaffe, wo man sie schließlich unterbrachte, wurden sie, zum großen Missfallen De Vecchis, von Mitgliedern der Juderia, jüdischen Hilfsorganisationen und der örtlichen Regierung mit (in einer Zeit knapper Ressourcen spärlicher) Nahrung versorgt. Per Telegramm bat er seine Vorgesetzten, ihn so bald wie möglich von diesen Flüchtlingen zu befreien, die für die Insel, so behauptete er, eine große Last darstellten. Außerdem forderte er die involvierten Regierungen (Deutschland und die Slowakei) auf, zu kommen und ihre Bürger abzuholen. Nachdem er diese Juden gerettet hatte – wenn auch nur auf Befehl –, wollte er sie jetzt in die Gefahren zurückschicken, vor denen sie geflohen waren.

Zum Glück – wie sich später herausstellte – war keines der Länder daran interessiert, seine Bürger zurückzuholen, die über ein Jahr lang mehr oder weniger in Gefangenschaft auf Rhodos lebten, ohne Arbeit, Kleidung, Bildung oder Spielsachen für die Kinder und, das Schlimmste, ohne die geringste Ahnung, was auf sie zukam.

Stella hatte ein denkwürdiges persönliches Erlebnis mit der *Pentcho*. Sie erfuhr, dass unter den Passagieren ein fähiger Augenarzt war, und beschloss, ihn aufzuspüren, um ihren Vater zu untersuchen, der an seinem Diabetes langsam erblindete.

«So war ich eben», sagt Stella in Reaktion auf meine Verwunderung, dass sie als junge Frau so reif war, in einer unmöglichen Situation an diese mögliche Lösung für das Gesundheitsproblem ihres Vaters zu denken. Sie zuckt nur die Schultern und sagt: «Ich war immer auf der Suche nach Ideen, wollte Neues ausprobieren. Ich habe meinen Vater geliebt und hätte alles getan, um ihm zu helfen.»

Der Arzt sprach Französisch, was Stella die Vermittlung ihres Anliegens erleichterte. Er erhielt die Erlaubnis, in die Juderia zu kommen, wo er Yehuda untersuchte. «Leider muss ich Ihnen sagen», erklärte er, «dass Ihr Vater über kurz oder lang erblinden wird. Da ist nichts zu machen.»

Die Nachricht war niederschmetternd, aber Stella fand es besser, Bescheid zu wissen, als in Ungewissheit zu leben.

Zum Dank lud sie die Frau des Arztes für einen Nachmittag ins türkische Bad ein. Die Frau sprach fließend Französisch und wirkte aufgeschlossen, weltgewandt. Ohne zu zögern zog sie sich im Bad aus und stand nackt vor all den Frauen, die sie noch nie getroffen hatte. Danach begleitete Stella sie ins Stadion zurück.

Im Januar 1942 klärte sich das Schicksal der jüdischen Passagiere: Sie wurden nach Ferramonti di Tarsia überführt, ein Internierungslager in Kalabrien. «Wir haben geweint, als sie abfuhren», erinnert sich Stella. «Wir dachten, sie würden in eine düstere, ungewisse Zukunft fahren.» Sie kamen letztlich zu anderen Juden und feindlichen Ausländern, die in dem Lager in Gefangenschaft lebten, und blieben dort, bis sie im September 1943 von den Alliierten befreit wurden.

45

An La Rotunda, dem schöneren der beiden Hauptstrände auf der Insel, schien sich zunächst niemand daran zu stören, dass Juden wieder schwimmen gingen. Eines Nachmittags im folgenden Sommer stand Stella dort am Fuß des Sprungbretts hinter einem ihr unbekannten Mann in der Schlange. Er war dunkel und hatte etwas Interessantes an sich, sah aber nicht italienisch aus. Erst als er sprach, stellte Stella fest, dass er nicht nur kein Italiener war, sondern auch die Sprache weder beherrschte noch verstand. Aber sie fand schnell heraus, dass er aus Wien kam und Französisch sprach.

Der Mann erzählte Stella, dass er für Ulrich Kleemann arbeite, den deutschen General der Panzertruppe, der kürzlich nach Rhodos entsandt worden war.

Stella sagte unverzüglich zu ihm: *«Je suis juive.»*

Er zuckte die Schultern und erwiderte: *«Ça va.»*

In den folgenden Wochen lief sie dem Mann mehrmals am Strand über den Weg, und jedes Mal nickte er ihr freundlich zu. Einmal schwammen sie sogar zusammen, als wären sie normale Menschen an einem normalen Ort in einer normalen Zeit.

Wenig später ging Stella zu einer Geburtstagsfeier im Garten ihrer Freundin Stella Sidis außerhalb der Juderia. Wie so oft versammelten sich die Mädchen nach dem Abendessen, ähnlich wie ihre Mütter in den *kortijos*, in einem Kreis und fingen an zu singen. Doch statt der alten judäo-spanischen *kanzones* sangen sie moderne Lieder, die sie bei den Musikpavillons am Strand oder auf Platten gehört hatten. Zu ihren Favoriten in diesem Sommer zählte «Tornerai»:

Tornerai da me
Perché l'unico sogno sei del mio cuor
Tornerai
Tu perché senza i tuoi baci languidi
Non vivrò

Noch ehe sie fertig waren, merkten die jungen Frauen, dass sie ein Publikum hatten: Eine Gruppe von Männern hatte sich nach dem Essen mit Getränken und Zigarren in der Hand auf einem Balkon versammelt, der zum Nachbarhaus gehörte und den Garten der Sidis' überblickte, unter ihnen Stellas Bekannter vom Strand und ein Mann, hinter dem Stella seinen Vorgesetzten, General Kleemann persönlich, vermutete.

Der General neigte sich Stellas Bekanntem zu, der den Mädchen Kleemanns Bitte übersetzte und fragte, ob sie das Lied auch auf Französisch könnten, der Sprache, in der es so bekannt geworden war.

Natürlich, antwortete Stella.

Ob sie es singen würden?

Pourquois pas?

J'attendrai
Le jour et la nuit
J'attendrai, toujours
Ton retour …

Und dann setzten die deutschen Offiziere ein:

Wo du auch bist (wo du auch bist)
Oh, ich bin bei dir.
Wen du auch küsst (wen du auch küsst)
Oh, ich verzeih' dir
Mach deinen Weg (mach deinen Weg)
Und dann befrei mich.
Komm zurück – lass mich nicht warten.

Danach: Applaus von allen Seiten. Kleemann lächelte, dankte den Mädchen und zog sich zurück.

46

Der freundliche, musikbegeisterte General, der die jungen Frauen zum Singen aufgefordert hatte, würde die Leitung der Deportation ebendieser Frauen nach Auschwitz übernehmen: Im Laufe der Jahre erzählt mir Stella diese Geschichte mehrmals, und der Grund ist unschwer zu verstehen. Allerdings zeigt sich, dass Stella in ihrer Erinnerung zwei verschiedene Feiern miteinander verwechselt: Stella Sidis' Geburtstagsparty (11. April 1943) und den Abend, als die jungen Frauen für die Deutschen sangen (irgendwann zwischen Mai 1943, als Kleemann seinen Posten übernahm, und höchstwahrscheinlich den Pessach-Bombardierungen im April 1944). Die Verwechslung ist nicht so wichtig – etwas, das sich bei der ersten Feier ereignete, allerdings schon.

2011 erfuhren der Historiker Marco Clementi und Eirini Toliou, die Direktorin des Staatsarchivs in Rhodos, dass Hunderte, wenn nicht Tausende alter Dokumente, die seit sieben Jahrzehnten unerforscht in einer Polizeistation gelegen hatten, weggeworfen werden sollten, um Platz zu schaffen. Sie sollten kommen und sie mitnehmen, sonst wären sie für immer verschwunden. Die beiden begaben sich sofort vor Ort und entdeckten ein Meisterwerk der Bürokratie in Form von insgesamt mehr als 90 000 Blatt Papier, auf denen die Geschichte der italienischen Verwaltung der Insel bis zurück zum Jahr 1912 festgehalten war. Unter den vielen Entdeckungen fand sich ein Bericht, geschrieben von einem anonymen Informanten, höchstwahrscheinlich einem Italiener, der Stella Sidis' Geburtstagsfeier besuchte –

als geladener Gast musste er (oder sie) ein Freund oder eine Freundin eines Freundes gewesen sein –, der oder die dann seine (oder ihre) Erkenntnisse an den Gouverneur der Insel weiterleitete.

«Am Sonntagnachmittag, dem 11. April [1943]», so beginnt der Bericht,

> *veranstaltete eine Bürgerin jüdischer Rasse, Stella Sidis, die ledige Tochter von Behor und Rebecca Hasson, geboren am 14. April 1919 auf Rhodos und angestellt bei Commerciale, eine Party, um ihren Geburtstag in der 9, Via Vittorio Emanuele III. zu feiern.*

Im Weiteren listet der Informant die Gäste auf. Einige italienische Soldaten waren anwesend, darunter maßgeblich ein gewisser Servizi, der als Leutnant von Gennaro Tescione identifiziert wurde – Tescione hatte gerade seine Gerichtsverhandlung gewonnen, in der er einen der Revolte angeklagten Griechen verteidigt hatte, und war deshalb der italienischen Regierung ein Dorn im Auge. Die Namen der jungen Damen lauten folgendermaßen: Bice Sampietro, Vittoria Cohen, Sara Notrica, die Schwestern Stella und Renata Levi, die Schwestern Silvia und Sofia Alhadeff, Rachele Notrica, Lucia Sciaroon und Paraschevi Ialussi. Alle seien jüdischer Rasse, berichtet der Schreiber, außer Sampietro, die katholisch, und Ialussi, die orthodox war.

> *Sidis servierte den Gästen Kekse, Sesamcracker, Süßigkeiten und Wermut. Während des Empfangs wurden mehrere Platten auf dem Grammofon gespielt, und die Gäste tanzten und hörten Radio.*

Keine Staatsgeheimnisse, keine Enthüllungen, keine Verbrechen, keine Ordnungswidrigkeiten (selbst das Radio, das die Juden nach den Rassengesetzen nicht besitzen durften, wird gewissenhaft als Eigentum von Ernesto Licitri identifiziert, Stella Sidis' katholischem Schwager); oberflächlich betrachtet könnte der Bericht nicht banaler sein. Erstaunlich daran ist, dass es ihn überhaupt gibt sowie die Tatsache, dass diese Seite eine von Tausenden ist, die in dem Archiv gefunden wurde, in dem lächerliche und, aus heutiger Sicht, rührend harmlose Details (die Sesamcracker, das Grammofon) den Überwachungsapparat belegen, den die faschistische Regierung im entlegenen Rhodos eingerichtet hatte, vermutlich mit besonderem Augenmerk auf junge Frauen der jüdischen Gemeinde, die mit Angehörigen des italienischen Militärs verkehrten.

Stella und ihre Freundinnen führten ihr Leben weiter ohne die leiseste Ahnung, dass noch ihre kleinsten Begegnungen, Bewegungen und Unterhaltungen beobachtet, mit gehört (wie bei Sotgiu), aufbewahrt und weitergeleitet wurden. (Die Überwachung war nicht nur auf Juden beschränkt; auch griechischen Bürgern, die für die Regierung von besonderem Interesse waren, wurde nachgespürt.) Noch weit problematischer war, wie sich zeigte, dass ihre Identitäten bekannt und erfasst waren – ihre und noch die des letzten Mitglieds der jüdischen Gemeinde, ein Akt bürokratischen Eifers, der im Juli des folgenden Jahres unwiderrufliche Folgen für ihr Leben haben sollte.

47

Als unsere Gespräche sich den Ereignissen nähern, die zur Deportation führen, stelle ich Stella an fünf oder sechs Samstagen – in abgewandelter Form – eine Frage: Was wusste und verstand man auf Rhodos vom Krieg? Und im engeren Sinn: Was wusste und verstand man von dem, was den europäischen Juden widerfuhr?

Jedes Mal erhalte ich eine Variation der gleichen Antwort: *Der Krieg fand im fernen Europa statt.*

Oder:

Den Juden widerfuhr Schreckliches, aber es fand, so schien es, in einer anderen Welt statt.

Oder:

Die Aschkenasen waren von einer Tragödie heimgesucht worden, aber wer würde sich schon für uns interessieren oder sich mit uns abgeben, die wir so weit weg in Rhodos lebten?

Oder:

Selbst als sie die 50 000 Juden aus Thessaloniki deportierten, erzählte es uns niemand. Oder die Nachricht wurde uns vorenthalten. Auf BBC hörten wir davon nichts.

Einmal sagt sie zu mir:

Vielleicht wollten wir es nicht wissen. Durften nicht zulassen, dass wir es wissen.

Nur einmal ist das ihre Antwort.

Ich lese einiges zu dem Thema.

Ich erfahre, dass bereits 1934 ein im Jahr davor verfasster Artikel von Israel Cohen, *Gli Ebrei in Germania* – die Juden in Deutschland – in der Juderia kursierte. In diesem Stück beschreibt Cohen genau und voraussehend die Verfolgung der deutschen Juden als eine Tragödie von solchem Ausmaß und solcher Bedeutung, dass sie eine Kategorie für sich bildet. Durch ihren Rassenhass, schreibt er, unterscheide sie sich von allen anderen modernen politischen Bewegungen. Und sie stelle eine Rückkehr zur Barbarei des Mittelalters dar.

Auf über sechzehn Seiten seziert Cohen Zunahme, Ursprung, Denkweise, Ausdrucksform und Schädlichkeit des deutschen Judenhasses.

«Wir wussten es», sagt Stella, als ich ihr von dem Artikel erzähle.

Ich erfahre, dass es auf der Insel Mitte der Dreißigerjahre Proteste – viele von jungen Menschen – gegen die Deutschen gab.

«Richtig», sagt Stella.

Ich erfahre, dass einer der Rabbis den Boykott deutscher Waren vorschlug.

«Stimmt», sagt Stella.

Dann erinnert sie mich: «Sie dürfen nicht vergessen, es war Deutschland, das allen Sorgen machte. Und Rhodos war nicht Deutschland.»

Ich sammle und überdenke einiges, was Stella mir bisher über das Leben auf der Insel in dieser Zeit erzählt hat – sprich, von der Verkündung der Rassengesetze im Herbst 1938 über den Juni 1940, als Italien in den Krieg eintrat, bis Juli 1943, als Mussolini gestürzt wurde.

Stella hat mir bereits erzählt, dass viele Radio hörten, nachdem es verboten war, und dass über *Radio Londra* der BBC die Entwicklung des Krieges verfolgt werden konnte. «Aber niemand im Radio erwähnte die Lager», stellt sie klar. «Niemals.»

Sie hat mir erzählt, dass in den Jahren 1938 und 1939, in manchen Fällen auch früher, einige reichere jüdische Familien in Rhodos – die Menasces, die Notricas, die Alhadeffs, von denen viele inzwischen außerhalb der Juderia wohnten – die Zeichen lasen und wussten, dass es Zeit war zu gehen. Sie brachen auf nach Paris, Tanger, Ägypten und anderswohin.

Sie hat mir erzählt, dass man in ihrer Familie erleichtert war, als Selma (die mit vielen glühenden Zionisten befreundet war) heiratete und sich auf den Weg in die Staaten machte, wo sie nicht in Gefahr war, in politische Schwierigkeiten zu geraten.

Sie hat mir erzählt, dass Felicie aus Zeitungen wusste, dass Freud, einer ihrer Heroen, 1938 von Wien nach London ging; Felicie wusste damals, so wie alle, dass Freuds Abschied von seinem geliebten Zuhause hieß, dass das Leben für die Juden nicht nur in Deutschland, sondern überall in Europa gefährlich war.

Sie hat mir erzählt, dass Victor, der von allen in der Familie das größte politische Bewusstsein hatte, begriff, dass die Italiener sich den Deutschen auf ungute Weise annäherten. Sie hat mir erzählt, dass er außer sich war, als Renée und Stella wie alle Schulkinder an den faschistischen Paraden teilnahmen; sie fügt jetzt hinzu, dass er auch den Kolonialismus verabscheute und es schrecklich fand, wenn die Mädchen auf dem Heimweg von der Schule «Faccetta nera» («schwarzes Gesichtchen») sangen –

Faccetta nera, bell'Abissina
Aspetta e spera che già l'ora si avvicina
Quando staremo vicino a te
Noi te daremo un'altra legge e un altro Re.

Das Marschlied, geschrieben für den zweiten italienisch-äthiopischen Krieg, erzählt die Geschichte, wie italienische Soldaten eine schöne Abessinierin aus der Sklaverei befreien und ihr ein besseres Leben schenken, und das machte Victor wahnsinnig.

Aus sowohl politischen wie wirtschaftlichen Gründen ging Victor (ironischerweise, betont Stella rückblickend) selbst in eine Kolonie. Und Felicie ging, weil es in Rhodos für sie kein realisierbares zukünftiges Leben gab. Und dennoch ging der Rest der Familie nicht fort – auch wenn sie es, wie sich herausstellt, durchaus versucht haben. Joe Hasson, Yehudas Neffe, der Sohn seiner älteren Schwester Behora Rachel Hasson, bot an, den Levis die Überfahrt nach Amerika zu zahlen, da Yehuda ihm einst seine gezahlt hatte, doch die Amerikaner stellten den Levis keine Visa aus, da sie, obwohl nur noch zu viert, zu viele für eine Familie waren.

Die Levis wollten Rhodos aus wirtschaftlichen Gründen verlassen und weil ihnen die Zukunft ungewiss erschien, nicht weil sie eine dunkle Ahnung hatten, was auf sie zukam, denn die hatten sie nicht. Ebenso wenig wie die Mehrheit der über 1700 anderen Mitglieder ihrer Gemeinde. Wenn sie gewusst hätten, was kam, wer wäre dann geblieben in der Zeit, in der es noch möglich war aufzubrechen, theoretisch bis wenige Tage vor der Deportation? «Kein vernünftiger Mensch», sagt Stella.

Ich erwähne die *Rim* und die *Pentcho*, Schiffe voller Juden, die unbedingt aus Europa fliehen wollten, die nach Rhodos kamen und, im Fall der *Pentcho*, über ein Jahr blieben und mit den Rhodeslis verkehrten, mit Stella und ihrer Familie (der Augenarzt, seine Frau): Sprachen sie denn nie über den Ort, von dem sie flohen, und warum? «Wir wussten, weshalb sie ihre Länder verlassen hatten», sagt Stella. «Wir fanden es unnötig, sie durch bohrende Fragen noch mehr zu beunruhigen. Und noch einmal: Die Ereignisse fanden *dort* statt, weit weg von uns und unserem Leben. All das widerfuhr diesen Juden, nicht uns Juden. Und vergessen Sie nicht, die *Pentcho* verließ Europa, lange bevor die Nazis mit der Umsetzung ihrer ‹Endlösung› begannen.»

Trotzdem: die Vorzeichen, die Berichte, die Hinweise, die Sorgen, die Zeitungsartikel – alles nicht eindeutig, aber auch nicht unbedingt subtil. *Was haben Sie davon verstanden?* wird zu *Warum haben Sie es nicht verstanden?* Ich stelle die Frage vorsichtig, darum bemüht, mich in ihre Lage zu versetzen und die Welt durch ihre Augen zu sehen, nachdem man ihnen die Bürgerrechte aberkannt hatte, nachdem sie Berichte über den deutschen Antisemitismus gehört hatten (und oft mit dem italienischen konfrontiert waren), nachdem die offenbar gut informierten wohlhabenden Familien gegangen waren.

Stella antwortet ruhig: «Michael, Sie blicken mit der Brille des Wissenden zurück. Vergessen Sie das nicht. *Wir wussten es nicht*. Noch als wir an Bord der Schiffe gingen, die uns von Rhodos wegbrachten, dachten wir: *Oh, wir fahren auf eine andere Insel. Wir gehen in ein Arbeitslager. Alles nur vorübergehend. Wir kommen zurück, ganz bestimmt.*»

48

Am 25. Juli 1943 wurde Mussolini gestürzt, und es wurde eine Übergangsregierung unter Marschall Pietro Badoglio gebildet. Mussolinis Porträts wurden kurzerhand aus den örtlichen Regierungsbüros entfernt, aber das Leben auf der Insel fühlte sich – zumindest nach Stellas Empfinden – noch mehrere Monate unverändert, unberührt an; wie immer blieben sie weit entfernt vom Zentrum des Geschehens.

Dann, am 8. September 1943, erklärte Italien den Waffenstillstand mit den Alliierten; drei Tage später befand sich Rhodos in den Händen der Deutschen.

Wie ging das vor sich?

Vermutlich ist es hilfreich, sich daran zu erinnern, dass Deutschland und Italien im Mai 1939 mit dem Stahlpakt ein militärisches und politisches Bündnis eingingen, das bis zu Mussolinis Absetzung intakt blieb; die Alliierten landeten nur zwei Monate nachdem Mussolini aus dem Amt entfernt worden war, in Salerno im Süden Italiens, mit der Absicht, die Deutschen aus dem Land zu drängen. Die Deutschen wiederum waren bereit, in Italien einzumarschieren, was sie auch taten: Mit der Einnahme Roms im September 1943 übernahmen sie auch die Kontrolle über das ferne Rhodos.

Jeder Historiker, der die Geschichte der drei folgenreichen Tage erzählt, die der jüdischen Gemeinde in Rhodos zum Verhängnis werden sollten, hebt einen anderen Akteur, einen anderen Wendepunkt oder eine andere Interpretation – oder Fehlinterpretation – hervor. Für Stellas Cousine Esther Fintz Menascé war der damalige Gouverneur von Rhodos, Admiral Inigo Campioni, ein Veteran des Ersten Weltkriegs, zu respektvoll und vertrauensvoll gegenüber seinem ehemaligen Verbündeten und Amtskollegen Ulrich Kleemann. Und das, obwohl Campioni ein Telegramm aus Rom erhalten hatte, in dem er, wie Nathan Shachar betont, aufgefordert wurde, sich dem Versuch der Deutschen zu widersetzen, die «zahlenmäßig überlegenen, aber technisch unterlegenen» italienischen Streitkräfte zu entwaffnen. (Angeblich waren im Herbst 1943 immerhin 35 000 italienische gegenüber 10 000 deutschen Soldaten auf der Insel stationiert, auch wenn Letztere besser ausgerüstet waren.) Menascé beschreibt, Campioni und Kleemann hätten bei einem Treffen ein Gentleman's Agreement geschlossen, dass sie ihre Soldaten getrennt halten würden: *«Ich habe einen Kameraden gefunden»*, habe Kleemann beim Verlassen des Treffens erklärt, nur um seinen Männern danach sofort zu befehlen, die Italiener gemäß einem offenbar längst ausgearbeiteten detaillierten Plan anzugreifen. (Laut Marco Clementi wurde noch ein weiterer Plan geschmiedet, nämlich von den Briten, die gegen Rhodos vorgehen wollten, zunächst in den Jahren 1940 bis 1941 und erneut im Jahr 1943; beides, behauptet er, wurde von den Amerikanern abgelehnt, in deren Augen die Insel zu unbedeutend war.)

Die Deutschen rückten vor; die Italiener kämpften drei intensive, aber kurze Tage lang; es gab Tote (die zuverlässigsten Zahlen sprechen von 91 Deutschen und 125 Italienern). Die Italiener hätten sich durchsetzen müssen, doch stattdessen kapitulierte Campioni am 11. September um elf Uhr vormittags und beendete damit drei Jahrzehnte, zunächst teilweise, dann vollständige Souveränität über die Insel Rhodos.

Und wie wurde all das in der Juderia aufgenommen?

«Wir empfanden zwei sehr unterschiedliche Dinge», erzählt Stella. «Besonders später, als uns langsam klar wurde, was passiert war, empfanden wir Scham und Wut über das Versagen der Italiener – sie waren in der Überzahl; sie besaßen Waffen, egal wie mangelhaft; und sie gaben nach einem sehr kurzen Kampf auf. Zunächst aber, in den ersten Tagen, hatten wir schreckliche Angst. Sobald die Ausgangssperre ausgerufen wurde, verschanzten wir uns in unseren Häusern, gegen sechs, wenn die Geschäfte schließen mussten. Niemand ging nach draußen. Als wir einmal einen deutschen Soldaten vorbeigehen hörten, schlug meine Mutter vor, dass wir über die obere Terrasse fliehen sollten. Wie sich zeigte, wollte er nur die Sehenswürdigkeiten der Juderia besichtigen.»

Doch dann passierte merkwürdigerweise nichts mehr – es *schien* nichts zu passieren. Die Deutschen, die alle Hände voll zu tun hatten, überließen die Verwaltung der Insel der italienischen Bürokratie. Die Geschäfte öffneten wieder. Man ging wieder an den Strand. Kurz gesagt, das Leben ging weiter, wenn auch anders, stiller, verhaltener. Die Leute ließen nicht mehr den ganzen Tag ihre Türen offen und riefen oder sangen sich über die *kortijos* hinweg zu. Am Abend wartete Miriam besorgt an der Tür auf die Rückkehr der Mädchen vor der Sperrstunde. Die laute, ausgelassene, geschäftige Juderia war jetzt gedämpft und in beklommener Alarmbereitschaft.

49

Als die Nachricht kam, dass Campioni die Kontrolle über Rhodos den Deutschen überlassen hatte, war Stellas Freund Renzo Rossi zum Essen bei den Benatars, einer jüdischen Familie, die außerhalb der Juderia im Viertel Marash lebte, in der Nähe der Carabinieri und der Kirche San Giovanni und des Hafens. Rossi dankte seinen Gastgebern für das Essen, erklärte ihnen, er müsse los, stand für einen Mann mit so feinen Manieren ziemlich abrupt auf und marschierte hinaus. Gelassen, aber entschlossen ging er an der Kirche vorbei und hinunter zum Hafen, wo mehrere griechische Matrosen, die von der deutschen Eroberung der Insel gehört hatten, ihre Segelschiffe fertigmachten, um Leute in die Türkei zu befördern. Rossi sprach einen an, dann einen zweiten, holte sein gesamtes Geld aus der Brieftasche und bot es zum Tausch für einen Platz auf einem der Boote an.

Er war nicht der einzige italienische Bürger, der an jenem Tag ging beziehungsweise gehen wollte. Esther Fintz Menascé berichtet, dass Deutsche vom Gipfel des Monte Smith sahen, wie sich italienische Funktionäre auf einem großen Schiff die Uniformen vom Leib rissen, um als normale Bürger in die Türkei zu gelangen; auch mehrere junge jüdische Männer befanden sich auf diesem ersten Schiff, das die Deutschen versenken ließen. Nicht alle ertranken. Mehrere Männer schwammen nach Rhodos zurück, und einige wurden von einem kleineren Schiff aufgenommen, das sie in die Türkei brachte.

Rossi gelang die Abreise auf einem anderen Schiff. Er

kehrte nie in seine Villa zurück, die von den Deutschen bald beschlagnahmt wurde. Er ließ seine Kleider zurück, seine Bücher, seine antike Münzsammlung. Und Evangelina, die weiter den Haushalt führte, zumindest für eine Weile.

Das Schiff brachte ihn in die Türkei, wo der englische Konsul ihm bei der Weiterreise nach Alexandria half. Von dort ging er schließlich in die Schweiz, wo er Geschäftsverbindungen, Bankkonten und Freunde hatte.

Ich frage Stella, wie solche Nachrichten in die Juderia gelangten – durch Zeitungen, Mundpropaganda oder …? Auf der Straße habe es sich herumgesprochen, erklärt mir Stella. So hatten sie auch erfahren, dass er Jude war. Kaum war etwas passiert oder bekannt geworden, wusste es jeder.

Nach dem Krieg versuchte Stella, Rossi zu finden. In Florenz spürte sie seine Schwester auf und erfuhr, dass er schwer krank war, sich aber in der Schweiz erholte. Irgendwann schrieb er Stella einen Brief, der sie in New York erreichte; er brachte die Idee eines Treffens ins Spiel, aber es war zu spät. «Ich erklärte ihm, dass ich nicht nach Italien zurückkehren würde, um dort zu leben. Und vielleicht auch nicht für einen längeren Besuch.»

Und wie war das, frage ich Stella, als Rossi vom Mittagstisch zum Boot und sofort ins Exil ging? Gab *das* nicht allen zu denken?

«Aus heutiger Sicht kann ich nicht mit Sicherheit sagen, ob wir alle dachten: Oh, das hängt mit seinem Geschäft zusammen. Er war Jude, er hatte Geld, bleiben war zu riskant für ihn, zu unsicher.» Sie hält inne. «Wenn ich heute die Geschichte erzähle – wenn ich mich die Geschichte erzählen höre –, klingt sie anders, aber damals sahen wir die Folgen der deutschen Übernahme nicht so klar wie er.»

Außerdem, sagt Stella, schienen die Deutschen anfangs nicht das geringste Interesse an den Juden zu haben. Die Ausgangssperre blieb in Kraft, aber sie galt für die ganze Insel. Die Synagogen waren geöffnet. Sie erließen keine Verordnungen zur Erweiterung der Rassengesetze von 1938. Die Bewohner der Juderia mussten keine Sterne tragen, wurden nicht schikaniert. Mit Unterstützung der italienischen Zivilverwaltung (die weiterhin die Insel regierte, die Deutschen übernahmen nur die militärische Führung) waren die neuen Machthaber der Insel damit beschäftigt, alle italienischen Soldaten, die sich ihnen widersetzt hatten, in Kriegsgefangenenlager zu bringen und sich, nachdem sie die Insel erobert hatten, auf etwaige Angriffe der Alliierten vorzubereiten. Sie hatten alle Hände voll zu tun.

«So sah unsere neue Realität aus, und wir lebten sie einfach. Uns ging vieles durch den Kopf, das nichts mit unserem zukünftigen Schicksal zu tun hatte, zum Beispiel die Beschaffung von Lebensmitteln, die zunehmend knapp wurden, und in meinem Fall die Sorge um die Gesundheit meines Vaters. Und das Leben in der Juderia nahm nun wieder seinen gewohnten Lauf – mehr oder weniger.»

50

Je suis juive.
Ça va.

Weil Stella Kleemanns Stabsmitglied kannte und weil die jungen Frauen auf der Party (der zweiten, späteren Party) für die Männer gesungen hatten, passierte etwas ziemlich Überraschendes – zumindest für mich –, nachdem die Deutschen die Insel erobert hatten: Stella ging, begleitet von einigen Freundinnen, zu Kleemann persönlich, um ihn um einen Gefallen zu bitten.

«Sie, eine junge Jüdin, gingen zu Kleemann, dem befehlshabenden Nazi-Offizier auf Rhodos, um ihn um einen Gefallen zu bitten?»

Ihre Antwort: gelassenes Nicken.

«Mit Ihren Freundinnen, die ebenfalls Jüdinnen waren?»

Wieder Nicken.

«Und Sie fühlten sich dabei sicher?»

«Wir dachten nicht darüber nach, ob es sicher war oder nicht. Wir gingen einfach zu ihm.»

Stella und der Wiener liefen sich weiterhin am Strand La Rotunda über den Weg, und sie sah ihn auch auf der zweiten Feier bei den Sidis', wo an diesem Abend auch Stella S.' ältere Schwester Vittoria mitsang, die sich in einen italienischen Soldaten verliebt und ihn geheiratet hatte, Ernesto Licitri (ihm gehörte das Radio, auf dem die jungen Frauen bei der ersten Feier Musik gehört hatten). Wie viele italienische Soldaten, die nach der Übernahme der Deutschen auf Rhodos geblieben waren, sollte Ernesto in ein Kriegsgefangenenlager nach Deutschland gebracht werden. Vittoria war verzweifelt. Und da Stella L. Kleemanns Stabsmitglied am Strand getroffen hatte, ein paarmal mit ihm geschwommen war, er ihre Aussage, dass sie Jüdin sei, mit einem *ça va* kommentiert und sie (in Kleemanns Auftrag) gebeten hatte, «Tornerai» und «J'attendrai» zu singen, dachten sich Stella und ihre Freundinnen, sie könnten ebenso gut zu Kleemann gehen und ihn fragen, ob das Paar um der Liebe willen noch eine Weile zusammenbleiben dürfe. Was hatten sie schon zu verlieren?

Stella L. und Stella S., Vittoria und eine weitere Vittoria, Vittoria Cohen, eine Cousine der Sidis-Schwestern, marschierten durch die Stadt zum Großmeisterpalast, ein vom Johanniterorden erbautes imposantes Gebäude, in dem sich die Deutschen ein Büro eingerichtet hatten (aus Sicherheitsgründen befand sich ihr Hauptquartier im Inland, in der Nähe des Profitis Ilias). Stellas Bekannter vom Strand empfing sie freundlich und informierte Kleemann, der aus seinem Büro kam und sich ihr Anliegen anhörte. Er notierte sich den Namen des Soldaten und kehrte dann zur Arbeit zurück. Das Treffen dauerte drei Minuten – höchstens.

Am nächsten Tag gewährte man Ernesto einen Aufschub, zumindest für einige Monate, der noch einmal verlängert wurde, ehe man ihn im April 1944 nach Deutschland schickte. Seine Frau, die zum Katholizismus konvertiert war, um kirchlich zu heiraten, blieb so von der Deportation verschont.

51

In den Kriegsjahren wurden die jungen Frauen in der Juderia schneller erwachsen und übernahmen Verpflichtungen, die zuvor den Söhnen in den Familien zugefallen wären. Da die meisten Söhne im Ausland waren und ihr Glück suchten oder fanden, wurden die jungen Frauen nicht unbedingt wie ihre Brüder behandelt, aber sie lebten mit einer Freiheit und Unabhängigkeit, die zehn Jahre zuvor undenkbar gewesen wäre und die man ihnen nie zugestanden hätte, wären mehr Männer da gewesen.

Die jungen Frauen waren flexibel, anpassungsfähig und mutig. Im Gegensatz zu ihren Eltern sprachen sie Italienisch, was es ihnen leichter machte, Verbindungen zwischen der Welt der Juderia und dem größeren Rhodos zu schlagen. Und sie stellten sich den Herausforderungen, die auf sie zukamen. Renée und Stella erkannten schnell, dass sie sich um ihre Eltern kümmern mussten. Um den Lebensunterhalt der Familie zu sichern, machte sich Stella geschickt mit den Gepflogenheiten des Schwarzmarkts vertraut. Renée war als Erste arbeiten gegangen, in der Anwaltskanzlei von Sampietro; Stella nahm nun ihrerseits eine Stelle in einem der Büros von Renzo Rossi an, die er ihr organisiert hatte und die sie auch nach seiner Abreise behalten konnte. Sie erledigte einfache Buchhaltungsarbeiten an einem langen Holztisch in einem Raum voller Bücher. Ihrem unmittelbaren Vorgesetzten war klar, dass sie diese Stelle nur durch die Bekanntschaft mit Rossi bekommen hatte, und er beobachtete sie *«di malocchio»* – misstrauisch –, doch das störte Stella nicht. Die Familie brauchte ihr Einkommen.

Im Übrigen arbeitete Renée im gleichen, ebenfalls von den Ordensrittern errichteten Gebäude, genau wie Stella Sidis und die Sampietro-Töchter Cristina und Bice, alle in einer Import-Export-Firma namens Commerciale. In der Mittagspause trafen sich die jungen Frauen mit ihren Freundinnen Despola, Mihali und Yoti Papathanasis, die im gleichen Gebäude arbeiteten, draußen auf der großen Steintreppe. Die zahlenmäßig reduzierten jungen Rhodeslis nahmen ihre griechischen Kolleginnen gern in ihren Freundeskreis auf; jeder war entschlossen, sich zu amüsieren, egal, was passierte.

Der Niedergang von Yehuda, dem Familienvater, verdüsterte die letzten Monate der Levis in Rhodos. Er begann 1938, als Yehuda unter den Rassengesetzen die Kontrolle über sein Geschäft verlor, und wurde verschlimmert durch Victors Abreise und seine eigene fortschreitende Erblindung. Zur Zeit der deutschen Besatzung hatte Yehuda ganz aufgehört zu arbeiten, und die Familie lebte vom Einkommen der Mädchen und den Ersparnissen, die er zu Hause in einer verschlossenen Schublade aufbewahrte.

«Ich erinnere mich noch an die ständigen Sorgen, dass uns das Geld ausgeht», sagt Stella. «Und daran, dass mein Vater das Geld in der Schublade befühlte, weil er nicht mehr sehen konnte.»

Arbeit und religiöse Praxis waren die Anker in Yehudas Leben gewesen. Wie ging es ihm, nachdem ihm Ersteres genommen war? Stella hatte mir schon erzählt, dass Yehuda und Miriam wie damals die meisten Paare nie zusammen ausgingen; sie sah ihn nie die Hand eines Kindes halten, mit seinen oder anderen Kindern spielen oder nach draußen gehen, wie ihre Mutter es tat, um Nisso Cohens griechischen

Freunden zuzuhören, die am Ende des Schabbats ins Viertel kamen und Musik spielten. Und er unternahm nie eine *passeggiate* entlang der Seepromenade wie Miriam, ging nie ins Kino oder an den Strand zum Schwimmen.

Früher hatte Yehuda so hart gearbeitet, dass er selten zum Mittagessen nach Hause kam – es gab immer Streit darüber, wer ihm das Mittagessen in seiner dreiteiligen Proviantdose bringen sollte, eine Aufgabe, die meist Stella zufiel, da es Renée peinlich fand, einen Vater zu haben, der zu fleißig war, um mittags zum Essen nach Hause zu kommen. Yehuda hatte fünf seiner sieben Kinder großgezogen und verheiratet oder ins Ausland geschickt. Er hatte seinen Schwager Isaac Notrica in seinem Geschäft angestellt, solange es rentabel war (Isaac verließ 1940 zusammen mit Felicie die Insel), und er bezahlte die Überfahrt nach Amerika für seine Neffen Joe und Eliakim Hasson. Viele Familien in der Juderia taten es ihm gleich: Ein Cousin, der Geld hatte, half einem, der keines hatte; ein anderer revanchierte sich vielleicht und setzte damit einen Kreislauf der Großzügigkeit in Gang. Und all das, die Arbeit, das Versorgen, das Unterstützen, das Fördern, das Organisieren war nun zu Ende. «Wie würden Sie sich fühlen, wenn Sie Ihre Rolle nicht mehr ausfüllen könnten», sagt Stella, «wenn nichts mehr so möglich wäre wie früher?»

Ende 1943 und Anfang 1944 gingen die Familienersparnisse tatsächlich aus, und Miriam sprang auf die einzig ihr mögliche Weise ein: Sie verpfändete ihren Schmuck an einen ihrer Cousins, einen gewissen Behor Pihas: Sie begann mit den großen *manillas de chatón* – goldene Armbänder, passend zu denen, die Selma und Sara mit nach Amerika genommen hatten –, machte weiter mit den Perlenketten, den goldenen Ohrringen, dem Stapel dünner Goldarmreifen, die Frauen der Juderia üblicherweise fast bis zum Ellbogen trugen. All diese Stücke gingen an den Cousin, einen Pfandleiher, der aufgrund seiner türkischen Staatsbürgerschaft der Deportation entging.

Nach dem Krieg besaß Behor Pihas noch immer den Schmuck Miriams, doch als er an Stellas Brüder herantrat, konnten sie sich nicht auf den Rückkaufpreis einigen und ließen das Ganze sein.

«Zu diesem Zeitpunkt», sagt Stella, «waren mir solche Dinge nicht mehr wichtig. Nicht im Geringsten.»

52

Stella öffnet die Tür und sieht aus, als hätte sie die vorige Nacht nicht oder nur sehr wenig geschlafen. Ihre Augen sind glasig und weit weg, mit dunklen Ringen. Sie lässt sich schwer in ihren gewohnten Sessel sinken.

«Letzte Nacht habe ich im Traum zwei meiner Schwestern gesehen, Sara und Renée», sagt sie. *«C'era tutto un pasticcio»* – ich habe Ihnen ja schon gesagt, dass Renée diese Art von Wort nicht mochte, nicht wahr? In meinem Traum gab es Unklarheiten wegen unseres Hauses in Rhodos, sie wussten nicht, wem es jetzt gehört ...»

«Und wem gehört es? Wissen Sie es?»

«Als ich Ende der Siebziger schließlich zurückkehrte, war ich in der Lage zu fragen, was nach unserer Deportation passiert ist. Ich erfuhr, dass alle Griechen auf der Insel hungerten, sie brachen ein und aßen alles, nahmen mit, was sie verkaufen konnten, im Winter verbrannten sie unsere Möbel als Feuerholz. Ich weiß nicht mal, ob das stimmt ...»

Und das Haus? «Es gehörte meiner Großmutter, und bei einigen meiner Cousins und Cousinen herrschte Uneinigkeit, sie glaubten, ein Teil davon gehöre ihnen. Es war wie mit dem Schmuck meiner Mutter – wir ließen die Sache auf sich beruhen. Wir verkauften unseren Anteil für eine sehr geringe Summe und gaben damit im Grunde unsere letzte materielle Verbindung zur Juderia auf. Niemand in meiner Familie wollte das Haus. Kein einziges Mitglied der Gemeinde ist zurückgekehrt, um wieder in Rhodos zu leben. Viele von uns kehrten jahrelang, jahrzehntelang nicht mal für einen Besuch zurück ...»

In dem Traum erschien erst Renée und dann Sara, und es gab dieses *pasticcio*, dieses Durcheinander um das Haus. Erst schien es das Haus in Rhodos zu sein, dann wurde es ein anderes, ein modernes, und in dem Traum sagte Renée zu Stella: «Willst du nicht lieber in *dieses* Haus kommen? Es ist besser als all die anderen.»

Fortgehen, sich wieder ansiedeln, Verwirrung darüber, wo zu Hause ist, *was* zu Hause ist: Einen passenderen Traum hätte Stella nicht haben können, besonders jetzt, angesichts des Themas unserer letzten Gespräche.

Sie erzählt weiter, dass Träume in ihrem Leben eine wichtige Rolle gespielt haben. Und nicht nur in ihrem Leben. Renée hatte mal einen Traum, den sie damals nur ihrer Mutter und Stella erzählte, und Stella hat ihn bisher niemandem erzählt.

Zuerst beschreibt sie die Szene: Direkt bei Kay Ancha – dem großen Platz in der Juderia –, neben der Dante-Alighieri-Gesellschaft, war ein Gebäude mit einem Balkon, der den Platz überblickte. In Renées Traum standen zwei ältere Frauen auf diesem Balkon. Eine war ihre Großmutter Sara Notrica, die andere Saras Schwester Mazaltov de Yakov Pasha, die (im wahren Leben) Rhodos verlassen hatte, um in Seattle zu leben. Auf dem Balkon waren noch mehrere andere Frauen, ebenfalls älter, aber Renée konnte sich nicht mehr erinnern, wer sie waren. Unten auf der Straße standen zwei Rabbis, und die ganze Gemeinde zog an ihnen vorbei. Die Rabbis sagten: «Du gehst hierhin» und «Du gehst dorthin.» Unter den Passanten waren Stella, Sara (Sara Notrica, Stellas Cousine) und Renée, die beide mit ihr nach Auschwitz kamen. Sara Notrica, die Großmutter (die auch die Großmutter von Sara Notrica war, Stellas und Renées Cousine), rief: *«Aber das sind meine Enkelkinder!»*

Als Renée diesen Traum am nächsten Morgen ihrer Mutter erzählte, rannte Miriam los, um in der Synagoge eine Kerze anzuzünden, und rief im Hinausgehen: *«Todo bueno se va a ser»* – alles wird gut.

Renée träumte diese Szene vor der Deportation – wie lange davor? Monate. Mehrere Monate.

«Eigentlich passte das gar nicht zu Renée», sagt Stella. «Sie neigte nicht besonders zur Mystik und konnte selbst kaum glauben, was sie da geträumt hatte. Sie schüttelte ständig den Kopf, genau wie ich ...»

Irgendwas hatte die Juderia an sich, fährt Stella fort. Die Leute hatten Träume und Visionen, Erscheinungen. Ihr Onkel Isaac Notrica war vor seiner Abreise nach Amerika in den frühen Morgenstunden der Hohen Feiertage unterwegs, um ein Selichot zu sprechen, als er nicht weit von Puerta de la Mar, wo er lebte, eine Gruppe Männer sah, Riesen, dreimal so groß wie ein durchschnittlicher Mann, die in einer langsamen Prozession die Straße entlangzogen. Als er Miriam anschließend davon erzählte, beschrieb er die Männer als *los buenos de mosotros* (das *m* ersetzt manchmal das *n* im Judäo-Spanischen) – die Besten von uns. Will sagen: Engel oder Männer als Engel. Er wusste, was er gesehen hatte; er wusste, wer sie waren.

Auch Stella hatte einen bedeutsamen Traum, nachdem die Deutschen die Insel besetzt hatten und anfingen, die italienischen Soldaten und Offiziere in Kriegsgefangenenlager zu schicken. Luigi Noferini war für den Sommer 1943 nach Italien zurückgekehrt. Er hatte sich den Partisanen angeschlossen und kam nie wieder nach Rhodos zurück, weil es danach unmöglich war. Er ließ seinen engen Freund Gennaro Tescione zurück.

«Gennaro und ich verbrachten viel Zeit miteinander, wir

gingen aus, wir sangen, wir vertrauten uns vieles an, wir tauschten Gedichte aus ... er war wirklich ein Dichter, einige Gedichte schrieb er auch für mich. Ich besitze ein ganzes Notizbuch mit seinen Werken. Vielleicht zeige ich es Ihnen irgendwann mal ...»

An dieser Stelle hüllt Stella sich wieder einmal in Schweigen.

«Ich habe Ihnen schon von ihm erzählt, aber das nicht.»

Ihr Traum: Sie hatte ihn im Dezember 1943, in der Nacht zum achten, um genau zu sein. Tescione ist nackt, liegt ausgestreckt auf der Piazza, dem Mittelpunkt der Juderia. Nur das: ein Bild, ein stummes Bild von diesem nackten Mann, den sie so mochte, Gennaro Tescione.

Stella wachte ängstlich auf und eilte, wie zuvor auch Renée, zu ihrer Mutter, um ihr den Traum zu erzählen, und ihre Mutter sagte sofort: «Geh zur Mesusa und sprich ein Gebet, dann gehst du in die Synagoge und sprichst noch ein Gebet ... *beeil dich.*»

Stella tat, wie ihr geheißen, doch die Gebete nützten nichts. Den ganzen Tag war sie unruhig. Schließlich stieg sie auf ihr Fahrrad und fuhr zum Albergo delle Rose, wo die Offiziere auf der Insel ihr Essen in einem bestimmten Raum zu einer bestimmten Zeit zu sich nahmen. Kurz vor der Piazza d'Italia wurde sie von Tesciones Adjutanten abgefangen, der sagte: «Signorina Stella, ich wollte gerade zu Ihnen. Es kam der Befehl, dass Tescione die Insel verlassen muss und in ein Gefängnis nach Deutschland geschickt wird. Die Deutschen sagten ihm, dass er sich stellen muss, und er ging nach Hause, um sich vorzubereiten.»

«Um sich vorzubereiten?», fragte Stella.

«Um seine Sachen zu packen.»

Eine Stunde später kam ein anderer Freund Tesciones,

ein Leutnant namens Nino Garzolini, zu ihr nach Hause, um ihr mitzuteilen, dass Tescione im Krankenhaus liege. Anstatt ins Gefängnis zu gehen, hatte er sich lieber eine Kugel in den Kopf geschossen. Er starb noch in derselben Nacht.

Wie konnte es sein, frage ich Stella, dass sie diese Szene in abgewandelter Form im Traum gesehen hat?

«So war das Leben in der Juderia. Wir haben Dinge, Erschütterungen, Vorhersagen gespürt. Das Unsichtbare war für uns ... zugänglicher, nehme ich an, vielleicht weil wir eine so enge Gemeinschaft waren oder vielleicht ... ich weiß nicht wirklich, warum. Hier würde so etwas nie passieren. Ich kenne kaum jemanden in diesem Gebäude, geschweige denn hier im Village, und ich lebe jetzt seit über einem halben Jahrhundert hier.»

Da es ein Selbstmord war, durfte die Beerdigung nicht in der großen Kirche San Giovanni stattfinden, sondern in der kleineren San Francesco. «Wir waren alle anwesend, sogar meine Mutter mit einer ihrer Freundinnen; sie blieben draußen, aber Renée und ich, Sara Notrica, Vittoria Cohen und mehrere andere Freundinnen gingen hinein ...» Sie verstummt. «Noch nie im Leben ... noch nie hatte ich mich so ...»

Stella fehlen die Worte, aber ihr Gesicht spricht Bände. Noch fünfundsiebzig Jahre später ist klar, wie sehr dieser Tod sie verfolgt und mitgenommen hat.

Tescione hatte Briefe hinterlassen. Seinem Oberst schrieb er in förmlicher, würdevoller Sprache, es sei ihm klar, dass er und die anderen Soldaten im Augenblick nicht die Kränkung ahnden könnten, die man Italien in der Ägäis zufügte, und er weigere sich, nach einer Kapitulation *«senza onore»* – ohne Würde –, gefangen genommen zu werden.

Deshalb habe er eine Entscheidung getroffen, die für ihn zwingend sei:

> *Als langjähriger Offizier in der Ägäis, dessen Ethik von alter Schule ist, werde ich bleiben, mit einer Kugel in der Stirn, die ich mir gelassen selbst setze.*
> *Ich habe mich seelisch darauf vorbereitet, mich auf diese Weise zu opfern, und ich gehe mit Kraft, Gelassenheit, Vertrauen und einem inneren Frieden, wie ich ihn vielleicht noch nie gespürt habe …*
> *Grüßen Sie Italien für mich, wenn es wieder erstarkt ist.*
> *Und sagen Sie dem Land, dass es mir teurer war als mein Leben.*

An seinen Vater schrieb er:

> *Man wird dir erzählen, dass ich ein würdiger Soldat war. Als solcher gab ich mein Bestes, um den Namen unserer Familie zu ehren.*
> *Ich umarme dich, Mutter, alle. Ich fühle mich euch näher als je zuvor.*

Als sie in die Juderia zurückkehrten, flüsterte eines der Mädchen: «Schaut euch Stella an, sie weint um ihren *fidanzato italiano*.»

Stella schüttelt den Kopf. «Wer würde den Verlust eines solchen Menschen nicht beweinen?»

Das erste bekannte Foto von Stella Levi (links) mit ihren Schwestern Sara und Renée (vorne), um 1925.

Die Levis in den frühen Zwanzigerjahren. Von links nach rechts: der Vater Yehuda, Felicie, Renée, die Mutter Miriam (sitzend), Selma, Victor.

Die Levis und Freunde vor der Stadtmauer von Rhodos: Renée (vorne links), Miriam (Mitte), Felicie (mit dem Rücken zur Kamera) und Stella (vorne rechts).

Heilerinnen aus der Juderia, dem jüdischen Viertel von Rhodos.

Yehuda Levi (rechts, stehend) in der Kahal-Shalom-Synagoge (in der Beschriftung fälschlicherweise als Moschee bezeichnet).

Kay Ancha, der zentrale Platz der Juderia.

Schülerinnen aus der italienischen jüdischen Mädchenschule, die auch Stella Levi besuchte.

Stella Levi (links), Jack Mizrahi (der spätere Ehemann ihrer Schwester Selma), Selma und die Mutter Miriam Levi (stehend) im Haus der Familie.

Sara Levi (links) mit zwei Freundinnen vor der cabina *der Levis.*

Junge Männer aus der Juderia. Musik war ein allgegenwärtiger Teil des Alltags in der jüdischen Gemeinde von Rhodos.

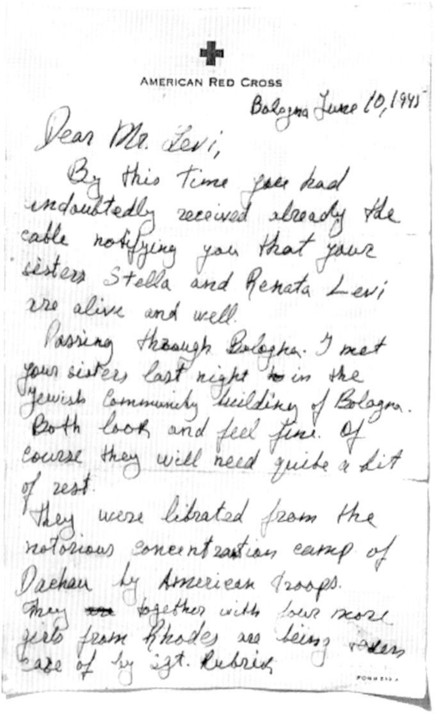

AMERICAN RED CROSS

Bologna June 10, 1945

Dear Mr. Levi;

By this time you had undoubtedly received already the cable notifying you that your sisters Stella and Renata Levi are alive and well.

Passing through Bologna. I met your sisters last night ~~to~~ in the Jewish Community building of Bologna. Both look and feel fine. Of course they will need quite a bit of rest.

They were liberated from the notorious concentration camp of Dachau by American troops.

They ~~are~~ together with four score girls from Rhodes are being taken care of by Sgt. Rubrick

Brief von Moshe Levin an Morris Levi, der vom Überleben seiner Schwe tern Stella und Renée berichtet, 10. Juni 1945.

Renée (vierte von links, zweite Reihe) und Stella Levi (Dritte von links, dritte Reihe) mit der Jüdischen Brigade kurz nach Kriegsende in Italien.

Stella Levi (rechts) mit ihrer Cousine Sara Notrica und ihrer Freundin Lucia Franco, alle drei Überlebende der Lager, bei einem Treffen in Italien in den Siebzigerjahren.

Stella Levi bei ihrer Reise nach Rhodos im Jahr 2015 vor der Kahal-Shalom-Synagoge.

Stella Levi und Michael Frank in Stella Levis New Yorker Apartment, 2021.

53

Und dann, im Frühjahr 1944, begannen die Briten mit der Bombardierung der Insel, um sie von den Deutschen zurückzuerobern, und wieder änderte sich die gesamte Atmosphäre.

Solange die Briten auf den außerhalb gelegenen Flughafen Maritsa zielten, war die Altstadt sicher. Als sie jedoch die im Hafen vor Anker liegenden deutschen Versorgungsschiffe bombardierten und die Angriffe häufiger tagsüber stattfanden, wurde die Lage bedrohlicher. Der Hafen war in der Nähe der Juderia, und die Bombenflugzeuge verfehlten nicht selten ihr Ziel.

Jedes Mal, wenn ein Flugzeug über sie hinwegflog oder die Luftschutzsirene ertönte, wurde Miriam bleich – schlimmer noch, gelb und zitterte unkontrolliert, während Yehuda die Ruhe bewahrte. «Wenn es kommt, kommt es», sagte er. «Wenn ich sterbe, sterbe ich.» Mehr als einmal fand Stella ihre Mutter noch vor dem Ertönen der Sirene im Schutzraum, im Mantel voller Angst in der Ecke versteckt. Der Schutzraum befand sich nicht unter der Erde, sondern im Erdgeschoss in einem mit Sandsäcken verstärkten Raum unter der Wohnung der Turiels mit gewölbter Decke. Wenn sie mitten in der Nacht eine Sirene hörten, eilten sie im Schlafanzug nach unten und warteten, bis das Entwarnungssignal ertönte, dann gingen sie wieder zu Bett.

Miriam hielt Stella für verrückt, weil sie darauf bestand, nach oben zu gehen, um Amelie Leon, einer Nachbarin mit einem gebrochenen Fuß, den ganzen Weg nach unten zu helfen (Amelie war die Schwester von Rebecca Leon, der jungen Zionistin, die mit den Passagieren der *Rim* nach Palästina gegangen war.) Aber Stella hätte nicht mit sich leben können, wenn sie Amelie allein gelassen hätte und ihr etwas zugestoßen wäre.

Am 8. Februar 1944 tötete eine verirrte britische Bombe acht Bewohner der Juderia, darunter zwei Kinder, die verbrannten. Weil keine Spur von ihnen zurückblieb, zirkulierte zunächst das Gerücht, sie seien als Maskottchen entführt worden. «Natürlich stimmte das nicht», sagt Stella. «Ich kannte die Familie, ich kannte das Haus. Das ganze Ding implodierte einfach. Nichts blieb übrig.» Die Italiener oder die Deutschen (wohl eher die Italiener) räumten die Trümmer rasch weg und verstärkten das Gefühl, dass die Familie verschwunden war.

Nach der Bombardierung im Februar wollte niemand mehr über dem Erdgeschoss schlafen. Die Leute schliefen überhaupt nicht mehr. Jeder war hibbelig, zerstreut, ängstlich.

Auch in Stella veränderte sich etwas: «Ich erkannte die Juderia nicht mehr. Es lag nicht nur an den Äußerlichkeiten, sondern wie ich sie empfand.» Wenn Stella jetzt in die vertrauten Straßen zurückkam, wirkten sie anders. Ihr eigenes kleines Stück Land war anders geworden. Sie hatte sich langsam davon gelöst. «Die Juderia war mir fremd, ich erkannte sie fast nicht mehr. Es war unfassbar, nie hätte ich damit gerechnet, dass das passieren könnte.»

Im April 1944, am ersten Pessachtag, trafen sich Stella, Renée und Sara Notrica im hellen Sonnenschein auf der Treppe ihres Bürogebäudes. Wie immer saßen sie auf verschiedenen Stufen und unterhielten sich, als gegen zehn Uhr vormittags britische Flugzeuge über sie hinwegflogen. Ein paar Minuten später ertönte die Sirene in umgekehrter Reihenfolge als sonst. Sie sahen Bomben aus dem Himmel fallen, dunkle Rauten, die sich drohend in Richtung Juderia bewegten. Wie auf Kommando standen sie auf und rannten los. Als sie das Viertel erreichten, sahen sie überall Zerstörung, Trümmer. Stella suchte eilends ihre Eltern, die im Luftschutzraum waren. Miriam zitterte heftig, aber sie lebte.

Andere nicht: 26 Menschen kamen an diesem Vormittag ums Leben, als sie die Synagoge verließen.

«Wie sollen wir hierbleiben?», fragte Miriam.

«Wir bleiben nicht», erwiderte Stella.

Sie packten das Nötigste und zogen aus der Juderia zu Stella Sidis und ihrer Familie, breiteten Matratzen auf dem Boden aus und hielten sich mehrere Tage versteckt. Dann fanden ihre griechischen Freunde, die Papathanasis', ein Mietshaus in Trianda, einem nahe gelegenen Dorf, und brachte sie dorthin. Binnen weniger Tage stießen andere Familien aus der Juderia zu ihnen.

Nach dem Umzug nach Trianda kehrten Stella und Renée nur noch einmal in die Juderia zurück, um Kleidung und Vorräte zu holen.

Das Viertel war ruhig, leer, nicht ganz verlassen, aber es schien zu schlafen, als wäre es mit einem Zauber belegt worden. Schweigend bahnten sich die Levi-Schwestern ihren Weg durch die Straßen, ohne sich anzusehen. «Mir war klar, dass das einst so intensive Leben, das dort über viele Jahre – Jahrhunderte – stattgefunden hatte, vorbei war», sagt Stella. «Auch wenn ich es an diesem Tag nicht in Worte fassen konnte, wusste und spürte ich es in meinem Herzen, in jeder Faser …»

Sie packten ein paar Taschen, sammelten alle Lebensmittel ein, die sie tragen konnten, und verriegelten die Tür zu dem Haus, in dem sie ihr ganzes Leben verbracht hatten. Den Rest ließen sie unberührt: übrig gebliebene Kleidung, Bettwäsche, Möbel, Fotos und Erinnerungsstücke, alles.

«Wenn der Krieg vorbei ist», sagte Renée zu Stella, «kommen wir zurück.»

54

«Es war also Juli, und Sie waren in Trianda», sage ich und frage mich, ob Stella mir detailliert erzählen wird, was als Nächstes geschah. Bei mehreren Gelegenheiten hat sie gedroht, es nicht zu tun, doch nach all den Wochen, Monaten und mittlerweile Jahren, die wir uns treffen, überrascht sie mich. Sie nimmt den Faden der Geschichte einfach wieder auf:

«Es war also Juli. Der 19. Juli 1944. Den Männern wurde befohlen, sich mit ihren Papieren bei der *aeronautica* zu melden.» Die *aeronautica* war das ehemalige Hauptquartier der italienischen Luftwaffe in der Regina Elena, inzwischen von der deutschen *Kommandantur* besetzt.

Der Befehl kam von einem deutschen Offizier, der zu Jacob Franco ging, dem Vorsitzenden der Gemeinde, und erklärte, dass sich alle jüdischen Männer ab dreizehn Jahren dort am nächsten Tag einfinden müssten.

«Ich hörte das», fährt Stella fort, «und dachte mir, mein Vater ist fast blind, er kann unmöglich gehen. Ich werde mich an seiner Stelle melden.»

Stella erschien mit dem Ausweis ihres Vaters an der *aeronautica*. Sie wandte sich an den verantwortlichen deutschen Offizier, den sie noch nie gesehen hatte; er winkte in Richtung eines Mannes, der Judäo-Spanisch sprach.

Zu diesem Zeitpunkt fand Stella es nicht merkwürdig, dass jemand vom Deutschen ins Judäo-Spanische übersetzte. Vorläufig war sie nur dankbar, es überhaupt zu hören – fließend gesprochen von einem Mann, bei dem es sich, wie Stella Jahre später erfuhr, um Pepo (oder Costa)

Recanati (oder Ricanati oder Rekanatis, die Schreibweise wechselt) handelte, den man einberufen hatte, um für die Deutschen zu arbeiten und in deren Namen erst in Thessaloniki und nun in Rhodos aufgeregte, verängstigte Juden zu beruhigen. (Er arbeitete auch für sich selbst, indem er, offenbar mit stillschweigender deutscher Erlaubnis, Bestechungsgelder aushandelte und einzelnen Gemeindemitgliedern half, durch eine bürokratische Lücke zu fallen und der Verhaftung zu entgehen.)

Recanati schickte Stella mit anderen besorgten Frauen, die ebenfalls zur *aeronautica* gekommen waren, nach draußen. Ihre Freunde Mihali und Yoti Papathanasis kamen vorbei, um zu sehen, was vor sich ging und wie sie ihnen vielleicht helfen könnten. Nach einer Weile verkündete Recanati, dass die Frauen mit ihren noch fehlenden Ehemännern, ihren Kindern, ihrer Kleidung und all ihren Wertsachen, sprich, Schmuck und Geld sowie etwas Proviant, am folgenden Tag kommen sollten. Würden sie nicht erscheinen, hieß es, würden die Männer erschossen. Zurück in Trianda, boten Mihali und Yoti an, Stella und Renée zu heiraten, mit dem Hintergedanken, eine kirchliche Heirat und Konversion könnten sie retten. Die Schwestern waren gerührt, konnten sich aber nicht vorstellen, ihre Eltern sich selbst zu überlassen.

Unterdessen gingen die Deutschen in die Dörfer, verbreiteten mithilfe einiger jüdischer «Freiwilliger» die Nachricht und suchten nach Juden, denen die Anordnung womöglich entgangen war.

«Wir hatten immer noch – *immer noch* – keine Ahnung, warum sie uns zusammenriefen», sagt Stella. «Wir dachten, sie würden uns vielleicht zum Arbeiten in ein Lager auf eine andere Insel bringen. Und dass wir Geld bräuchten, um unser Essen zu bezahlen. Erstaunlich, wie der menschliche Verstand versucht, sich etwas zurechtzulegen –» Sie verstummt. «Jedenfalls taten wir, was man uns sagte. Wir gingen nach Hause und packten unsere Taschen.»

Als Stella am nächsten Morgen mit ihrer Mutter und Schwester bei der *aeronautica* erschien, trug sie ein weißes Sommerkleid mit grünen Tupfen, dazu ihr Lieblingspaar *sahariane*, Sandalen, die auf Rhodos sehr in Mode waren, mit weißen Lederriemen und Korksohlen, ein klassischer Sommerlook der damaligen Zeit.

Miriam trug ein leichtes Kleid mit einem Jäckchen, Geld und Schmuck hatte sie in ihren Gürtel genäht.

Einige Frauen befolgten die Anordnung und gaben ihren Schmuck sofort ab, nicht aber Miriam und Signora Benveniste, die Besitzerin des feinsten Juweliergeschäfts in der Stadt. Signora Benveniste spülte ihre Wertsachen die Toilette hinunter, die prompt überfloss. Dann fing sie an zu lamentieren. «Die arme Frau», sagt Stella und schüttelt den Kopf. «Sie drehte durch.»

Die inzwischen wieder vereinten jüdischen Männer und Frauen mussten nacheinander ihre Namen nennen, die auf einer Liste abgehakt wurden. Dann sperrte man sie zwei Tage und zwei Nächte lang in der *aeronautica* ein – den 21. und 22. Juli. Sie schliefen auf dem Boden und aßen den mitgebrachten Proviant. Die Toiletten waren verstopft. Das Wasser lief über.

Kleemann war nirgends zu sehen. Stattdessen hatten nun offenbar neue deutsche Offiziere die Kontrolle. SS-Leute, die vor Kurzem aus Athen angekommen waren, die Ersten, die man auf der Insel sah.

Am Morgen des 23. Juli – man hatte bewusst einen Sonntag gewählt, wie mir Stella erzählte, als ich sie 2015 auf Rhodos besuchte – schalteten die Deutschen den Fliegeralarm ein, obwohl es keine Luftangriffe gab. Unter dem Lärm der Sirenen stellten sich mit einer Ausnahme alle Mitglieder der Gemeinde – vorwiegend Alte, Frauen und Kinder, über 1700 Menschen – in einer Reihe auf. Mit Jacob Franco an der Spitze wurden sie aufgefordert, den Kopf gesenkt zu halten, während sie von der deutschen Militärpolizei, einer kleinen Einheit der deutschen Infanterie und einer Handvoll Carabinieri durch die Stadt eskortiert wurden. Sie gingen in Richtung Seepromenade, dann die alten Stadtmauern entlang zum Hafen. Babys und Kleinkinder mussten getragen werden. Einige Alte gingen an Krücken. Kinder klammerten sich an ihre Eltern, Eltern an ihre Kinder.

Als Stella mir diesen Tag beschreibt, fällt mir ein Refrain aus einer ihrer Geschichten über die Juderia ein, jene Wendung, die in den gepflasterten Straßen widerhallte: *Pasa la misva, pasa la misva* – nur dass der Trauerzug in ihrer Kindheit nur einem Mann oder einer Frau galt und Stella mit ihrer Familie sicher zu Hause war, bei doppelt verriegelten Türen und geschlossenen Fenstern, versteckt vor Tod und Kummer. Dieser Trauerzug jedoch bestand aus – und galt – der ganzen Gemeinde, die zu 90 Prozent ihrem eigenen Tod entgegenging, auch wenn es keiner der Teilnehmer zu diesem Zeitpunkt ahnte.

55

Wie nicht anders zu erwarten, befolgte Stella die Anweisungen nicht buchstabengetreu. Sie blickte auf und schaute sich immer wieder um. Niemand war da. Niemand sah zu. Niemand protestierte.

Vom Sehen kannten sie einen der Carabinieri, der die Prozession mit überwachte. Er fuhr auf einem Motorrad nebenher. Jahre später begegnete sie ihm in Neapel. Er erkannte sie – sie erkannten einander –, doch aus Angst oder Scham wandte er sich ab und verschwand in der Menge.

Irgendwann während des Marsches blickte Stella zu einer Stelle in der von den Ordensbrüdern errichteten dicken, massiven Stadtmauer, in die ein kleines Fenster geschnitten worden war, vermutlich während der türkischen Periode. Auf der anderen Seite dieser Mauer lebten mehrere Notricas, darunter Stellas Tante Tia Rachel. Im daran anschließenden Hof hatte Stella bei der Hochzeit von Tia Rachels Tochter Lea Amato mit Salomone Hugno Luigi Noferini zum ersten Mal tanzen sehen und mit ihm getanzt. Das Fenster war über eine Holztreppe zu erreichen, die zu einem winzigen Raum ohne erkennbaren Zweck führte. Stella verband diesen Raum mit ihrer Großtante Lea Galante Notrica, die an Asthma litt. Sie hatte die Angewohnheit, langsam und vorsichtig die Holztreppe zu diesem Raum hochzusteigen, der für sie einen sehr besonderen Zweck erfüllte: Sie konnte sich, ohne das Viertel verlassen zu müssen, aus dem Fenster lehnen, das die Türken in die von den Ordensbrüdern errichteten Mauern gebohrt hatten, und die Seeluft atmen.

Lea Notrica war die Schwester von Avram Galante, dem Schriftsteller und Pädagogen, der maßgeblich dazu beigetragen hatte, die Alliance Israélite Universelle nach Rhodos zu bringen, eine kulturelle jüdische Organisation, die den langsamen Prozess der Verwestlichung dieser alten, stabilen, geschichtsträchtigen Gemeinde in Gang setzte. Die Menschen ebenjener Gemeinde wurden in diesem Moment auf dem Weg zur Deportation an genau diesem Fenster vorbeigeführt. Das Fenster war das Letzte, was Stella sah, das sie mit der Juderia verband.

Es dauerte mehrere Stunden, bis alle der über 1700 Menschen den Hafen erreichten, wo drei schäbige Lastschiffe wartend vor Anker lagen. Die Alten gingen nach unten in den Laderaum, wo sie zusammengepfercht wurden. Stellas einziger Gedanke galt ihrem Vater, ob er es heil an Bord schaffen und einen Platz finden würde, an dem er mit ausgestreckten Beinen sitzen konnte. Nachdem sie und Renée sich um ihre Eltern und ihre Cousine Sara Notrica sich um die ihren gekümmert hatten, schlossen sie sich den anderen jungen Leuten an Deck an, um die frische Luft zu atmen und das Meer sehen zu können. Schließlich lichtete das Schiff den Anker und glitt aus dem Hafen ins offene Wasser.

Stella hatte die Insel noch nie aus dieser Perspektive oder Entfernung gesehen. Sie stand da und beobachtete, wie sie immer kleiner, dann ein Fleck und irgendwann ein winziger Punkt wurde, ehe sie einfach so am Horizont verschwand.

56

Wie konnte es sein, dass es einer Handvoll deutscher SS-Offiziere innerhalb von Tagen gelang, über 1700 Menschen, die auf Rhodos lebten, einem Territorium, das erst zehn Monate zuvor unter ihre Kontrolle geraten war, aufzuspüren, zu identifizieren und zusammenzutreiben?

Die kurze Antwort lautet, dass die Deutschen viele effiziente Deportationen organisierten, doch in diesem Fall hatten sie Hilfe von den Italienern. Besonders von den italienischen Carabinieri auf der Insel.

Stella und andere Überlebende und Wissenschaftler, die über die jüdische Gemeinde von Rhodos geschrieben haben, hegten alle den Verdacht, dass die Italiener eine Rolle bei der Deportation gespielt hatten, aber niemand wusste genau, worin diese Rolle bestand, bis Eirini Toliou und Marco Clementi Beweise fanden, dass die Italiener eine Liste der Juden von Rhodos erstellt und sie den Deutschen übergeben hatten.

Laut Michele Sarfatti, Simon Levis Sullam, Michael Livingston und anderen Autoren, die sich mit der faschistischen Zeit befasst haben, erfolgten die Deportationen oft mit stiller oder ausdrücklicher Beteiligung der italienischen Polizei, in manchen Fällen sogar mit der Beteiligung italienischer Bürger; doch vor der Erforschung des Archivs auf Rhodos durch Clementi und Toliou und ihrem daraus folgenden Buch *Gli ultimi ebrei di Rodi* wusste niemand, in welchem Ausmaß und auf welche Weise die Italiener zu dieser außergewöhnlichen und besonders herzzerreißenden Deportation beigetragen hatten.

Die Lektüre von Clementis und Tolious Buch ist wie ein Blick *hinter* Stellas Erinnerungen an die Deportation und liefert eine Version der hässlichen Hintergründe, Ursprünge und Auswüchse, die den 23. Juli ermöglichten. Wie der Historiker Anthony McElligott in seinem Beitrag zu *The Holocaust in Greece* treffend feststellt, «kann man von den Überlebenden nicht erwarten, dass sie bis ins kleinste Detail wissen, was mit ihnen geschah; sie waren nicht eingeweiht in die Pläne, sie zu vernichten». Wie der Brief des Informanten, aber weitaus bedeutsamer, enthüllen die Entdeckungen von Clementi und Toliou die Gegengeschichte: Alles, was Stella verborgen blieb, während sie diese Erfahrung machte, wird nun in beunruhigender Weise sichtbar.

In ihrer fast forensischen Herangehensweise an die gefundenen Dokumente stellen Clementi und Toliou «ohne jeden Zweifel» fest, dass das Standesamt auf Ersuchen des Polizeipräsidiums eine Liste aller in Rhodos lebenden Juden erstellte und an die Deutschen weitergab, etwa zu dem Zeitpunkt, als Anton Burger, dem ehemaligen Kommandanten des Ghettos in Theresienstadt/Terezín und Mitarbeiter Adolf Eichmanns, die Verantwortung für die Ägäis übertragen wurde. In der Nacht vom 12. auf den 13. Juli stattete Burger Kleemann einen überraschenden Besuch ab. Trotz einiger Unstimmigkeiten hinsichtlich der Befehlskette zwischen Kleemann und Burger (laut McElligott «ein antisemitischer Schlägertyp, bei dem man sich darauf verlassen konnte, dass er sich rücksichtslos über jeden Widerstand hinwegsetzte») blieb es dabei, dass die Deportation im Namen Heinrich Himmlers durchgeführt wurde und letztlich wie befohlen ablief.

Die Deutschen waren unbestreitbar federführend, aber Clementi und Toliou fanden Dokumente, die belegen, dass die Carabinieri bereits im April – also lange vor Burgers Besuch – die Stadtverwaltung um eine Liste der Juden auf der Insel baten. Clementi und Toliou verfolgen akribisch, durch wessen Hände diese Dokumente gingen; sie untersuchen die Bleistiftmarkierungen, die Aktenordner, die offiziellen Stempel, die (geringfügigen) Widersprüche, das Aussehen, den Geruch, ja, sogar das Gewicht des Materials, bis man beinahe spürt, wie sie innehalten, ehe sie zu dem Schluss kommen: «Manchmal erscheinen komplizierte Erklärungen schlicht und banal.»

Sie fahren fort, dass

> *die Deportation und die anschließende Vernichtung der Juden von Rhodos nur stattfanden, weil die italienischen Behörden bei ihrer Durchführung in vollem Umfang kollaborierten. Es lag nicht nur an der 1944 zusammengestellten Liste der zu deportierenden Juden, sondern an der großen Sorgfalt, mit der die Italiener vorher, währenddessen und danach mitwirkten.*

Es wäre schön, wenn man die Geschichte hier beenden könnte, aber Luca Pignataro, ein Historiker, der sich mit diesen und ähnlichen Dokumenten befasst hat, sieht die Italiener weit weniger schuldig: Ziemlich spät in seinem Buch über den italienischen Dodekanes macht er auf italienische Behörden aufmerksam, die tatsächlich gegen die Deportation aufbegehrten. Es ist nicht überraschend, dass es wahrscheinlich einige Zeit dauern wird, um zu einer schlüssigen Interpretation dessen zu kommen, was sich zwischen den italienischen und deutschen Behörden in den Wochen vor dem 23. Juli 1944 tatsächlich abgespielt hat – falls es überhaupt je zu einer kommt. Doch die Tatsachen bleiben: Die

Deutschen hatten die Namen; die Namen führten zu den Menschen; und die Menschen wurden fortgebracht.

Stella hat eine andere, weitere Perspektive auf all das, als wir darüber diskutieren: «Es ergibt einfach keinen Sinn», sagt sie, «nichts davon.» Selbst nach all den Jahren könne sie nicht begreifen, warum die Deutschen, die im Juli 1944 bereits den Süden Italiens einschließlich Roms verloren hatten und kurz vor dem Rückzug aus Florenz standen, so viel Mühe, Energie und Geld aufwandten, um diese unschuldigen Menschen, die meisten davon sehr alt oder sehr jung, zusammenzutreiben und sie den ganzen Weg bis nach Auschwitz zu transportieren, um sie zu ermorden: «Wozu, um Himmels willen, sollte das gut sein?»

57

Aus Stellas Blickwinkel verschwand Rhodos am Horizont. Aus dem Blickwinkel der auf der Insel Zurückgebliebenen geschah dasselbe mit den Schiffen.

Ungefähr fünfzig Juden blieben.

Eine von ihnen war eine neunzig Jahre alte Frau, die allein lebte und der niemand von der Verhaftung oder Deportation erzählt hatte. Eine griechische Familie fand sie in der geisterhaften Juderia umherwandern. Sie war hungrig und desorientiert. Einen Monat später starb sie.

Vittoria Sidis, inzwischen Licitri, hatte den italienischen Soldaten Ernesto Licitri geheiratet, dem Stella und ihre Freundinnen mit ihrer Bitte an Kleemann geholfen hatten. Weil sie zum Katholizismus konvertiert war, stand ihr Name nicht mehr auf der Liste der Juden.

Außerdem gelang es Selahattin Ülkümen, dem türkischen Konsul auf der Insel, der Anfang dreißig war und erst seit Sommer 1943 dort lebte, 43 Juden zu retten. Diese Menschen waren ehemalige osmanische Untertanen (oder mit ihnen verheiratet oder Kinder von ihnen), die entweder ihre italienische Staatsbürgerschaft aufgrund der Rassengesetze verloren oder sie nie erworben hatten und somit, behauptete er, automatisch türkisch geworden waren.

Einige dieser Leute kamen zu ihm; auf andere wurde er aufmerksam gemacht, nachdem sie Costa Recanati geschmiert hatten; und wieder andere – die Familie Turiel, Stellas Nachbarn, deren Mutter Matilde 1910 in Izmir geboren war – spürte der Konsul auf und holte sie aus der Schlange zur *aeronautica*. Ülkümen bestand darauf, dass es, da die Türkei noch immer neutral sei und keine Diskriminierung aufgrund der Religion dulde, zu einem schweren diplomatischen Zwischenfall käme, wenn diese Menschen von der Insel deportiert würden. Auch wenn es ihm sicherlich half, dass die regeltreuen Deutschen keine Bürger noch neutraler Länder deportieren wollten, bewies er doch beträchtlichen diplomatischen Mut, als er diese Leben rettete.

Es überrascht nicht, dass die zurückgebliebenen türkischen Juden keine leichte Zeit hatten. Sie mussten sich jeden Morgen in der deutschen Kommandantur melden; gegen Ende des Jahres und bis Anfang 1945 hatten sich alle für die Auswanderung in die Türkei entschieden oder wurden dazu gedrängt. Am Tag, als der letzte türkische Jude die Insel verließ, war Rhodos endgültig *judenrein*.

58

Die Schiffsreise von Rhodos nach Piräus dauerte mit Zwischenstopps acht Tage. Die Zustände waren erbärmlich: Unter Deck, wo man die Alten zusammengepfercht hatte, sammelten sich Exkremente. Die Lebensmittel gingen zur Neige. Alle waren schrecklich durstig. Die Sonne brannte, die Angst war groß.

Stella gelang es, den (deutschen) Kapitän um eine Zitrone zu bitten, da ihre Mutter sich schwach fühlte; bemerkenswerterweise ließ er ihr eine bringen.

Sein Gesicht, erzählt Stella, habe vertrauenswürdig auf sie gewirkt. Und er schien nicht glücklich darüber zu sein, dass er dieses Schiff steuern musste. Das jedenfalls dachte sich Stella, oder entschied, dass es so sein musste.

Wie so viele andere junge Leute an Bord sorgte sie sich ständig um ihre Eltern. Yehuda und Miriam saßen still da, mit ernster, verwirrter Miene. Gelegentlich rezitierten oder sangen sie Gebete. Sie stellten keine Fragen – nicht dass Stella oder jemand anderes Antworten gehabt hätte. Ihre Gedanken waren schwer zu lesen, erzählt mir Stella, auch wenn sie, wie die meisten Passagiere zu diesem Zeitpunkt, offenbar noch immer glaubten, dass man sie auf eine andere Insel brachte, wo sie eine Weile leben würden. Welche Insel und für wie lange? Niemand hatte eine Ahnung.

Bei Leros stieß ein weiteres Schiff zu ihrem, mit annähernd hundert Juden von der Insel Kos, die gesamte jüdische Gemeinde bis auf dreizehn Menschen, auch sie von Ülkümen gerettet, weil sie Türken waren.

Die Schiffe aus Rhodos hatten in Leros angelegt, um Lebensmittel und Wasser zu holen. Und den einzigen Juden der Insel.

In der Nähe von Samos bat Stella den Kapitän abermals um einen Gefallen. Sie hatte seit Tagen nicht mehr gebadet, und an Deck war es sengend heiß. Sie fragte, ob es möglich wäre, dass sie und ihre Freundin Clara Gabriel – «Wir waren beide großartige Schwimmerinnen» – eine Runde schwimmen dürften, und erstaunlicherweise gab er ihnen die Erlaubnis. Die beiden jungen Frauen zogen ihre Kleider aus und sprangen in Unterwäsche in das kalte blaue Wasser. Danach wurde eine Strickleiter nach unten gelassen, damit sie wieder an Bord klettern konnten.

Ein Junge hatte sich ihnen anschließen wollen, durfte aber nicht. Stella fragte sich, ob der Kapitän ihn für zu kräftig hielt und befürchtete, er könne an Land schwimmen und fliehen.

Fünf Menschen starben auf der Überfahrt. Ihre Leichen wurden kurzerhand über Bord geworfen.

Im Nachhinein hat Stella andere, klarere Gedanken zu dieser Reise. Keine Gedanken, eher Fragen ohne Antworten.

«Warum haben wir uns nicht gewehrt? Wir waren Hunderte, sie nur einige wenige. Warum haben wir, warum habe *ich* nicht daran gedacht, etwas zu unternehmen?» (Lag es daran, frage ich mich insgeheim, dass man ihr die Zitrone gegeben hatte und sie schwimmen durfte?)

Und –

«Wir fuhren an allen möglichen türkischen Schiffen vorbei. Wieso haben sie nichts getan?»

Und –

«Auch die Engländer waren in diesen Gewässern. Sie hatten eine Blockade um Rhodos errichtet. Wussten sie nicht, was ablief? Wie schwer – ich sollte sagen, wie *leicht* – wäre es für sie gewesen, die Schiffe zu stoppen? Für mich sind die Alliierten genauso schuld wie die Deutschen. Warum haben sie nichts getan? Weil sie ihre Schiffe oder Soldaten nicht für eine Handvoll Juden riskieren wollten?»

59

Als sie nach acht Tagen im Athener Hafen Piräus anlegten, wurden sie von uniformierten Männern erwartet, die Stella noch nie gesehen hatte – Gestapo –, und in Lastwagen zum Gefängnis in Chaidari überführt, von wo man sie drei Tage später zu den Zügen brachte, die sie nach Auschwitz transportierten.

«Nach acht Tagen auf diesen Schiffen konnten die Alten kaum gehen», erzählt Stella. «Mein Vater war nicht in der Lage, allein aufzustehen. Mein Onkel Mazliah musste ihm helfen. Als einer der Deutschen meinen Vater schlagen wollte, eilte ich zu ihm und fing den Schlag ab. Ich verstand nichts. Es gab so vieles, das ich nicht verstand.»

In Chaidari wurden Männer und Frauen getrennt und mussten sich splitternackt ausziehen, um zu sehen, ob sie irgendwelchen Schmuck versteckten. Was die Deutschen fanden, wurde sofort konfisziert, auch der Schmuck, den Miriam in ihren Gürtel genäht hatte.

Und wieder versuchte Stella, ohne groß darüber nachzudenken, die Vorschriften zu umgehen. Sie wandte sich an einen Wachmann und bat mithilfe eines Griechen, der für sie dolmetschte, um die Erlaubnis, nach ihrem Vater sehen zu dürfen; sie fand es unerträglich, nicht zu wissen, wie es ihm ging. Bei den Männerbaracken fand sie ihren Onkel Mazliah und fragte ihn, was sie bräuchten, er wollte Wasser. Stella sah, dass jemand einen Schlauch an einen Brunnen gehängt hatte und alle darauf zurannten. Sie schloss sich an und schaffte es, ihrem Vater und ihrem Onkel etwas Wasser zu bringen.

Vorausdenkend, wie sie war, hatte sie eine Schale mitgenommen. Ihr war bereits klar, wie wichtig es war, vorbereitet zu sein.

Andere hatten nicht so viel Glück. Ein Mann, berichtet Esther Fintz Menascé, klagte so sehr über Durst, dass man ihm Urin zu trinken gab; er starb am selben Nachmittag. Er war einer von mehreren Leuten, die an Dehydrierung starben.

Menascés eigener Großvater Michael, ein tiefgläubiger Mann, wollte sich nicht ausziehen, um durchsucht zu werden. Die deutschen Wachen waren darüber so erzürnt, dass sie ihn zu Tode prügelten.

In Chaidari wuchs ihre Zahl um 700 bis 900 Juden, die aus dem nahe gelegenen Athen kamen. Am 3. August 1944 wurden diese zusammen mit den Juden aus Rhodos und Kos und dem einen aus Leros auf Lastwagen geladen und zum Bahnhof gebracht, wo man sie auf Frachtwaggons verteilte.

Fast im letzten Moment gelang es dem türkischen Konsul, der wahrscheinlich von Selahattin Ülkümen alarmiert worden war, eine weitere Handvoll Menschen mit türkischer Staatsbürgerschaft zu retten. Unter ihnen Alberto Franco, Sohn des Gemeindevorstehers, dessen Frau Türkin war.

Alle anderen wurden in den Zug gezwängt und begannen die lange, zermürbende Reise in den Norden.

60

«Wir sprechen oft über mein Erinnerungsvermögen», sagt Stella. «Nun, jetzt kommen wir zu einer Zeit, in der es Leerstellen gibt. Über die Zugreise weiß ich fast nichts mehr. Sosehr ich mich anstrenge, außer meiner Familie sehe ich keine anderen Gesichter, obwohl immerhin fast siebzig mit uns im Waggon eingesperrt waren. Wahrscheinlich war es unerträglich.»

Es war unerträglich, aber Stella musste es ertragen. Tatsächlich hatte sie schon einen Plan, als die Türen geöffnet wurden. Beladen mit den Taschen ihrer Eltern, eilte sie in den Waggon und sicherte ihnen einen Platz unter einem hohen Fenster. Sie hatte es (nur eins von zweien in dem Waggon) von außen gesehen und sich ihren Plan zurechtgelegt.

Stella setzte sich und wartete auf Renée und ihre Eltern. Miriam und Yehuda saßen auf ihren Taschen und konnten atmen. Das Fenster, anfangs scheinbar nur nebensächlich, erwies sich als entscheidend, weil starke Hitze herrschte und die Luft im Lauf der Fahrt immer schlechter wurde.

Als Stella die Tasche erwähnt, muss ich unwillkürlich an den Koffer denken, den sie mit vierzehn gepackt hatte und der sie eigentlich an die Uni in Italien begleiten sollte. Sie nickt, als ich sie daran erinnere, und sagt, dass ihre erste Reise sie, wie das Schicksal es wollte, von Rhodos nach Auschwitz führte – wobei niemand der Betroffenen beim Besteigen des Zugs das Ziel kannte. Und wieder erinnert sie mich daran, dass sie, bis zu ihrer Ankunft dort, das Wort *Auschwitz* nicht ein einziges Mal gehört hatten.

Ihre Eltern schienen allmählich *irgendetwas* zu begreifen.

Ihr Vater benutzte das Wort *Exodus*. Ihre Mutter stellte Fragen: «Verlassen wir Griechenland? Sind wir in Jugoslawien?» Stella, die Zugang zum Fenster hatte, antwortete, so gut sie konnte. Aber es war stets vage.

Der Zug fuhr durch Griechenland und das ehemalige Königreich Jugoslawien, ja, dann durch Ungarn und die Slowakei, ehe er sein Ziel in Polen erreichte. Die Reise dauerte dreizehn Tage.

Die Leute erleichterten sich in einen Eimer. Für Yehuda und Miriam bastelten Stella und Renée eine Art Vorhang, damit sie wenigstens in diesen kurzen Momenten etwas Privatsphäre hatten.

Die Mädchen standen die meiste Zeit. Hin und wieder setzte sich Stella auf die Knie ihrer Mutter und versuchte ein paar Minuten zu schlafen, auch wenn sie wusste, dass es für Miriam vermutlich schmerzhaft war.

Irgendwann hielt der Zug in einem Bahnhof, und Stella sah durch das hohe Fenster, wie einer der fünf oder sechs italienischen Soldaten, die sie begleitet hatten, den Bahnsteig überwachte, damit niemand entkam. Sie verwickelte ihn in ein Gespräch und fragte ihn, wo sie waren und wie lange die Reise seiner Ansicht nach dauern würde und so fort. Als der Zug weiterfuhr, brachte er ihr ein Stück Brot. Er tat das nicht nur einmal, sondern dreimal.

Schließlich fragte sie ihn: «Wissen Sie, wohin man uns bringt?» Er schüttelte den Kopf. «Vor dem letzten Halt müssen wir aussteigen, Signorina.»

Stellas Großonkel Yehuda Notrica, der Onkel, der so oft ins Heilige Land reiste, dass er sich den Spitznamen «Hadschi» verdient hatte, starb nach der Hälfte der Reise. Als der Zug in einem Bahnhof irgendwo in der Slowakei anhielt, brachte man seinen Leichnam zusammen mit den anderen Toten weg (mehr als zwanzig am Ende der Reise).

«Wo wurde er begraben?», frage ich Stella.

«Sie meinen, in welchen Graben wurde er geschmissen.»

Stellas Tante Tia Rachel, die im Haus hinter Hadschi Yehuda lebte und sich um seine Frau Lea kümmerte, folgte dem Leichnam aus dem Zug, um ihn zu betrauern. Mitten im Bahnhof fing sie an zu wehklagen, ein letztes Postskriptum zu *los lloros* weit entfernt von Rhodos, und jetzt war niemand da, der sie aufhielt.

An dem Bahnhof, wo die Toten einschließlich ihres Großonkels ausgeladen wurden, entdeckte Stella eine Pumpe mit einem Hebelarm, den man betätigen musste, um das Wasser hochzuholen. Unter Zuhilfenahme von Mimik und Gestik trat sie auf den verantwortlichen Offizier zu, diesmal ein Deutscher, und fragte, ob sie das Wasser zum Haarewaschen benutzen dürfe. Er erlaubte es. Wie der Kapitän auf dem Schiff, der ihr die Zitrone gab und ihr das Schwimmen erlaubte, wie der Soldat mit dem Brot, gewährte er ihr diesen einen menschlichen Trost (oder stellte sie damit ruhig).

Stella rief ihre Cousine Sara Notrica, die im nächsten Wagen war, und Sekunden später erschien sie an Stellas Seite. «Ich schnappte mir eine Seife aus meiner Tasche und ging mit Renée und Sara zu der Pumpe. Meine Mutter begann zu zittern und wurde kreidebleich, weil sie dachte, wir würden nie wieder zurückkommen. Aber ich hatte nur das Wasser im Auge und steuerte es an. Wir pumpten und wuschen uns abwechselnd. Ich wusch mir die Haare, Renée und Sara wuschen ihre. Und das Gesicht. Ich wusch mein Gesicht, und sie wuschen ihre Gesichter.»

Auf dem Bahnsteig fiel Stella auf, wie die Kinder des Bahnhofsvorstehers sie anstarrten. Aus dem Blick in ihren Augen schloss sie, wie schrecklich sie wahrscheinlich ausgesehen hatten, bevor sie sich wuschen. Vielleicht auch noch danach.

61

Am 16. August 1944, dreieinhalb Wochen nachdem die Schiffe in Rhodos abgelegt hatten, kamen die Deportierten in Auschwitz an.

Irgendwann in der Nacht zuvor hielt der Zug an, und der italienische Soldat und seine Kameraden stiegen aus, wie er gesagt hatte.

Beim Einfahren in den Bahnhof ging gerade die Sonne auf. Als die Türen geöffnet wurden, stiegen Gefangene aus Thessaloniki in den Wagen, um ihnen mit den Koffern zu helfen. Auf Judäo-Spanisch flüsterten sie: «Gebt die Babys den alten Leuten.» – «Aber wieso?», fragte Stella. «Die Alten sind doch so müde.»

Niemand antwortete, weil draußen in Hörweite SS-Wachen standen. Erst später begriff Stella, dass die Männer aus Thessaloniki die Mütter zu retten versuchten, die mit einem Kind im Arm dem sicheren Tod übergeben waren. Ohne Kind und mit einem gesunden Aussehen bestand die Chance, dass sie weiterlebten. Die SS-Wachen hielten Abstand wegen der Flöhe, des Gestanks und des Schmutzes. Sie fingen sofort an, die Männer von den Frauen zu trennen. Stellas Vater konnte nur mit einem Auge sehen, deshalb sagte sie zu ihrem Onkel Mazliah: «Nimm Papa an die Hand.» Ihr Onkel erwiderte: «Mach dir keine Sorgen.»

Männer in Uniformen entschieden, wer tauglich war und wer nicht. Stella stellte sich instinktiv zu ihrer Mutter; sie und Renée flankierten Miriam und bedeckten ihre Köpfe mit Tüchern, sodass sie alle ähnlich aussahen. Hunde umkreisten sie. Doch die Tücher täuschten niemanden. Eine

Handbewegung sagte Stella, dass sie ihre Mutter loslassen musste. Miriam, Miriams Schwester Rachel und Rachels Tochter Lea, die ihren Sohn Pippo im Arm hielt, den Stella besonders gernhatte, traten zur Seite.

«Wir sehen uns bald», sagten sie.

Selbst nach der Erfahrung im Zug glaubten sie weiterhin, dass sie in den Lagern zusammenbleiben würden, von den Alten getrennt vielleicht, oder mit der Aufgabe betraut, sich um sie zu kümmern, für sie zu kochen; oder vielleicht würden sie arbeiten und die Alten blieben «zu Hause», putzten die Baracken und übernahmen das Kochen. «Eine fantastische Geschichte, die wir uns da einredeten, eine Vorstellung oder ein Gerücht, das wir zu unserer Beruhigung ausschmückten; wir dachten noch wie in Rhodos, dachten, dass alles klappen würde. Naivität, getarnt als Hoffnung, oder umgekehrt.»

62

Stella, Renée, ihre Cousine Sara und die anderen jungen Frauen wurden in einen großen Raum geschickt, wo sie sich ausziehen mussten. Ihre Kleider wurden sofort weggeschafft. Man rasierte ihnen das Haar ab und führte sie anschließend zu einem Duschraum. Stella trat ein, drehte sich dann um und fing an zu laufen. Beim Anblick der geschorenen Köpfe dachte sie, die Dusche wäre voller Männer. Sie verstand nicht, dass man auch den anderen Frauen das Haar abrasiert hatte. Ihre Cousine Sara folgte ihr. «Stella, wir sind es doch, bleib hier.»

Danach wurden sie von einem Wachmann gedrängt, sich Kleidung von einem Tisch zu nehmen. Unterwäsche gab es nicht. Also mussten sie ohne auskommen.

Am zweiten Tag wurden sie tätowiert: Stellas Nummer war A24409, Renées A24408. Die Nummern mussten sie in einer ihnen unbekannten Sprache auswendig lernen, denn sie waren jetzt ihre neue Identität.

Man hatte ihnen alles genommen: ihre Eltern, ihre Haare, ihre Sachen. Und nun ihre Namen.

Nur die Schuhe nicht. Sie trug weiterhin ihre Sandalen – jedenfalls vorläufig.

Stella erinnert sich nicht daran, wo sie in den ersten Nächten schliefen – wieder eine Leerstelle –, aber sie weiß noch, was als Nächstes kam. Am dritten Tag wurden sie ins Lager B in Birkenau überführt, drei Kilometer vom Stammlager Auschwitz zu Fuß entfernt. (Anne Frank kam dort Anfang

September an.) Birkenau war, wie Auschwitz, eine leblose, farblose Landschaft ohne Bäume und Blumen, in jeder Hinsicht völlig anders als Rhodos, der einzige Ort, an dem Stella je gelebt hatte, der einzige Ort, den sie kannte, sodass sie sich fast wie auf dem Mond vorkam.

Als die jungen Frauen die Tore passierten, sahen sie die Wachtürme und den Stacheldrahtzaun. Sie wurden gezählt und den Baracken zugewiesen. Rasch formierten sie sich zu Fünfergruppen – fünf, weil sie sich so am frühen Morgen nach dem Weckruf aufstellten. Das war die Regel. Stellas Gruppe bestand neben ihr aus Renée, ihrer Cousine Sara Notrica, Lucia Franco (Sara Notricas Cousine) und Vittoria Cohen.

«Die Gruppe war unsere Rettung. In Auschwitz ist es selbst im August um vier Uhr morgens sterbenskalt, und mittags herrscht eine Affenhitze. Zweimal am Tag, morgens und abends, kam der Lagerführer, um uns zu zählen. Wir fünf klammerten uns aneinander, tauschten regelmäßig die Plätze und wärmten die Mittleren. Ohne Freunde konnte man es nicht schaffen.»

Es schaffen: überleben. «Man musste körperlich überleben, und man musste mental überleben. Beides erforderte unterschiedliche Fähigkeiten.»

Man wies ihnen Arbeit zu, sinnlose Arbeit: Am Morgen trugen sie Ziegelsteine von einem Ende des Lagers zum anderen, und am Nachmittag trugen sie sie wieder zurück. Zwischendurch rannten sie zu den Toiletten.

Beim Schleppen der Steine sangen die jungen Frauen, erhoben ängstlich die Stimmen in Richtung der Zäune zu den anderen Baracken, in der Hoffnung, sie würden gehört.

Mamma, son tanto felice
Perché ritorno da te.
La mia canzone ti dice,
Che è il più bel giorno per me …

Und auf Judäo-Spanisch, ein Lieblingslied ihrer Mütter und Tanten, ein Lied aus der Juderia ihrer Jugend:

Una pastora yo ami
Una ija ermoza …

Wenn ihre Mütter *dieses* Lied gehört hätten (ihre Mütter oder ihre Väter, ihre Tanten, Onkel, jemand von zu Hause, irgendwer), dann hätten sie sicher mit einer Zeile, einer Melodie oder auch nur einem Wort geantwortet. Doch da war nichts. Kein Lied kam zurück. Kein Ton. «In dem Moment wurde uns langsam klar, dass sie nicht da waren.»

Es wurde ihnen *langsam klar*, weil nicht alles auf einmal geschah, weil sie nicht alles sofort verstanden. Denn es kam niemand, der ihnen mitteilte, dass ihre Eltern, ihre Tanten und Onkel, die Eltern, Tanten und Onkel ihrer Freundinnen allesamt ermordet worden waren.

«Gab es nie einen bestimmten Moment, in dem Sie alles verstanden, definitiv verstanden?», frage ich Stella.

«Das ist eine Frage aus dieser Welt, Michael, nicht aus jener Welt. Es gab nicht nur keinen präzisen Moment, in dem ich alles verstand, es gab auch sehr lange keinen Moment, in dem ich oder eine von uns zuließ, etwas zu *fühlen*. Wir waren zu sehr mit dem Überleben beschäftigt.» Sie hält inne. «Aber es war natürlich da, überall, die ganze Zeit. Dieses Wissen. Wie eine Flamme. Zu brutal, um ihr nahe zu kommen. Wenn wir sie berührt hätten, wären wir vielleicht selbst gestorben.»

Eines der ersten Dinge, die Stella nicht mehr tat, war zu denken. Daran zu denken, was mit allen, die vermisst wurden, passiert war, aber auch daran zu denken, was mit ihr und den anderen jungen Frauen aus Rhodos passieren könnte. Denken war zu gefährlich. Wenn man an diesem Ort dachte, wie viele es taten, viele intelligente Menschen, wenn man insgeheim dachte: *Man behandelt uns schlechter als Tiere, Tieren gibt man wenigstens Futter und Wasser* ... wenn man so dachte, ließ man sich gehen, und man starb, oder man brachte sich selbst um.

«Erst später ließ ich die Frage zu, ob mein Vater am Ende mit Gott sprach. Meine Mutter, die sich sogar im türkischen Bad manchmal nicht gut fühlte und an Atemnot litt, die, wenn sie einen ihrer Migräneanfälle kommen spürte, aus der Juderia zum Leuchtturm eilte, den ein türkischer Freund von ihr betreute, und die Treppe hochstolperte, damit sie auf das offene Meer blicken konnte, was fühlte sie in der Gaskammer, brach sie in Panik aus, fiel sie in Ohnmacht, spürte *sie* die Nähe Gottes?»

Viele Jahre später fragte ein Mädchen in Madrid Stella: «Glauben Sie nach Auschwitz an Gott?» Und Stella antwortete: «Wenn du von mir wissen willst, ob Gott dort war, dann sage ich, das ist keine Sache Gottes, sondern des Menschen. Nicht Gott, kein Gott, hat diesen Ort geschaffen, sondern der Mensch.»

Nachdem Stella mir das erzählt hat, verfällt sie in Schweigen. Dann sagt sie: «Schon sehr früh, fast von Anfang an, passierte etwas Merkwürdiges. Ich löste mich von der Stella, die in Auschwitz war. Es schien, als würde alles, was ihr widerfuhr, einer anderen Stella widerfahren, nicht der Stella, die ich war, nicht der Stella aus Rhodos, der Stella, die ich kannte. Ich beobachtete diese Person, diese andere Stella, während sie sich durch diese Wüste bewegte, aber das war nicht ich.»

Nach einer Weile fügt sie hinzu: «Anders ging es nicht.»

63

Die Baracke, der sie zugeteilt waren, hatte zwei getrennte Räume für die Blockälteste und die Stubenälteste, eine Frau namens Magda, die die Gefangenen morgens mit der Peitsche in der Hand weckte, indem sie sie kniff und ihnen widerwillig «Kaffee» brachte, den sie untereinander *acqua sporca* – schmutziges Wasser – nannten (er bestand aus Zichorie). Sowohl die Blockälteste als auch Magda waren polnische Jüdinnen. Stella beschreibt Magda als *matta*, verrückt oder psychisch krank. Eines Morgens ertrug Sara, ebenfalls *matta*, wenn auch in völlig anderer Hinsicht, es nicht mehr und warf das *acqua sporca* nach Magda, die sie aus der Baracke jagte. Magda kam danach wieder herein, sie musste ihre Arbeit machen – immerhin war sie selbst eine Gefangene –, aber von diesem Tag an fauchte Magda die jungen Frauen aus Rhodos nur noch an.

Als Stella 2004 zu einem Besuch ins Lager zurückkehrte und Magda erwähnte, sagte der Fremdenführer: «Sie waren mit Magda in der Baracke? Jeder spricht über sie.» Stella erzählte dem Fremdenführer, sie habe gehört, dass man nach dem Krieg versucht habe, sie aufzuspüren. Der Fremdenführer erwiderte: «Ich weiß, dass einige damals davon fantasierten, befreit zu werden und sie in Stücke zu reißen.»

Die anderen Frauen in der Baracke, alle Aschkenasen, fingen an, mit den Rhodeslis Jiddisch zu sprechen, und weil Stella und ihre Gruppe sie nicht verstanden, nahmen die aschkenasischen Jüdinnen ihnen nicht ab, dass auch sie Jüdinnen waren.

Dann kam der erste Freitagabend. Einer der aschkenasischen Jüdinnen war es gelungen, zwei Kerzen aus Margarine und herausgerupften Fäden aus einer zerfransten Decke (als Docht) herzustellen. An diesem Abend war auch Stellas Freundin Fortunée Menasce anwesend, die älter als sie war, um die siebenundzwanzig, und eine der anderen Frauen fragte sie – und Fortunée verstand es irgendwie –, ob sie wisse, wie man Kerzen segne. Ein Test, den sie bestand.

«Ihr seid also doch Juden», sagten die aschkenasischen Frauen – so jedenfalls interpretierte es Stella.

Danach wurden die aschkenasischen Jüdinnen etwas freundlicher, auch wenn Sara Stella zuflüsterte: «Sei nicht allzu freundlich, die sind alle Diebinnen.» Was ziemlich lustig ist, wenn man es genau bedenkt, sagt Stella, weil binnen kurzer Zeit alle auf die eine oder andere Weise Diebinnen wurden. «Saras Misstrauen war ein Teil ihres Mutes. Sie hatte den Mut, ein vorsichtiger Mensch zu bleiben.»

Was Stella anging, so war die Lager-Stella für die Stella aus Rhodos nicht wiederzuerkennen. Von einem Tag auf den anderen, so schien es, verwandelte sie sich in ein Mädchen, das stahl, trickste, intrigierte, das argwöhnisch, wachsam, hinterhältig und durchtrieben war – sie tat alles, was notwendig war, damit sie jeden Tag durchhielten, sie selbst, ihre Schwester und ihre Freundinnen. «Es schien, als würde ich einem Überlebensinstinkt folgen, von dem ich nicht wusste, dass er in mir steckte.»

Aber er steckte in ihr, hatte er sich nicht schon in den letzten Monaten entwickelt und gezeigt? Auf Rhodos besorgte sie Essen auf dem Schwarzmarkt und bot an, sich anstelle ihres Vaters verhaften zu lassen; auf dem Schiff bat sie den Kapitän um eine Zitrone für Miriam und um die Erlaubnis zu schwimmen; im Zug besetzte sie den besten Platz, knüpfte Kontakt zu dem italienischen Soldaten und traute sich zu fragen, ob sie ihr Haar waschen dürfe. Klare Anzeichen für einen instinktiven und intuitiven Einfallsreichtum.

«In Auschwitz war der Instinkt alles», sagt Stella. «Aber Instinkt zu haben, war nicht immer genug.»

64

Einige Mädchen aus Rhodos starben ziemlich schnell, nach Stellas Einschätzung viele davon kräftiger als sie selbst. Luna Gabriel, eine erstklassige Schwimmerin, gehörte zu ihnen: Ihr Bein schwoll an. Stella hörte zum ersten Mal das Wort *Phlebitis*. Man brachte sie aufs *Revier*, die Krankenstation, und das war's. Ihre jüngere, weniger robuste Schwester Clara, eine Freundin von Stella, überlebte. Matilde Capelluto, Stellas Schulkameradin, wachte eines Nachts mit Fieber auf und fing an zu schreien: «Sie verlor den Verstand.» Magda brachte sie weg, danach wurde Matilde nie wieder gesehen.

Einige andere starben an Durchfall, verursacht entweder durch Hunger oder weil sie das Wasser getrunken hatten, dessen Gefährlichkeit Stella und ihre Gruppe schon früh erkannten. «Wir hatten mehr Durst als Hunger», sagt Stella, «aber trotzdem wussten wir, dass wir das Wasser besser nicht trinken sollten.»

Die Website von Auschwitz-Birkenau erklärt, was damals geschah:

> *Eine typische Lagerkrankheit war Hungerschwäche. Meist ging sie einher mit Durchfall (oft blutig), geschwollenen Beinen, Seh- und Hörstörungen, Gedächtnisverlust, Nervenzusammenbrüchen und vor allem Erschöpfung bis hin zum Zusammenbruch. Die Mehrheit der Häftlinge litt an mehreren Erkrankungen gleichzeitig.*

Hungerschwäche – als ich Stella das vorlese, sagt sie: «Was mit unseren Körpern passierte, führte dazu, dass man seine Menschlichkeit verlor. Der Mensch, der das Lager betreten hatte, war jetzt irgendein menschliches Wesen, das Dinge tat, die nicht mehr menschlich waren. Es dauerte nur eine Woche, bis man dazu wurde.»

Sie lagen im Bett und versuchten, sich an den Zustand des Hungers zu gewöhnen, der so tiefgreifend und beispiellos war, dass es dafür eigentlich ein anderes Wort hätte geben müssen. Manchmal sprach die eine oder andere junge Frau in die Dunkelheit: *Erinnerst du dich noch, wenn Mamma am Freitag* Burekas *gemacht hat*? Oder: *Die* Travados *meiner Tante waren die besten, die ich je gegessen habe. Mich würde interessieren, ob sie das Rezept je weitergegeben hat. Ich frage mich, wie sie es gemacht hat, dass sie so lecker waren*, und dann sagte eine andere: *Hör auf, bitte, hör* sofort *damit auf, sonst dreh ich durch*, und die Stimmen wurden leiser, und die Nacht, die lange Nacht zog sich dahin, bis am nächsten Abend oder an einem anderen Abend wieder jemand anfing: *Erinnerst du dich noch ...*

Stella, die ruhig dalag, dachte bei sich: *Ich muss diese Erinnerungen, diese Vorstellungen aus dem Kopf kriegen. Anders geht es nicht.*

Bei vielen Frauen blieb von einem Monat zum nächsten die Periode aus. Stella vermutet, dass man ihnen etwas in die Suppe tat, um den Zyklus zu unterbrechen. Der wahrscheinlichere Grund dafür aber war eine Kombination aus Trauma und Unterernährung.

Jede Woche wurden sie mit irgendeiner Chemikalie desinfiziert: vorne, hinten, unter den Armen.

Eine Krankheit verschwand über Nacht, erzählt mir Stella, nämlich Renées Asthma zusammen mit ihrer Empfindlichkeit. Über Nacht? Das kann Stella nicht wörtlich meinen, oder? «Wenn Sie Asthma kurieren wollen», erwidert Stella bissig, «gehen Sie in ein Konzentrationslager.»

65

Der Tod so vieler junger Frauen, glaubt Stella, sei einer der Gründe, warum die Lagerälteste sie zu den Französinnen steckte – sie erzählte mir die Geschichte am ersten Abend, als wir nebeneinander in der Casa Italiana saßen: «Sie wunderte sich, warum viele Mädchen aus Rhodos so schnell und innerhalb weniger Tage nach ihrer Ankunft starben. Tatsächlich hat die Lagerälteste mit ihrer Frage, welche Sprache wir sprechen, etwas Gutes getan. Sie ermöglichte es uns, die Regeln und die Aufträge, die man uns erteilte, zu verstehen.»

Die Französinnen – mehrere davon kamen genauer gesagt aus Belgien – waren: Madame Katz und ihre Tochter Paula; Madame Levy, die Schwestern Ida und Minouche, Flor und Miriam. *Madame* war den älteren Frauen vorbehalten, die knapp um die vierzig waren. Es überraschte sie, dass die Mädchen aus Rhodos Französisch sprachen, bis diese sie über die Alliance aufklärten.

Die Mädchen aus Rhodos und die Französinnen wurden gemeinsam zum Arbeitsdienst eingeteilt. Eines Morgens, als sie wieder Ziegelsteine von einem Ende des Lagers zum anderen schleppten, sagte Madame Katz: *«Avez-vous vu les cheminées?»* Sie zeigte auf die Schlote und den Rauch, der daraus aufstieg. Wäre sie eine Figur in einem Roman gewesen, sagt Stella, dann wäre das der Augenblick der *Erkenntnis* gewesen, doch in ihrer damaligen Erfahrung war es lediglich ein weiteres Stück Wissen, das sie zu allem anderen packte. Ihr Fokus lag anderswo: Wie konnte sie ihr Stück Brot behalten? Seit Kurzem hatte sie festgestellt, dass es am besten war, es unter ihr Kissen zu legen. Das Gleiche mit einer Kartoffel, weil die anderen Häftlinge, wie ihre Cousine richtig gesagt hatte, alles stahlen. «Nur war es kein Stehlen. Es war Überleben.»

Eine Sprache zu haben, wieder kommunizieren und verstehen zu können, erleichterte das Leben im Lager. «Ich fand es ziemlich beunruhigend, kein Deutsch zu verstehen», sagt Stella. «Nicht zu verstehen, was wir tun sollten, was vor sich ging oder man mit uns vorhatte, brachte uns ständig in Gefahr.»

Die Französinnen gaben ihr Wissen weiter: Kaffee trinken (nun ja, Zichorie) und nicht das Wasser, weil er wenigstens abgekocht war; nicht über Krankheiten oder Zahnschmerzen klagen; sich niemals ins *Revier* einweisen lassen, *wie es einige ihrer Freundinnen getan hatten*; lernen, zurechtzukommen und sich alles zunutze zu machen.

Das erste Wort, das Stella auf Deutsch lernte, war *organisieren*, auf Jiddisch *organisir.* Ein Wort, ein Konzept, das in Auschwitz große Bedeutung hatte. Es hieß, zurechtzukommen, sich alles zunutze zu machen, lernen zu stehlen (was man konnte), zu tauschen (Essen gegen Schuhe, Unterwäsche), Dinge zu verstecken oder umzufunktionieren, Ressourcen optimal auszuschöpfen, sich mit Leuten zusammenzuschließen, die man für vertrauenswürdig hielt. Außerdem Schuhe mit Draht zu reparieren, Zeitungspapier als Füllmaterial zu verwenden und für sich selbst zu sorgen, indem man die Aufpasser und weniger ehrlichen Mithäftlinge austrickste.

Sara war in dieser Hinsicht genial und auch ein wenig leichtsinnig. In Lager B trennte ein Zaun die Frauen von den Männern, und Sara erfuhr zufällig, dass ihr jüngerer Bruder

Salvo (Salvatore) auf der anderen Seite war, neben anderen Männern aus Rhodos, darunter auch Sami Modiano und ein Cousin Stellas.

Die Zäune standen unter Strom: In einem anderen Lager versuchte eine Mutter, ihre Tochter zu sehen – wie sie getrennt wurden, war unklar –, und wurde durch einen Stromschlag getötet.

Irgendwie schaffte es Salvo, seiner Schwester mitzuteilen, dass er nachts fror. Eines Morgens sah Sara zufällig einen Lastwagen voller Kleidung vorbeifahren. Sie holte ihn ein, kletterte hinauf und schnappte sich einen Pullover. Ein Wachmann auf einem der Türme sah sie, löste Alarm aus und beorderte alle im Lager in die Baracken zurück, während Sara abgeführt wurde. «Wir warteten zwei Stunden», sagt Stella. «Sie gehören zu den schlimmsten Stunden meines Lebens. Wir waren überzeugt, dass man sie umgebracht hatte.»

Doch Sara kam zurück: «Als sie vor uns stand, kreischten wir und konnten es nicht fassen, wir fielen fast in Ohnmacht.»

Zu Sara sagten sie: *«Loka sos?»* – Bist du verrückt?

Ich frage Stella: War Sara verrückt, oder war sie mutig?

Sie überlegt kurz, bevor sie antwortet: beides. Dann erklärt sie Saras Einstellung: *Das Schlimmste, was sie tun können, ist mich erschießen.*

Sie hatte Glück, dass sie es nicht getan haben. Stattdessen musste sie den ganzen Tag mit einem Dachziegel auf dem Kopf im Freien sitzen.

66

In der folgenden Woche stelle ich Stella einige sehr einfache Fragen.

Worin bestanden ihre Mahlzeiten?

Zum Frühstück gab es *acqua sporca*. Widerlich.

Zum Mittagessen: Suppe – wobei die ersten Portionen die wässrigsten waren, da sich das Gemüse und (gelegentlich) Fleisch am Boden des Topfes absetzte.

Zum Abendessen: Brot mit *companatico* – irgendeine Beilage *con pane*, eine Scheibe Salami etwa oder ein Stück Käserinde.

Manchmal wurden Mittag- und Abendessen ausgetauscht. «Von Mahlzeiten kann eigentlich nicht die Rede sein. Wir waren Tiere, dazu verurteilt, ständig an Essen zu denken.»

Wie schliefen sie?

In breiten Dreierstockbetten, die oberen beiden waren durch Hochhieven und Klettern zu erreichen, auf Matratzen, die im Wesentlichen aus mit Stroh gefüllten Säcken bestanden. In jedem dieser Betten schliefen fünf Frauen. «Am Wichtigsten war, dass man mit seinem Brot und seinen Schuhen unter dem Kopf schlief. Wenn eine sich umdrehte, tat es die andere auch. Es war nicht leicht zu schlafen, um es milde auszudrücken.»

Wo gingen sie zur Toilette?

In einem riesigen Betonraum mit einem Podest, ebenso aus Beton, in das Löcher geschnitten waren. «Man musste warten, bis jemand fertig war, dann stieg man hoch und erledigte sein Geschäft. Das ist meine widerlichste Erinnerung an Auschwitz. Während wir uns entleerten, waren da immer Männer, die putzten. Immer. Ein Franzose lachte uns aus.»

Einmal in der Woche wurde geduscht. Zum Waschen erhielten sie kleine schwarze Seifenstücke, woraus sie bestanden, hat Stella keine Ahnung. Handtücher gab es nicht.

Putzten sie sich die Zähne? «Nie. Primo Levi fragte, ob er seine Zahnbürste wiederhaben könnte, und bekam zur Antwort: *‹Vous n'êtes pas à la maison›* – Sie sind hier nicht zu Hause.»

War das Tragen der Ziegelsteine die einzige zugewiesene Arbeit? «Hauptsächlich, ja, und ich kam nie dahinter, wozu es gut sein sollte. Wollten sie testen, ob wir kräftig waren? Wollten sie uns verrückt machen? Es war völlig sinnlos.»

Eine gute Arbeit, wenn man Deutsch sprach, war in Kanada, so hieß das Gebäude, in dem Häftlinge sämtliche Kleider sortierten, die die Leute ins Lager mitbrachten und die ihnen sofort weggenommen wurden; gute Sachen wurden aussortiert und nach Deutschland geschickt. Man nannte es Kanada, weil alle glaubten, Kanada sei ein reiches Land.

Stella «kaufte» einen Pullover für Renée von einer Frau, die in Kanada arbeitete – von dort aus wurde auch der Schwarzmarkt des Lagers beliefert. Sie bezahlte mit Brot, das sie und Renée aufgespart hatten: drei Stücke. Auf diese Weise gelangte sie auch an Unterwäsche, die sie mit Salami statt Brot bezahlte. Und an Holzschuhe, als ihre Sandalen auseinanderfielen. «Wir arbeiteten als Gruppe zusammen und verzichteten abwechselnd auf Brot oder *companatico*. Es war Teamwork.»

Nach einer Pause fügt Stella hinzu: «Frauen kamen in den Lagern besser zurecht als Männer.»

Woran lag das?

Über diese Frage habe sie oft nachgedacht, sagt Stella. Sie

glaubt, es hat damit zu tun, dass Frauen Leben schaffen und in sich tragen. «Man schützt und bewahrt instinktiv seinen Körper.» Als Gegenbeispiel dazu führt sie die *Muselmänner* an, die Primo Levi folgendermaßen beschreibt:

> *Sie, die Muselmänner, die Untergegangenen, sind der Kern des Lagers: sie, die anonyme, die stets erneuerte und immer identische Masse schweigend marschierender und sich abschuftender Nichtmenschen, in denen der göttliche Funke erloschen ist und die schon zu ausgehöhlt sind, um wirklich zu leiden. Man zögert, sie als Lebende zu bezeichnen; man zögert, ihren Tod, vor dem sie keine Angst haben, als Tod zu bezeichnen, weil sie zu müde sind, ihn zu begreifen.*

Stella beobachtete solche Männer in fast allen Lagern, die sie durchlief. «Die Deutschen hätten sie einfach erschießen können», sagt sie, «aber sie wussten, dass sie sowieso in ein, zwei Tagen sterben würden. Wozu die Kugeln vergeuden?» Sogar ihre Peiniger interessierten sich nicht mehr für sie. «Ich habe Männer gesehen, von denen ich wusste, dass sie geistig und körperlich sehr stark waren, die es einfach nicht schafften.»

Dies traf besonders auf Intellektuelle zu, glaubt Stella, weil sie ihr Schicksal mental zu begreifen versuchten oder vielleicht unfähig waren, sich davon zu distanzieren. «Frauen lassen sich nie so gehen. Wir haben gestohlen, um zu essen, kaum wuchs unser Haar nach, wuschen wir es, so gut wir konnten, wir tauschten und feilschten. Wir verstanden, was *organisir* hieß, wir lebten danach, lebten deswegen. Wir taten, was nötig war, um weiterzumachen und um, nun ja, nicht unterzugehen.»

Dazu gehörte auch das Singen. Selbst als sie die Hoffnung aufgaben, dass ihre Eltern sie hörten, sangen die jungen Frauen weiter. Sie sangen in den Baracken, während sie sich die Läuse aus den nachwachsenden Haaren pickten. Sie sangen bei der Arbeit. Sie sangen, um sich abzulenken, um die Angst zu verdrängen. *La pazza* Miriam (die verrückte Miriam, in diesem Fall angenehm verrückt, überschwänglich) sagte oft: «Kommt, ich will eure italienischen Lieder hören!» Und dann legten sie los mit «Mamma, son tanto felice», machten weiter mit «Tornerai» und «Triste domenica», ursprünglich ein ungarisches Lied:

Questo aspettare
Vuol dire soffrire,
Morire d'amore
Per ogni domenica …
… Triste domenica

Allerdings handelte der Text, wie sie erfuhren, von einem Selbstmord, und es stellte sich heraus, dass eines der ungarischen Mädchen eine junge Frau kannte, die, kurz nachdem das Lied herausgekommen war, in Budapest Selbstmord begangen hatte. *Bitte*, hieß es danach, *singt alles, bloß nicht das.*

Und es wurde gelacht. Die Witze, der Humor waren schwarz und beißend, «die Art von Humor, wie man ihn in einem Stück von Beckett findet».

Darüber, so Stella, berichten nur wenige. Vieles war so lächerlich, dass man einfach lachen musste, auch wenn das Lachen von einem dunklen Nimbus umgeben war wie Galgenhumor oder wenn Leute anfangen, bei einer Beerdigung zu lachen. «Jemand zog eine lange und eine kurze Socke an. Sie gaben einem angeblich ein Kleid, aber es war eine Bluse, und die halbe Unterwäsche, wenn man denn welche hatte, war zu sehen. Entweder machten die Deutschen das absichtlich, oder alles war einfach außerhalb der Norm, aus dem Gleichgewicht, nicht von dieser Welt. Das Lager war nicht von dieser Welt. Wir hatten so etwas noch nie erlebt. Die Absurdität durchdrang den Alltag bis ins letzte Detail. Absurdität und Terror.»

Der Tod war stets anwesend, immer am Rande oder im Zentrum des Bewusstseins. Wurde jemand krank oder starb, befahlen die Deutschen den Juden, den Betreffenden entweder zur Gaskammer oder zum Krematorium zu bringen, sodass niemand auch nur für eine Sekunde vergaß, in welcher Gefahr er schwebte. «Man muss sich den Tod so vorstellen» – Stella hält sich ihre ausgestreckten Zeigefinger an die Schläfen wie Pistolen. «Er war gnadenlos. Sie benutzten ihn und die ständigen Todesdrohungen, um ihre Macht zu demonstrieren und uns daran zu erinnern, dass wir keine Menschen mit freiem Willen mehr waren, sondern Gefangene, die keine Kontrolle über ihr Schicksal hatten.»

67

Ende Oktober, zweieinhalb Monate nach ihrer Ankunft in Auschwitz-Birkenau, wurden die Frauen einer zweiten Selektion unterzogen. Diesmal mussten sie sich nackt vor einem Mann aufstellen – Stella hat keine Ahnung, wer das war, auch wenn einige tuschelten, er sei ein Arzt. In der Hand hielt er einen Stock. Der Stock schickte sie ins Leben oder in den Tod.

Inzwischen hatten sie Erfahrungen und Wissen gesammelt. Als sie von der bevorstehenden Selektion erfuhren, eilte Sara in die Küche und stahl rote Beete, die sie an die Mädchen weitergab. Sie rieben den Saft in ihre Wangen, damit sie rosig und gesund aussahen.

«Glaubst du, ich komme durch?», flüsterte Renée Stella zu. Dann: «Ich komme nicht durch.»

«Wir kommen durch», versprach ihr Stella. Es spielte keine Rolle, was sie glaubte, sie sagte es einfach.

Eine nach der anderen trat vor den Mann.

«Ich hatte Angst, zur Seite oder hinter mich zu blicken», sagt Stella. «Aber ich sah trotzdem Allegra Avzaradel vor mir, ein Mädchen aus Rhodos, zwei Jahre älter als ich, sie war in Renées Klasse gewesen und kerngesund. Sie hatte einen Makel: Als Kind hatte sie sich verbrannt und davon eine Narbe im Gesicht – eine beträchtliche Narbe, groß und nicht zu überdecken. Nur aus diesem Grund wurde sie in die Öfen geschickt.»

Nachdem Stella durchgewunken wurde, spürte sie eine Hand auf ihrer Schulter. Renée. «So wusste ich, dass auch sie es geschafft hatte.»

Wie auch die anderen ihrer Fünfergruppe. In den Duschen fielen sie sich in die Arme.

Man gab ihnen neue Kleider, wie gewohnt nach dem Zufallsprinzip. Diesmal war auch ein Mantel dabei, unentbehrlich, weil sie nach Deutschland überführt wurden. Sie sollten mit einem Personenzug fahren, alt und schäbig, aber immerhin kein Viehwaggon. Der Zug sollte sie in eines der elf Außenlager des Lagerkomplexes Kaufering in der Nähe von Landsberg bringen, alles Außenlager von Dachau. Auch dort starben Häftlinge, aber es waren weniger Todeslager als Arbeitslager, eingerichtet im vorigen Juni, um die Häftlinge als Arbeitskräfte in den Produktionsstätten der deutschen Flugzeugindustrie einzusetzen, die von den Alliierten zerstört worden waren.

Als sie den Zug bestiegen, sagte ein deutscher Wachmann zu Madame Katz: «Jetzt dürft ihr wieder hoffen.»

68

Im Zug registrierte Stella, wie sich die Landschaft veränderte. Irgendwann fuhren sie in einen Wald, dessen Blätterdach zunehmend dichter und grüner wurde. Auch die Luft wirkte klarer, sauberer. Sie fuhren die ganze Nacht und bis in den nächsten Morgen hinein und stiegen am Bahnhof von Landsberg aus, als wäre es ein normaler Reisetag.

Doch das war es nicht. «Als wir aus dem Zug stiegen, gafften uns die Leute an wie – Tiere. Oder Schausteller. So wie man Leute auf der Bühne oder im Zirkus ansieht.»

Trotzdem war Landsberg eine völlig andere Welt als Auschwitz-Birkenau.

«In Birkenau war man in einer Wüste, obwohl dort alles voller Menschen war», erklärt Stella. «Es fühlte sich nicht lebendig an. Und es war auch nicht lebendig, es war trostlos. Landsberg hingegen war von Kiefernwäldern umgeben.»

Bei ihrer Ankunft waren die Frauenbaracken noch leer, und sie füllten sich erst mit der Zeit. Stella und ihre Freundinnen mussten nicht sinnlos schuften, sondern hatten fast so etwas wie richtige Arbeit. Sie putzten die Baracken der Männer, während diese bei der Arbeit waren, oder man teilte sie zum Küchendienst ein.

Stella arbeitete in der Küche und stand an Suppenkesseln, die so riesig waren, dass nur sie und Sara, die beide groß waren, an sie heranreichten. «Man konnte so viel essen, wie man wollte», sagt sie. «Gekochte Kartoffeln. Suppe. Nicht viel Fleisch, auch wenn Sara, die eben Sara war, einmal ein

Stück stahl – heißes Fleisch, das sie in ihrer Achselhöhle versteckte.»

Stella führt es vor: Sie steht auf und geht mit an die Seiten gepressten steifen Armen, wie ein Zinnsoldat oder wie Chaplins kleiner Tramp.

«Ich warnte Sara, dass man sie umbringen könnte, wenn sie erwischt würde. Sie sagte nur: ‹Mich erwischt keiner.›»

Und sie wurde nicht erwischt. Ein junger Mann, der ein Stück Käse stahl, hatte weniger Glück. Man kam ihm auf die Schliche und hängte ihn dort auf, wo alle es sahen.

Am dritten oder vierten Tag in Landsberg brachte der Kapo Stella zum Putzen in die Baracken der deutschen Soldaten. Bei der Arbeit näherte sich ihr ein Offizier und sagte etwas wie: *«Sprechen?»*, und sie antwortete: *«No deutsch.»* Entweder es lag an der Sprache oder ihrer Schüchternheit, aber danach geschah nichts, sie putzte einfach weiter, und zwar gründlich. Am nächsten Tag schickte sie der Kapo zum Kartoffelschälen in die Küche zurück. Es dauerte eine Weile, bis sie begriff, dass der Offizier wahrscheinlich mehr von ihr wollte als Hausarbeit.

Eines Morgens wachten sie, früh wie immer, zum Appell auf und konnten die Tür zu ihrer Baracke nicht öffnen. «Wir dachten, sie hätten uns eingesperrt, und etwas Schreckliches stünde uns bevor», sagt Stella. «Wir dachten, sie wollten uns umbringen. Wir fingen an zu schreien und zu weinen. Eine Welle der Panik erfasste jede Einzelne von uns.»

Die Tür ließ sich nicht öffnen, weil es in der Nacht geschneit hatte.

Mit einiger Mühe drückten sie die Tür auf und eilten nach draußen.

Als Stella zum Zählen in der Reihe stand, beobachtete sie, wie die Schneeflocken auf die Äste der Bäume fielen. Zum ersten Mal in ihrem Leben sah sie Schnee.

69

Im Lager bei Landsberg gab es nicht genügend Arbeit für alle jungen Frauen. Um Weihnachten wurden sie erneut verlegt und zum ersten Mal seit ihrer Ankunft in Auschwitz getrennt. Sara und Lucia (die Cousinen waren, wie Stella mich erinnert), blieben dort, während Stella, Renée, Vittoria Cohen und andere Mädchen aus Rhodos in das Lager Türkheim verlegt wurden, wo sie an Weihnachten ankamen und Schalerbsensuppe aßen. Anschließend bekamen alle Durchfall.

In Türkheim waren die Bedingungen härter, und die dort inhaftierten Männer in schlechtem Zustand. Die deutschen Soldaten waren verschwunden; nur ein paar SS-Männer waren dort und einige ältere Männer aus der Organisation Todt, eine zivile und militärische Bautruppe, die für den Einsatz von Zwangsarbeitern bekannt war (in den späteren Kriegsjahren waren sie für den Bau der Lager und die Bereitstellung von Arbeitskräften für die Industrie zuständig). Der Kapo des Männerlagers, der, wie viele seiner zähen Mithäftlinge, aufgrund seiner Grobheit aufgestiegen war, stammte aus Thessaloniki. Primo Levi beschreibt die Juden aus Thessaloniki als ausdauernd, diebisch, weise, grausam und geeint, «entschlossen zu leben, gnadenlose Gegner im Kampf um das Leben», eine Ansicht, die Stella bestätigt: «Diejenigen, die ich traf, hatten am Hafen gearbeitet. Sie waren stark, körperbetont und beschützten sich gegenseitig. Unter ihnen bestand ein tiefer Zusammenhalt, der ihnen mit Sicherheit beim Durchhalten half.»

Die Frauen, die schon lange in Türkheim waren, einige

davon aus Rhodos, betrachteten die Neuankömmlinge misstrauisch. Würden sie ihren Platz einnehmen? Würden sie das Gleichgewicht stören, das sie mit den Männern aus Thessaloniki hergestellt hatten?

Als ich Stella frage, was sie mit Gleichgewicht meint, erklärt sie mir, dass einige Männer und Frauen im Lager heimliche Beziehungen hatten. Untereinander, aber auch mit den Aufsehern. Auf diese Weise kamen einige an bessere Jobs in Innenräumen. Eine andere Möglichkeit, um für sich zu sorgen.

Stella und ihrer Gruppe wurde die Aufgabe übertragen, Zementsäcke zu tragen. «Es war keine sinnlose Arbeit, und es war keine schwere Arbeit», sagt sie. Einer der Männer, der sie bewachte, *un vecchietto* – ein alter Kerl –, schenkte ihr jeden Tag einen Apfel, und eines Nachmittags brachte er ihr zwei *choux à la crème* mit – zwei Windbeutel –, die sie sofort mit ihren Freundinnen teilte. Paula, die die Geste richtig deutete, sagte zu ihr: «Willst du einen Spaziergang mit ihm machen?» Stella antwortete: «Nicht diese Art von Spaziergang.»

In Türkheim war es so kalt, dass Stellas Wimpern gefroren. «In Auschwitz brachten sie einen um, in den anderen Lagern starb man an Krankheiten. Man musste sich ständig an neue Bedingungen anpassen: Wetter, Leute, Regeln, menschliche Dynamiken. Wenn dein Gehirn nicht schnell einen Wechsel vollzieht und die neue Realität erkennt, gehst du unter», sagt sie. «Wenn jemand dachte: *Basta, wir sind in der Hölle, wir werden sterben,* hatte er keinen Überlebensinstinkt.»

Sie verstummt und fügt dann hinzu: «Ich sage das in dem Wissen, dass ich auch Glück hatte. Jeder Überlebende hat einen, zwei, zehn Momente, in denen er unglaubliches Glück hatte.» Überleben, sagt sie, hängt ebenso vom Glück wie von allem anderen ab. «Womit es nichts zu tun hat, ist Heroismus – dieses Wort, diese Vorstellung, steht in absolutem Widerspruch zu der Erfahrung im Lager. Wir stahlen, wir tricksten, wir organisierten, wir schliefen mit unserem Brot unterm Kissen, *und* das Schicksal meinte es gut mit uns. Warum kam Alice Tarica durch und nicht ihre ältere Schwester, die so alt war wie ich? Warum überlebte ich, die nicht kräftiger war als Luna Gabriel oder irgendeine andere? Auf diese Weise lernte ich zu verstehen, was *suerte* heißt.»

Stellas Momente des Zufalls und Glücks sowie die all der anderen jungen Frauen waren lebensrettend, aber Stella erinnert mich daran, dass sie sich auf lange Strecken des Hungers, der Dumpfheit, sinnloser harter Arbeit, Angst und Verwirrung verteilten, alles bei extremen Temperaturen und unter Bedingungen, die von Ungeziefer und Dreck geprägt waren, in denen die jungen Frauen wussten, dass ihr Leben für ihre Aufseher von geringem Wert war und jederzeit enden konnte – wenn sie ein Stück Käse stahlen oder einen Pullover, um sich oder einen anderen warm zu halten, oder weil sie der falschen Person in die Augen sahen oder aus dem banalen Grund, dass ein Mann vorbeiging und Lust hatte, den Abzug seiner Waffe zu drücken.

Wenn Stella das Leben in den Lagern beschreibt, lacht sie oft. Beim ersten Mal dachte ich, es läge an der Beckett'schen Absurdität, den nicht zusammenpassenden Socken, unvorhersehbaren Reaktionen und alledem. Doch sie lachte so oft, dass ich mich allmählich fragte, ob Lachen für Stella die einzige Möglichkeit war, den Schmerz zu umgehen, ihre Erfahrungen in Worte zu fassen und diese Worte in diesem Raum zu diesem Zeitpunkt in ihrem Leben auszusprechen.

Mehr als einmal hat Stella mit mir über die Stella von Rhodos gesprochen, von der sie sich nach der Ankunft in Auschwitz löste. Aber ich glaube, es gibt noch eine dritte Stella, die sich in jeder Geschichte über ihre Lagererfahrungen verbirgt – oder, genauer gesagt, die von ihnen ausgeschlossen ist: jene Stella, die so leicht unter den 90 Prozent der Rhodeslis hätte sein können, die in Auschwitz und den anderen Lagern starben, die nicht mehrfach Glück hatten, die nicht überlebten, um die Geschichte zu erzählen. Jene Stella hat keine Geschichten zu erzählen; dieser Stella, mit der ich jetzt spreche, fehlt es daran nicht. Jene Stella ist weitaus repräsentativer für das, was den über 1700 deportierten Menschen an jenem Tag im Juli widerfuhr; diese Stella, die Ausnahme, liefert Berichte aus dem Abgrund, die in ihrem Fall positiv enden, weil diese Stella *hier* ist.

Diese Stella wird von jener Stella verfolgt. Wie könnte es anders sein?

Im Dezember 1944 und Januar 1945 kamen die letzten Deportierten an, Ungarn aus Budapest. Sie wurden nicht nach Auschwitz gebracht, weil die Russen in der Nähe waren – tatsächlich befreiten die Russen das Lager am 27. Januar. Stella war bei der Arbeit, als diese Frauen auftauchten, in Pelzmänteln und Pelzmützen, «mit einer Eleganz, die mir den Atem verschlug». Sie kamen aus Budapest in ihrem schönsten Winterstaat, der ihnen natürlich sofort weggenommen wurde. Die einzige verfügbare Kleidung waren gestreifte Uniformen. In die wurden sie gesteckt. Ihre Köpfe wurden nicht geschoren.

«Der Irrsinn, weiterhin Menschen zu deportieren, wenn man dabei ist, den Krieg zu verlieren …»

In Türkheim flogen regelmäßig amerikanische Flugzeuge

über sie hinweg. «Man hörte sie in weiter Ferne, *bumm, bumm, bumm*, und dann, wenn sie sich zurückzogen, *brrr, brrr*. Man sagte uns, wir sollten in die Baracken gehen, aber wir blieben draußen und beobachteten sie. Wir schrien zum Himmel hoch: ‹Bombardiert uns! Zerstört die Lager!›»

Niemand bombardierte sie. Niemand zerstörte die Lager. Stattdessen wurde es mit der Ankunft der Ungarinnen eng in den Baracken, und es wurde Zeit, erneut weiterzuziehen.

70

Im März kamen sie im nächsten Lager an, ein weiteres Außenlager von Dachau, das nur eine Nummer hatte – 21 oder 23, Stella ist sich nicht sicher.

Das Lager ohne Namen unterstand dem Kommando zweier deutscher Frauen, Erika und eine andere, deren Name Stella entfallen ist oder den sie aus ihrem Gedächtnis verbannt hat. Sie nennt sie stattdessen *La Cattiva*, «die Böse», weil sie alle anbrüllte und eine Peitsche benutzte, um die Häftlinge unter Kontrolle zu halten. Sowohl Erika wie La Cattiva wurden mit *Fräulein* angesprochen. Erika war vielleicht achtundzwanzig, blond, mit roten Wangen, gesund, «diese Art von Deutsche». La Cattiva war dünn, mit dunklem drahtigem Haar und schmalen Augen.

Wenn die rotwangige, gesunde Erika sah, wie Stella und die anderen Mädchen vom Kartoffelernten, ihrer damaligen Aufgabe, zurückkamen und wegen der versteckten Kartoffeln in ihren ausgebeulten, schweren Hosen eher watschelten als gingen, lächelte sie. Hatte hingegen La Cattiva Dienst, trauten sie sich nicht, auch nur einen Krümel zu stehlen, sie wären lieber an Hunger gestorben; sie hielten dann ein, zwei, drei Tage ohne Ergänzung des Lageressens aus. Sie hatten gesehen, was sie mit einem Mädchen anstellte, das gestohlen hatte: Es musste die ganze Nacht im Schnee knien.

Erika war anders. Erika liebte sie, weil sie Italienerinnen waren: *«Italian – beautiful»*, sagte sie. Erika hatte einen Liebling unter ihnen: Alice Tarica, die mit dreizehn die Jüngste war und blaue Augen hatte wie Erika. Wenn Erika die Mädchen singen hörte –

Ba, ba, baciami piccina
Con la bo, bo, bocca piccolina
Dammi tan, tan, tanti baci in quantità …

bat sie wie ein Kind um mehr: *«Singt, singt.»*

In diesem Lager wurde auch getanzt. Miriam, *la pazza* (die Verrückte), sagte oft: *«Allons y, les Italiennes, on va danser La Cumparsita.»* Und während einige Mädchen sich die teuflischen Läuse aus dem Haar pickten, standen andere tatsächlich auf und tanzten.

Die Latrinen der Frauen und Männer waren hier durch eine Holzwand getrennt, mit einem Spalt unten, breit genug, um Waren hin- und herzureichen. Stella und ihre Gruppe tauschten mit den Männern Kartoffeln gegen Holzreste, um den kleinen Ofen zu schüren, auf dem sie die entwendeten Kartoffeln kochten. Auf diesem Weg bekamen sie auch ein Messer, um die Kartoffeln zu schneiden, und einen Löffel, um sie zu essen. Bei der Erwähnung des Messers neige ich den Kopf, und Stella sagt spitz: «Wie glauben Sie, haben wir sonst gegessen? Wir hatten kein Besteck wie in einem Hotel.» Aber sie hat meine Geste missverstanden; ich denke an den Tag, als sie und ihre Freundin Bella zum Essen bei den Menasces waren und der Tisch nicht nur mit Gabeln, sondern auch mit Messern gedeckt war.

Wenn man das Glück hatte, einen Löffel zu ergattern, fügt sie hinzu, band man ihn sich ans Bein – es war der allerwertvollste Besitz.

Eines Tages schoben sie ihre Kartoffeln unter der Wand durch. Die Kartoffeln wurden rasch genommen, aber nichts kam zurück. «Ich will diesen Kerl umbringen», sagte Sara, und Stella erwiderte: «Aber du weißt ja nicht mal, wie er aussieht.»

71

Eines Abends kehrten sie von der Arbeit zurück und fanden Renée, die vor ihnen zurückgegangen war, aufgelöst vor. Auf Stellas Frage, was los sei, sagte sie, man habe ihre Nummer auf die Liste geschrieben und plane, sie am nächsten Tag in ein anderes Lager zu schicken, eines der Lager, aus denen niemand zurückkehrte.

Stella eilte zu Madame Katz und sagte: «Meine Schwester und ich waren seit unserer Ankunft hier zusammen, wir dürfen nicht getrennt werden, das geht nicht. Wir müssen sofort zu Erika gehen, wir müssen etwas *sagen*, wir müssen etwas *unternehmen*.» Trotz Sperrstunde gingen sie zum Tor und machten solchen Lärm, dass Erika im Nachthemd und in ein Tuch gewickelt aus ihrem Zimmer kam und fragte: «Italienerin, was ist los?» Madame Katz erklärte es ihr auf Deutsch. Erika notierte sich Renées Nummer, ging ins Büro und tauschte sie gegen eine andere aus.

«Renées Schicksal wurde einfach so durch das einer anderen ersetzt?», frage ich Stella.

«Einfach so», erwidert sie.

«Erinnern Sie sich, was Sie dabei empfanden?»

Stella erzählt mir diese Geschichte an mehreren Samstagen. Einmal antwortet sie, sie habe nichts empfunden, nur Erleichterung, dass ihre Schwester gerettet war. Ein andermal sagt sie, sie habe *vergogna* empfunden.

Ich weiß, was *vergogna* bedeutet, bitte sie aber, es für mich zu definieren.

«Etwas zwischen Schuld und Scham. Aber es war mehr, vielleicht sogar mehr als beides zusammen.»

Als sie zum dritten Mal davon erzählt, frage ich wieder: «Das Schicksal eines Menschen wurde einfach so durch das eines anderen ersetzt. Was haben Sie dabei empfunden?»

«Sie stellen Fragen, die zum damaligen Zeitpunkt und an jenem Ort keinen Sinn ergaben. Mein Ziel war zu überleben, dafür zu sorgen, dass meine Schwester überlebt. Wir konnten nur überleben, wenn wir zusammenblieben.»

Sie verstummt und sieht mich dann fest an. «‹Man sollte sich vor dem Fehler hüten, ferne Epochen und Orte mit dem üblichen Maßstab des Hier und Jetzt zu beurteilen.›»

«Primo Levi?»

Sie nickt und sagt: «Das Hier und Jetzt ist sehr weit entfernt vom Damals und Dort.»

72

Stellas Haar wuchs langsam nach, und eines Abends, nach einem nicht endenden Kampf gegen die Läuse, konnte sie es waschen. Sie ging nach draußen in die Kälte und holte sich eine Brustfellentzündung. Madame Katz und die anderen Französinnen hatten sie und alle anderen wiederholt ermahnt, sich vom *Revier* fernzuhalten, aber Stella war so krank, dass sie trotzdem ging. Zum Glück sprach die Ärztin Französisch, eine Belgierin und Jüdin, mit kurzem schwarzem Haar und Drahtgestellbrille; bestimmt würde sie Stella etwas geben, damit es ihr besser ging.

Stella schaute sehnsüchtig zu den Krankenbetten, doch nachdem die Ärztin sie untersucht und ihr eine Spritze gegeben hatte, sagte sie zu der Schwester: «Die bleibt nicht hier.» Zu Stella sagte sie leise, sie dürfe nicht riskieren, dort zu übernachten. Sie müsse in ihrer Baracke schlafen, ganz gleich, wie krank sie sich fühle.

Am nächsten Tag räumten sie die Krankenstation und brachten alle Menschen darin nach Dachau, um sie zu vergasen.

Dieser Krankentransport erwies sich als Teil eines größeren Plans und war der Ahnung geschuldet, dass sich etwas anbahnte. Oder besser jemand: die Amerikaner. Die Frage war nur, wann.

Beim Wecken wurde ihnen befohlen, ihre Decken zu packen; noch am gleichen Tag brachen sie zu einem Marsch auf. Ziel: Allach, ein weiteres Außenlager von Dachau, auch wenn Stella und die anderen es zu dem Zeitpunkt noch nicht wussten. Kein Mensch erklärte ihnen je etwas, niemals.

Nicht, wohin sie gingen oder was man mit ihnen vorhatte. Wenn ein deutscher Offizier ihnen befahl zu marschieren, marschierten sie. Wenn er ihnen befahl anzuhalten, hielten sie an.

Aber es kursierten Gerüchte: Sie würden befreit werden. Man würde sie an der Straße zurücklassen. Man würde sie erschießen.

Bei schwerem Regen brachen sie auf. Stella schleppte sich vorwärts, einen mühsamen Schritt nach dem andern. Der Boden war mit Schlamm bedeckt und glitschig. Ihr Körper glühte und zitterte vor Fieber. Es regnete den ganzen Tag. Es regnete nachts, ihre Decken waren durchnässt. Sie fror, war nie trocken, hustete unaufhörlich und schlief kaum.

Am folgenden Nachmittag erreichten sie einen Platz, ein Feld, und in der Ferne blitzten mehrere Scheunen wie Leuchtfeuer auf. Stella sah sie sehnsüchtig an. «Ich bleibe hier und ruhe mich aus», sagte sie zu Renée. «Ich verstecke mich, vielleicht schaffe ich es bis zu einer der Scheunen ... vielleicht gibt man mir etwas zu essen ... vielleicht schlafe ich, oder vielleicht sterbe ich. Geh ohne mich weiter.»

Renée sagte nur ein Wort: *«Nein.»*

Renée, früher die Kränkliche, stützte Stella, die wirklich krank, schwach und fiebrig war, und schob sie Schritt für Schritt weiter, bis sie nach drei Tagen ihr Ziel erreichten.

Renée, erzählt Stella, sprach nie wieder über diesen Vorfall. Nicht damals und auch nicht später.

Auf dem Marsch nach Allach kamen Stella, Renée und Vittoria wieder mit Sara und Lucia zusammen: «Wir kreischten vor Freude, als wir sie sahen.»

Der Regen hatte mittlerweile nachgelassen. Ihre Nahrung

bestand aus Brotrinde und noch übrig gebliebenen *companatico*. Wenn sie sich erleichtern mussten, bildeten sie einen Kreis, um ein wenig Privatsphäre zu schaffen.

Die Wachen blieben die ganze Zeit bei ihnen, aber in der Menschenmenge auf dem Weg waren auch andere Soldaten, die kamen und gingen. Viele ließen ihre Waffen fallen, warfen ihre Uniformen ab und mit ihnen, so hofften sie, ihre Identität als Soldaten. Und dann hörten sie die Flugzeuge – ein Surren, gefolgt vom Zischen fallender Bomben. Amerikanische Flugzeuge, so stellte sich heraus, bombardierten München.

73

Das Lager bei Allach war mit politischen Gefangenen bevölkert, Soldaten aus Spanien, Italien und auch Deutschland; mehrere hatten im spanischen Bürgerkrieg gekämpft. Auch Juden waren darunter, aber sie bildeten keineswegs die Mehrheit. Stella fiel sofort auf, dass diese Männer auf sich achteten. Sie aßen, waren relativ ordentlich, ihre Zimmer waren sauber.

Anstelle von Baracken gab es in Allach große Häuser, aus Beton gebaut und mit Etagenbetten ausgestattet. Die Häftlinge teilten ihre Unterkünfte mit den deutschen Wachmännern und mussten nicht arbeiten.

Nach etwa einer Woche wachten sie eines Morgens auf und hörten Menschen schreien: «Da sind keine Deutschen mehr!» und «Die Aufseher sind alle fort!»

Die politischen Gefangenen übernahmen die Leitung des Lagers und organisierten die Essensausgabe. Als Stella erfuhr, dass die Deutschen verschwunden waren, wurde ihre Brustfellentzündung plötzlich ziemlich unwichtig.

Sie versuchte mit ihren Freundinnen zu entscheiden, was sie tun, wohin sie gehen sollten; München war, wie sie wussten, die nächste Stadt, aber sie sprachen kein Deutsch. Was sollte aus ihnen werden? Sie hatten Angst, das Lager zu verlassen. Sie entschieden zu warten.

Einen, vielleicht zwei Tage später hörten sie in der Ferne das Brummen von Jeeps und Lastwagen. Der Lärm wurde lauter … und dann sahen sie sie: amerikanische Truppen. Sie fuhren die Straße entlang, in Richtung Dachau; sie hatten keine Ahnung, dass Allach überhaupt existierte.

«Wir fingen an zu rufen und zu schreien. Die Amerikaner waren überrascht, uns hier zu finden; bei unserem Anblick fiel ihnen die Kinnlade runter, und ihre Augen wurden groß – es war nicht nur Überraschung, sondern eher eine Art tiefes Erstaunen, wahrscheinlich darüber, was aus uns geworden war und in welchem Zustand wir uns befanden. Wir hingegen schauten sie an, in ihren sauberen Uniformen und mit frisch gekämmtem Haar, und sagten zueinander: ‹Die sind aber groß.›»

Die amerikanischen Soldaten warfen Kaugummi und Schokolade über den Zaun. Genau wie im Film.

«Als uns bewusst wurde, dass wir frei waren, fielen wir auf die Knie und fingen an zu weinen. Um alles, was wir gewesen waren, um alles, was wir hatten. Wir *fühlten* wieder etwas, wir ließen den Schmerz zu. Wir kamen wieder zu uns, wurden wieder menschlich – wir mussten uns nicht vor dem Leben beschützen. Hinterher fragten wir uns, warum all diese Tränen, wir waren nicht sicher, wo sie herkamen, *tutto un miscuglio*» – eine einzige Verwirrung.

«Zum ersten Mal in diesen elf Monaten verstanden wir endlich und wahrhaftig das Ausmaß des Ganzen. Wir hatten eine ganze Gemeinde in der Asche von Auschwitz zurückgelassen. Aus diesem Grund kehrte niemand von uns nach Rhodos zurück, um dort zu leben. Vor diesem Tag hatte ich keine von uns aus Trauer weinen sehen. Wir hatten zutiefst und unermesslich gelitten. Aber wir hatten nie geweint.»

Ich frage sie, warum nicht.

«Eine der Französinnen hatte uns gleich am Anfang gesagt: ‹Ihr dürft niemals weinen – das macht euch schwach.› Aber ehrlich gesagt, war das keine freiwillige Entscheidung. *So war es einfach.*»

Ein amerikanischer Offizier übernahm die Leitung des Lagers. Soldaten gaben den Häftlingen Desinfektionsseife zum Duschen, eine Schwester und ein Arzt untersuchten sie. Stella und die anderen Frauen wurden gebeten, beim Kochen und Saubermachen zu helfen. Die Amerikaner hatten Konserven, Milch, Eier und Orangensaft in Pulverform mitgebracht, für Stella etwas ganz Neues. Sie waren besorgt wegen des Wassers. Schließlich kam das Rote Kreuz und nahm die Sache in die Hand.

Ein Arzt war anwesend, der sofort sagte: «Gebt ihnen kein Fett.» Er wusste, es konnte ihnen schaden, sie umbringen. Als Stella in Auschwitz ankam, wog sie 50 kg, als sie befreit wurde, um die 35. Sie hörte von Männern, die anfingen zu essen und nicht mehr aufhörten. Ihr Organismus konnte es nicht verkraften, sie starben kurz darauf. Nicht an Hunger, sondern weil sie zu viel gegessen hatten.

Stella bat Madame Katz, ihr beizubringen, wie man *sœur* und *frère* auf Englisch sagt. Zu den Amerikanern sagte sie: «*Sister – in America. Brother – in America.*» Es waren ihre ersten englischen Sätze.

74

Nachdem sie die Geschichte ihrer Zeit in den Lagern monate-, dann jahrelang umging, hat Stella sie mir im Laufe vieler Samstage erzählt. Ich konnte beobachten, wie sie ihren inneren Widerstand überwand und an manchen Tagen relativ mühelos eintauchte, an anderen hingegen mit der Entscheidung rang, was sie mit mir teilen und was sie zurückhalten sollte. Mehrmals entschuldigte ich mich für meine Bitte, noch einmal auf einen Punkt zurückzukommen oder das, was ich gehört, erfasst und so gut wie möglich festgehalten hatte, zu präzisieren oder zu ergänzen. Ich habe mich oft gefragt, wie es wohl für sie war, wenn ich am Ende unserer gemeinsamen Samstage nach Hause ging und sie mit einem Strudel schwieriger Erinnerungen zurückließ.

Bevor wir uns der Zeit nach den Lagern widmen, frage ich Stella, warum sie am Ende doch mit mir über die Lager gesprochen hat.

Sie überlegt kurz, ehe sie antwortet: «Weil Sie Geduld mit mir hatten, und weil Sie alles von mir wissen wollten.» Sie hält inne. «Es war nicht leicht. Da war dieses ... dieses Problem, wie ich es sehe, dem ich mich stellen musste. Es hat schon lange vor unseren Treffen begonnen. Je mehr man über eine Erfahrung spricht, desto mehr wird sie zur eigenen – *man wird diese Erfahrung*. Ich wollte nicht, dass diese Erfahrung Teil meines Lebens wird, sprich, ein Teil meines Charakters, meines Plasmas.»

«Aber war sie nicht schon Teil Ihres Lebens?», frage ich leise, «auch als Sie nicht darüber gesprochen haben?»

«Im Laufe der Zeit habe ich das mehr und mehr akzeptiert», sagt Stella. «Aber trotzdem, selbst jetzt, wenn ich mit Ihnen spreche – es ist nicht so, als wäre das alles jemand anderem passiert, es ist mir passiert, aber einem anderen Ich. Jemandem, der mit anderen Augen lebte und sah, mit einem anderen Verstand dachte. Nach all den Jahren versuche ich immer noch, diese Frau zu verstehen und sie wieder einzupassen, in die Konturen ... die Konturen meiner selbst.»

Die Reichweite ihres Verstandes war – sie hat es mir mehrmals gesagt – in den Lagern notgedrungen eingeschränkt. Sie musste alle Erinnerungen an Rhodos löschen, so gut sie konnte, denn an Rhodos zu denken, hieß, dass sie Gefahr lief unterzugehen.

Hat sie nie an die nahe Zukunft gedacht oder danach gefragt? Hat sie je spekuliert – insgeheim, mit ihren Mitgefangenen oder den Verantwortlichen: Wird das enden? Oder: Wie oder wann wird das enden?

Sie antwortet mir mit einer Zeile von Dante, der (mit Virgil an seiner Seite) den Eingang der Hölle sieht: *«Lasciate ogni speranza voi ch'entrate»* – lasst, die ihr eintretet, alle Hoffnung fahren. (Fast das exakte Gegenteil dessen, fällt mir auf, was der deutsche Wachmann zu Madame Katz sagte, als sie Auschwitz verließen.) Dann fügt sie hinzu: «Wir lebten in einer fortwährenden Gegenwart. Vergangenheit und Zukunft blendeten wir gleichermaßen aus. Anders ging es nicht.»

Inzwischen sind fünfundsiebzig Jahre vergangen, und Stellas Gedanken bewegen sich freier, schweifen zu Augenblicken, die besonders schwierig sind, und zu größeren Themen und Zeitspannen.

Wieder versucht sie, sich vorzustellen, ob ihre Mutter wusste, was geschah, ihre Mutter und ihre Tanten, als sie die letzten Atemzüge taten. «Wer starb zuerst? Wer fiel zu

Boden? Klammerten sie sich aneinander? All das frage ich mich heute, weil ich die Möglichkeit habe, mir vorzustellen, was sie sich nicht vorstellen konnten.»

Ich frage Stella, ob sie wütend ist. Ihre Antwort: «Es ist mehr als Wut, getrennt von Wut. Es ist eine Monstrosität, die man nicht logisch durchdenken kann. Man kann nicht auf *alle* Deutschen wütend sein – auch wenn ich jahrelang nicht in dieses Land reisen wollte. Wie kann ich wütend sein, wenn ich, während wir noch in Allach waren, deutsche Frauen in Lumpen sah, die ihre Babys und Taschen die Straße entlangschleppten, deren Häuser zerstört, deren Leben ruiniert waren? Man musste kein Jude sein, um in diesen Jahren zu leiden. Aber die Juden … die Juden … das war etwas anderes.»

Als ihnen klar wurde, dass sie frei waren, erzählt Stella, waren sie bereit, ins Leben zurückzukehren.

So schnell?, frage ich.

«Ja, ja, ja!», sagt sie. «In dem Moment, als die Amerikaner kamen, fingen wir an, unsere Betten zu machen, uns das Haar zu kämmen, so gut es ging. Allein ihre Anwesenheit gab uns einen Vorgeschmack auf die Außenwelt. Bei den Männern war es anders, jeden Tag starb einer von ihnen. Ich sah ihre aufgestapelten Leichen.»

Ein amerikanischer Offizier nahm Sara in seinem Jeep mit nach München und steckte ihr Geld in die Tasche. Alle Geschäfte waren geöffnet. Sie kam mit Lippenstift zurück.

Sara wollte sofort ein Stück aufführen, wollte mit den Amerikanern singen und tanzen: «Wir waren so froh, dass sie nicht die Russen oder Engländer waren. Also haben wir eine provisorische Bühne gebaut und darauf gesungen und getanzt.»

75

In Allach lernte Sara einen Franzosen kennen und ließ sich mit ihm ein. Um zu sehen, ob die Beziehung eine Zukunft hatte, nahm sie eine Mitfahrgelegenheit nach Paris bei einigen Amerikanern an. Stella und der Rest der Mädchen hielten sie für unbesonnen, ja sogar leichtsinnig (und sagten ihr das auch), «aber Sie wissen ja, Sara – ich denke, inzwischen kennen Sie sie.»

Sara interessierte nicht, was die anderen dachten. Es war eine Möglichkeit rauszukommen, durchzustarten. Sie versicherte ihnen, dass sie sich an die örtliche jüdische Gemeinde wenden würde, um Hilfe zu bekommen, und wollte Kontakt zu ihren Brüdern im Kongo aufnehmen. «Ich komme schon klar», sagte sie, und auf ihre Weise behielt sie recht: Aus der Beziehung wurde nichts, aber Verwandte von Verwandten nahmen sie auf, und schon bald schlug sie ein neues Kapitel in ihrem Leben auf.

Als Stella Jahre später nach Paris kam, suchte auch sie diese Verwandten auf, die auch ihre Verwandten waren – mütterlicherseits. Sie schüttelten immer noch den Kopf über Sara: *quelle femme*.

Nach weiteren zwei Wochen in Allach fuhren Stella und die anderen Frauen mit einem Jeep nach Bolzano, der ersten italienischen Stadt jenseits der Alpen gleich hinter der Grenze. Stella sollte endlich Italien sehen.

Ihr Fahrer war schwarz, der erste Afroamerikaner, mit dem Stella je länger zu tun hatte, obwohl auch durch Rhodos gelegentlich schwarze Menschen gereist waren.

Man empfing sie in einer Kaserne, wo zunächst einige Verwirrung herrschte, ob sie Gefangene waren, was aber schnell geklärt wurde. Zum ersten Mal seit einem Jahr konnten sie heiß duschen, wieder mit Seife – Stella glaubt, dass sie ihr Haar vermutlich fünfmal wusch –, und sie wurden von einer Gruppe Nonnen und Freiwilliger versorgt, viele davon Töchter aus adligen Familien, *baronessa* dies und *contessa* das, die ihnen große, saubere weiße Nachthemden gaben und sie in einen Schlafraum mit bequemen Betten und gestärkten Laken führten, wo sie vor Erschöpfung sofort einschliefen und erst aufwachten, als sie diese neugierigen Frauen an der Tür hörten, die hereinspähten, spekulierten und flüsterten: «*Lasciamole dormire*» – lasst sie schlafen. Nur dass die Rhodeslis mittlerweile wach waren und sich schlafend stellten. Sie wollten diese Betten nicht verlassen, wollten nicht einmal daran denken, sich zu bewegen.

Lasst sie schlafen: Es war der Anfang eines Musters, das in den ersten Monaten und Jahren immer wieder auftauchte. Die Leute zögerten, hatten Angst, oder ihnen fehlten die Worte, um Stella und die anderen nach ihren Erfahrungen in den Lagern zu fragen, und sie dachten, sie würden die jungen Frauen irgendwie beschützen, indem sie sie nicht darauf ansprachen. Sie sollten lieber ausruhen und sich erholen, ihr Leben weiterführen und ihre Aufmerksamkeit auf anderes lenken, dachten alle. So dachte man sehr lange.

In Bolzano wurden sie zwei Wochen unter Quarantäne gestellt, und alle blieben gesund, bis die Ärzte in einer anderen Baracke einen Typhusfall diagnostizierten: Konfrontiert mit der Aussicht auf eine zweite Quarantäne, baten die Frauen aus Rhodos einen amerikanischen Soldaten um eine Mitfahrgelegenheit. Als er wissen wollte, wohin er sie bringen sollte, antworteten sie: in die nächste Stadt mit einer jüdischen Gemeinde.

Die Stadt war Modena, wo die Synagoge verlassen war und der Hausmeister ihnen erklärte, dass die Leute noch nicht zurückgekehrt seien, aus ihren Verstecken oder ... von anderen Orten. Nicht ein einziger Jude war zu finden.

«Wie wäre es mit Bologna?», fragte der amerikanische Soldat, und sie fuhren weiter.

76

In Bologna suchten die jungen Frauen die Synagoge auf. Sie kannten niemanden, hatten keine Kontakte, keine Papiere, kein Geld.

Eine gewisse Familie Zuckerman, selbst erst kürzlich aus ihrem Versteck in der Schweiz zurückgekehrt, nahm sie auf; die älteste Tochter, eine glühende Zionistin, hatte angefangen, mit jüdischen Flüchtlingen zu arbeiten, hatte aber noch keinen einzigen echten Überlebenden gesehen. Stella, Renée und die anderen waren tatsächlich unter den ersten – wenn nicht die ersten – Italienisch sprechenden Jüdinnen, die aus einem der Lager zurückkehrten.

«Aber setzen Sie ‹zurückkehren› bitte in Anführungszeichen», sagt Stella. «Vergessen Sie nicht, dass keine von uns je Italien gesehen hatte.»

Ich habe es nicht vergessen.

In Bologna brachte man sie in eine Bäckerei, wo sie Kaffee tranken und alle Gebäcksorten probierten, die sie wollten. Sie wurden in die Oper eingeladen, die erste, die Stella in ihrem Leben je besuchte. «Alle starrten uns lange an. Wir trugen noch unsere amerikanischen Khaki-Uniformen, daher wussten sie, wer wir waren, woher wir kamen.» Einige Tage später führte sie ein anderes Mitglied der Gemeinde, selbst gerade aus ihrem Versteck zurück, in ein Geschäft, das in jüdischem Besitz war, und sagte zu den Verkäufern: «Kleiden Sie sie alle neu ein.» Es war Mai, warm, aber Stella wählte trotzdem einen Pullover: «Nur damit ich einen hatte.»

Eines Nachmittags brachte eine Gruppe Partisaninnen Stella und die anderen zusammen mit der Zuckerman-Tochter zu einer Stelle am Stadtrand, wo man Widerstandskämpfer, darunter mehrere Frauen, umgebracht hatte. An den Wänden befand sich noch getrocknetes Blut; die ganze Atmosphäre dort war aufgeladen, fast lebendig in ihrer Leblosigkeit und verstörend. Die Erfahrung erschütterte Stella und begleitete sie noch Jahre danach. Vermutlich wollte man ihnen zeigen, dass nicht jeder in Italien ein Faschist war und nicht jeder das Regime unterstützt oder begünstigt hatte, vermutet Stella rückblickend, dass es auch in Italien durchaus Männer – und Frauen – gab, die ihr Leben für Demokratie und Freiheit gegeben hatten. Jahrelang erzählte man Stella immer wieder ähnliche Geschichten von Italienern, die Juden gerettet, beschützt oder versteckt hatten, und es stimmte; aber es gab auch Italiener, die Listen erstellt, mit den Faschisten und Deutschen kollaboriert und ihre jüdischen Nachbarn verraten hatten. Es war schwer, aber notwendig, mit beiden Wahrheiten zu leben.

Durch die Zuckermans lernten die Frauen Mitglieder der Jüdischen oder Palästinensischen Brigade kennen. Gegründet gegen Ende des Kriegs, im September 1944, als Teil der britischen Armee, bestand sie aus jüdischen Soldaten aus dem Gebiet des Völkerbundsmandats für Palästina, die in der letzten Phase des Italienfeldzugs gekämpft und nun vor ihrer Rückkehr in die Heimat eine Pause in Bologna eingelegt hatten. Nur Minuten nachdem man sie den jungen Frauen aus Rhodos vorgestellt hatte, fragte einer der Soldaten Lucia, ob sie einen Bruder namens Nissim hätte; erbleichend bejahte sie die Frage, ihr Bruder heiße tatsächlich Nissim, aber sie habe ihn seit Jahren nicht gesehen, da er die

Insel lange vor der Deportation verlassen hatte. Der Soldat teilte ihr mit, dass Nissim Franco der Brigade angehöre und momentan nahe der österreichischen Grenze stationiert sei. Innerhalb weniger Tage kam Nissim nach Bologna und traf seine Schwester wieder – er war der erste Mensch aus Rhodos, den die jungen Frauen nach ihrer Befreiung sahen.

Ein anderer Soldat, ein Sergeant namens Kubrick, sorgte dafür, dass Stellas Bruder Morris über das Schicksal seiner Schwestern informiert wurde, und schickte per Brief einen Bericht, geschrieben von einem Mann namens Moshe Levin, von dem Stella eine verblichene Kopie aus einer ihrer Schachteln holt und mir vorliest:

Bologna, 10. Juni 1945

Lieber Mr. Levi,

zwischenzeitlich haben Sie sicher schon das Telegramm erhalten, in dem Ihnen mitgeteilt wurde, dass Ihre Schwestern Stella und Renata Levi gesund sind und es ihnen gut geht.
Auf der Durchreise durch Bologna traf ich gestern Abend Ihre Schwestern im jüdischen Gemeindehaus. Beide sehen gut aus und fühlen sich wohl. Natürlich werden sie noch eine ganze Weile Ruhe brauchen. Sie wurden von amerikanischen Truppen aus dem berüchtigten Konzentrationslager von Dachau [sic] befreit. Zusammen mit vier weiteren Mädchen aus Rhodos werden sie von Sgt. Kubrick von einer palästinensischen Einheit der britischen Armee betreut. Möglicherweise werden sie in naher Zukunft über Florenz nach Rom

ziehen. Sgt. Kubrick tut unter den gegebenen Umständen alles Menschenmögliche für sie. Er wird sich sehr freuen, so bald wie möglich von Ihnen zu hören.

Nachdem er Kubricks Adresse mitteilt, fährt Levin fort:

Die Mädchen warten voller Anspannung darauf, von Ihnen und Ihrer Schwester in San Francisco sowie von dem Bruder im Kongo zu hören. Ihre Adresse war die einzige, an die sie sich erinnerten.
Ich versprach den Mädchen, Ihnen sofort zu schreiben, angesichts der schrecklichen Bedingungen, unter denen sie ein Jahr lang gelebt haben, ist ihre Genesung wirklich bemerkenswert.
Seien Sie versichert, dass die palästinensischen Soldaten ihr Bestes für die Mädchen tun werden. Diese Soldaten leisten ausgezeichnete Arbeit für die jüdischen Flüchtlinge.

Ich versuche, mir Morris vorzustellen, als er das Telegramm erhält, wie er dann im fernen Los Angeles diesen Brief öffnet und vom Schicksal seiner beiden jüngeren Schwestern Renée und Stella liest, die er noch nie in seinem Leben getroffen hat. Ob er wohl etwas über das Schicksal seiner Eltern gehört oder erfahren hatte? (Wer, frage ich mich, verschickte Telegramme im Namen der Toten?) Oder schloss er aufgrund ihrer Nichterwähnung in dem Brief oder den durchsickernden Tatsachen über den Krieg auf ihr Schicksal? Mit Sicherheit erkannte er zumindest die tiefe Bedeutung dieses Briefes, denn er kopierte ihn und gab ihn Stella, die ihn all die Jahre aufbewahrt hat.

77

Rhodos, Athen, Auschwitz-Birkenau, Landsberg, das Lager ohne Namen, Allach, Bolzano, Modena, Bologna: Wohin sollte Stellas und Renées Odyssee von hier aus führen?

Nicht nach Palästina, auch wenn Sergeant Kubrick die Idee einmal ins Gespräch gebracht hatte.

Und auch – sehr lange – nicht in die Vereinigten Staaten, wo sie sich mit ihren älteren Geschwistern treffen wollten, denn die Schwestern hatten keine Papiere, keine Visa, keine Pässe: kurz gesagt, keine Dokumente, die ihre Identität belegten. Und auch als sie schließlich welche erhielten, wurde ihnen die Einreise in einer Reihe kühl und sachlich gehaltener Briefe verweigert, weil sie immer noch italienische Staatsbürger waren und weil die Vereinigten Staaten strenge Quoten für Einwanderer aus Italien eingeführt hatten; Stella kramt diese Briefe ebenfalls hervor und gibt sie mir zu lesen. («Die Misses Levi müssen warten, bis sie auf den Quotenlisten an der Reihe sind. Die Tatsache, dass sie in einem Gefangenenlager [*sic*] interniert waren, gibt ihnen keinen Vorrang bei der Einreise.») Letztlich dauerte es über ein Jahr, bis dieser bürokratische Wirrwarr geklärt und ausgestanden war.

Sollten sie, wie Odysseus, zu ihren Anfängen nach Rhodos zurückkehren? Aber was für ein Rhodos würde das sein?

Auf meine Frage, ob sie ihre Gedanken zum damaligen Zeitpunkt rekonstruieren könne, verweist Stella auf Primo Levi: Er hatte seine Arbeit, sein Zuhause, seine Familie, die auf ihn wartete. Sie nicht; und auch keine der anderen in ihrer Gruppe. Sie hatten nichts. Niemand erklärte ihnen: «Euer Rhodos, das Leben, wie ihr es aus der Juderia kennt, gibt es nicht mehr», aber tief in ihrem Inneren, sagt sie, habe sie gewusst, dass Straßen, Mauern, Fenster und *kortijos* noch kein Zuhause ausmachen. Sie spürte diese *vuoto*, diese Leere, fast körperlich. «Meine Eltern waren tot, meine Familie, meine Nachbarn, meine Freunde – was würde es bedeuten, in die Juderia zurückzukehren? Wie würde es sich anfühlen? Ich war noch nicht bereit, es herauszufinden. Und sollte es noch viele Jahre nicht sein.»

Als schließlich Alice Taricas Onkel von Paris nach Florenz kam, um sie abzuholen, bestätigte er, was sie bereits ahnten, was sie bereits wussten, nämlich dass es die Juderia nicht mehr gab. Die Bombenangriffe der Alliierten hatten viele Gebäude zerstört, und es war unklar, was mit den intakten geschehen war. Anfangs kursierten Gerüchte, die Griechen hätten sich sofort geholt, was an Lebensmitteln und Wertgegenständen zu finden war; später kam heraus, dass die Carabinieri den Hausrat der jüdischen Häuser gesammelt und eingelagert hatten.

Einige junge Frauen aus Stellas Gruppe wollten sich selbst ein Bild machen. Rebecca Capelluto ging zunächst nach Kairo, wo ihre ältere Schwester lebte, dann nach Rhodos, um herauszufinden, was, wenn überhaupt, von ihrem Familiengeschäft übrig war, und das Haus zu verkaufen. Lucia Franco folgte ihrem Beispiel: Auf dem Rückweg nach Kos machte sie in Rhodos halt, und auch sie bestätigte, dass da nichts mehr war. Lucia reiste mit ihrem italienischen Freund Ottorino (Nino) Garzolini, der auch der Offizier war – wieder einer dieser merkwürdigen Zufälle in Stellas Leben –, der ihr an jenem schrecklichen Tag im Dezember 1943 die Nachricht von Gennaro Tesciones Selbstmord überbrachte; er und Lucia heirateten schließlich und zogen in den Kongo, wo sie schnell Anschluss in der lokalen Gemeinde der Exil-Rhodeslis fanden. In manchen Fällen verdichtete sich das Gewebe, in anderen war es irreparabel, für immer zerrissen.

Viele Rhodeslis, die die Lager überlebten, folgten einem Muster: Sie heirateten schnell und wurden sesshaft, auch viele, die einander nicht gut kannten. Sie wollten Normalität und Sicherheit; sie wollten, dass man sich um sie kümmerte oder sich selbst um andere kümmern. «Sie vergaßen – oder *schienen* zu vergessen –, was in Rhodos und danach passiert war», sagt Stella. «Wie haben sie das geschafft? Ich konnte es nie verstehen …»

Renée und Stella waren anders. Sie ließen sich Zeit. Als sie schließlich heirateten, wählten sie Partner außerhalb der Gemeinde.

Doch das lag noch in der Zukunft. Nach Bologna lautete die naheliegende Frage, wohin als Nächstes – und die Antwort war offensichtlich: nach Florenz, wo Luigi Noferini auf sie wartete. Florenz wurde Renées und Stellas Basis, während sie ihre Papiere in Ordnung brachten. Die Straßen dort waren Stellas Universität: Über ein Jahr lebte sie auf ihnen, erforschte sie und lernte sie in der Gesellschaft ihres Lehrers und Freundes kennen. Sie tauchte in das Italien ihrer Träume ein, jenes Italien, für das sie gepackt und auf das sie seit ihrem vierzehnten Lebensjahr gewartet hatte.

78

Die genauen Hergänge, zumindest einige, sind Stella entfallen. Zuerst, glaubt sie, hat die Jüdische Brigade sie nach Florenz gebracht. Dann überdenkt sie es noch einmal und fragt sich, ob möglicherweise das Joint Distribution Committee, das für ihre Unterkunft in Florenz aufkam, auch die Zugtickets bezahlte. Sie folgert, dass Luigi, der als Journalist und Lehrer arbeitete, gewusst haben musste, dass sie unterwegs waren, denn woher hätten sie sonst wissen sollen, dass sie in die Pensione Annalena in der Nähe des Palazzo Pitti im Viertel Oltrarno gehen sollten, wo man sich ein Jahr lang rührend um sie kümmerte und sich ein weiterer dieser typischen Stella-Zufälle ergab, was sich allerdings erst sehr viel später herausstellte: Im Annalena traf sie Emanuele («Nello») Cassin, einen Florentiner Juden, der sich in verschiedenen Klöstern und Bauernhäusern versteckt hatte und bei seiner Rückkehr feststellte, dass sein Haus von den Faschisten geplündert und während der Befreiung durch Bomben und Artilleriebeschuss beschädigt worden war; Nellos Enkelsohn Alessandro, der stellvertretende Direktor des Centro Primo Levi in New York, wurde ein wichtiger Freund in Stellas späteren Jahren. Großvater und Enkelsohn sind sich nie begegnet, aber Stella erzählte beiden Teile ihrer Geschichte, das erste Mal früh, das zweite Mal spät in ihrem langen Leben.

Woran Stella sich jedoch lebhaft erinnert, ist der Tag, als sie sich mit einer Gruppe junger Frauen – darunter Renée, Lucia Franco, Rebecca Capelluto und Alice Tarica – auf die Suche nach Luigi machte. Aus den Briefen, die er Stella in

Rhodos geschrieben hatte, wusste sie, dass seine Schule im *centro storico* lag, nicht weit entfernt vom Baptisterium San Giovanni irgendwo in der Nähe der Via Nazionale. Am Tag nach ihrer Ankunft in Florenz führte sie die Mädchen über den Arno, während die eine oder andere sie fragte, wie sie ihn denn zu finden gedenke. «Da ist bestimmt eine Flagge oder ein Schild oder irgendetwas», sagte Stella. «Ich habe das im Gefühl.» Die anderen trödelten und schauten unterwegs in fast jedes Schaufenster, sodass der Schultag zu Ende war, als sie in das Viertel kamen. Und voilà, als hätte man ihn gerufen, stand Luigi an einer Straßenecke und unterhielt sich mit einem Kollegen. Der Kollege bemerkte die in Khaki-Uniformen der amerikanischen Armee gekleideten jungen Frauen und forderte Luigi auf, sich umzudrehen. «Wie er uns ansah, die Freude in seinem Gesicht ... Er sprintete, er rannte zu uns, er küsste uns, alle, auch die, die er nicht kannte. Er nannte Renée *piccola donna* – wie bei *Little Women*. Mich küsste er als Letzte. Und dabei weinte er.»

Luigi, sagt Stella, war der erste wichtige Mensch aus ihrem Leben zuvor, den sie danach traf.

Auf meine Frage, wie sich das anfühlte, dreht sie den Kopf zur Seite und schweigt.

Bei ihrer ersten längeren Unterhaltung am Abend erzählte Luigi Stella und den anderen, dass er nach dem Besuch seiner Familie in Italien am Ende des Sommers 1943 versucht hatte, nach Rhodos zurückzukehren, man es ihm aber verbot, weil er Kommunist war. Er wusste, was ihnen und den anderen Juden von Rhodos widerfahren war, und sprach von der tiefen *vergogna* – Scham –, die er empfand, dass man Menschen *so* misshandelt hatte. Der Schmerz, den er hinsichtlich Gennaro Tesciones Selbstmord empfand, erzählte er Stella, war bodenlos. Er war überzeugt, dass Gennaro sich nie das Leben genommen hätte, wäre er dort gewesen.

«Woher willst du das wissen?», fragte ihn Stella.

«Weil er einen Freund bei sich gehabt hätte, wenn ich da gewesen wäre.»

In Florenz, mit Luigi als Fremdenführer, sahen sie alles. «Stellt euch vor», sagte er bei den Rundgängen durch die Stadt, «hier ging Beatrice, hier schrieb Dante seine Gedichte. Hier lebte Michelangelo und malte oder fertigte Skulpturen an» – und Donatello, Frà Angelico, Frà Bartolomeo, Giotto, Botticelli. Es war Stellas Traum, zu lernen, und Luigis, zu lehren. Er zeigte ihnen die Werke der Bildhauerfamilie della Robbia, von Filippo Brunelleschi und Leon Battista Alberti. Er zeigte ihnen die Mönchszellen von San Marco, die Bibliothek Laurenziana mit ihrer besonderen Treppe und die Grabkapellen der Medici an der Kirche San Lorenzo.

Für Stella fühlte es sich weniger wie eine Wiedergeburt an als wie eine Geburt. Die Person, die sie in den Lagern zurückgelassen hatte, war tot (so glaubte oder hoffte sie damals jedenfalls), denn diese Person hatte nur gelebt, um am Leben zu bleiben, und nicht, um die Welt kennenzulernen, sie zu sehen, zu studieren oder zu verstehen. In der ersten Zeit nach ihrer Befreiung war sie sich selbst fremd. Wer war sie? *Wo* war sie? Sie genoss nicht mehr den Schutz von Familie, Freunden, eines Zuhauses; es gab wenig Vertrautes in ihrem Leben. Sie empfand nichts als leicht oder unbeschwert, war nicht hochgestimmt oder erleichtert. In Florenz kehrte sie weniger zu sich selbst zurück, vielmehr fand sie ein neues Ich. Aber nur langsam.

Eines Tages nahm Luigi sie mit nach Santa Croce zu einem Besuch des Grabmals von Ugo Foscolo, dem halb griechischen, halb venezianischen Dichter und Revolutionär. Foscolos Mutter stammte von Zakynthos, der ionischen Insel, deren 275 Juden ein völlig anderes Schicksal ereilt hatte als jene aus Rhodos: Auf den Befehl der Deutschen, eine Liste der jüdischen Bewohner der Insel zu erstellen, lieferten der Bürgermeister und der Bischof exakt zwei Namen – ihre eigenen.

«Hier sind eure Juden», soll der Bischof bei der Übergabe gesagt haben.

Sorgsam versteckt in den entlegenen Hügeln, überlebte jeder Einzelne dieser 275 Juden den Krieg.

An einem anderen Tag, als einer der ersten Schabbate nahte, beschlossen die jungen Frauen, zum Gebet in die Synagoge zu gehen. Kaum war Stella eingetreten, schnappte sie nach Luft: Dort saßen in aller Ruhe ihre Cousine zweiten Grades Becky Habib und deren Mutter Miriam, eine Cousine von Miriam Levi auf der Notrica-Seite, und warteten darauf, dass der Rabbi anfing. Nissim Franco und Luigi Noferini waren die ersten Menschen, die Stella aus ihrem früheren Leben wiedersah, Becky und Miriam waren die ersten Verwandten. Im selben Augenblick spürte sie etwas in sich aufbrechen.

Becky und Miriam hatten Rhodos vor dem Krieg in Richtung Nizza verlassen, weil Miriam Habibs Schwester Leah vor einiger Zeit dorthin gezogen war (sie waren die Töchter von Miriams Onkel Chaim Notrica, der nach dem Tod seiner Schwester Sara für die Shiv'a mit einer Limousine in die Juderia gekommen war). Als die Deutschen im Begriff waren, in Frankreich einzumarschieren, riet ihnen der örtliche italienische Rat, das Land zu verlassen, und zwar sofort. Sie gingen nach Italien, wo es, wie sie schnell merkten, nicht sicherer war. Über Freunde fanden sie außerhalb von Florenz auf dem Land ein Versteck; nach Kriegsende hatten sie sich in der Stadt ein Zimmer gemietet und versuchten, wie Stella und ihre Freundinnen, zu entscheiden, was sie als Nächstes tun und wohin sie gehen sollten.

«Sie waren die ersten Verwandten, denen wir erzählen mussten, was mit unserer Familie passiert war», sagt Stella. Es war ein Schritt – ein kleiner, zaghafter Schritt –, um die Erfahrung der Lager in ihr Leben zu integrieren (ein Versuch, der viele Jahre dauerte und oft scheiterte).

79

Alice Tarica, die jüngste Überlebende in Stellas Gruppe, war ein Zwilling – ihr Bruder war gleich nach der Ankunft im Lager ermordet worden, ebenso die anderen Tarica-Schwestern und ihre Eltern –, und Stella begreift bis heute nicht, wie Alice es schaffte, als älteres Mädchen durchzugehen. In den Monaten, seit sie zusammen waren, hatte sie Stella sehr lieb gewonnen. Der Onkel, der aus Paris kam, um sie abzuholen, hätte ebenso gut ein Fremder sein können. Und er war tatsächlich ein Fremder: Sie hatte ihn noch nie in ihrem Leben gesehen. Er hatte verzweifelt Listen der Überlebenden durchsucht, ihren Namen gefunden und sie ausfindig gemacht. Nun war er entschlossen, sich um seine einzige überlebende Verwandte zu kümmern.

Alice' Verabschiedung verlief sehr emotional, aber sie ging, heiratete wenig überraschend einige Jahre später einen Cousin zweiten Grades von Stella und zog in den Kongo. Als Nächste ging Rebecca, dann Lucia und schließlich Vittoria. Aus der Gruppe blieben nur Renée und Stella zurück. Es gab zwei Möglichkeiten, einen Pass zu erhalten: nach Rhodos zurückkehren oder ihn in Neapel beantragen. Sie beschlossen, die Formalitäten in Neapel zu erledigen, egal, wie lange es dauerte.

Luigi stellte ihnen Tesciones Vater Giovanni vor, der auch Anwalt war und anbot, sie bei der Bewältigung der Bürokratie zu unterstützen. Als ich Stella frage, warum es länger als ein Jahr dauerte, antwortet sie zunächst streng: «Fragen Sie die italienische Regierung.» Dann fügt sie hinzu, dass die italienische Regierung gerade erst wieder anfing zu funktionieren und sie bei Weitem nicht die Einzigen ohne Papiere waren. Die Amerikaner machten es auch nicht unbedingt leichter – im Gegenteil.

Stella fuhr mehrmals ohne Renée nach Rom und mietete sich ein Zimmer in einer Pension an der Piazza del Popolo. Sie traf sich mit anderen jungen Rhodeslis, die aus den Lagern zurückgekehrt waren und in einer Art Gruppenunterkunft in der Via dei Condotti lebten, die eine Frau namens Vittoria Cohen (eine andere Vittoria Cohen) und ihr Mann Angelo zur Verfügung stellten und betreuten. In Rhodos war Vittoria eine Näherin gewesen, die nur mühsam ihren Lebensunterhalt verdiente. In Rom etablierte sie sich mit Unterstützung von Wohltätigkeitsorganisationen als Hausmutter für diese heimatlosen jungen Frauen (und einige Männer, die allerdings woanders wohnten) und sorgte dafür, dass sich Stella in der großen Stadt wohlfühlte. Wie zuvor Florenz, trug nun auch Rom zu Stellas Bildung bei, das Italien, das sie ihr Leben lang hatte kennenlernen wollen.

Das Jahr in Italien gab Stella reichlich Zeit, um über Luigi nachzudenken. Was als Lehrer-Schülerin-Beziehung mit Anklängen an Brontë begann, wie Stella es einmal beschrieb, entwickelte sich nun zu einer reiferen, ausgewogeneren engen Beziehung. Luigi stellte Stella seiner Familie vor, die zwar noch nie zuvor eine Jüdin getroffen hatte (und, was das angeht, auch keinen Juden), aber sie empfingen Stella und Renée herzlich und akzeptierten Stella als künftige Ehefrau. Als schließlich die Papiere eintrafen, die den Schwestern die Einreise in die Staaten ermöglichten, um ihre Geschwister zu sehen und – in Morris' Fall – kennenzulernen, zeigte Luigi nach anfänglichem Widerstand Verständnis dafür, dass es das Richtige war. Als Kommunist wäre es für ihn schwierig gewesen, sie zu begleiten. Er verabschiedete Stella in dem festen Glauben, dass sie zurückkehren und ihn heiraten würde. «*La piccola donna* kann auch zurückkommen», sagte er fröhlich.

Aber Stella hatte insgeheim andere Ideen. Andere Gefühle. Vielleicht war es zu diesem Zeitpunkt auch nur eine Ahnung. Sie brauchte Zeit, um nachzudenken, um sich über ihr Leben klar zu werden – um zu *sein.*

«Ich wusste es noch nicht genau», sagt Stella, «aber ich wollte keine Hausfrau sein. Auch wenn es Luigi war, ein kultivierter Mann, intelligent und mit einem großen Herz, wie hätte mein Leben wohl ausgesehen? Ich wäre höchstwahrscheinlich Hausfrau geworden – und dazu war ich nicht bereit.»

«Waren Sie in ihn verliebt?»

Sie beantwortet meine Frage mit einer Gegenfrage: «Was heißt es, verliebt zu sein?»

Und dann, als Antwort auf ihre eigene Frage, fährt Stella fort und erklärt, niemand glaube, dass man mehr als einen Menschen gleichzeitig lieben kann – aber aus eigener Erfahrung wisse sie, dass es möglich ist. In Rhodos jedenfalls war sie, auf ihre Art und soweit sie «verliebt» verstand, in drei Männer verliebt: Luigi Noferini, Renzo Rossi und Gennaro Tescione. In Luigi – «wenn ich es zusammenfassen müsste» – wegen seiner Intelligenz, in Renzo wegen seiner Weltzugewandtheit, in Gennaro wegen seiner Gedichte und seiner Fantasie. Rückblickend, sagt sie, hegte sie die stärksten Gefühle vermutlich für Gennaro, wegen seiner edlen Seele und der Art, wie diese zu ihr sprach, wie er zu ihr sprach.

In ihren Augen, sagt Stella, drückt sich Liebe auf vielerlei Arten aus. Sexuelle Anziehung und Verbundenheit, *wahre*

Verbundenheit, sind nicht immer in ein und derselben Person zu finden. «Mit dem Menschen, mit dem man sich Intimität wünscht, möchte man vielleicht nicht zusammenleben. Und mit dem Menschen, mit dem man Zeit verbringen, spazieren gehen, Gedanken austauschen und bis tief in die Nacht reden will, wünscht man sich vielleicht keine körperliche Nähe.» Sie hält inne. «Einige meiner wichtigsten Freundschaften habe ich mit Frauen gehabt. Mir gefällt es nicht, dass man heutzutage allem und jedem ein Etikett verpasst. Warum müssen wir alles mit einem Namen, einem Begriff oder einer Kategorie klassifizieren oder einschränken?

Sie bringe vielen Menschen auf verschiedene Art Liebe und Freundschaft entgegen, so Stella. «Und auch ich habe von vielen Menschen in meinem Leben Liebe und Freundschaft erfahren. Das hat mir ein reiches Leben beschert. In vielerlei Hinsicht hat das mein Leben *ausgemacht.*»

Dennoch reiste Stella mit dem festen Vorsatz in die Staaten, irgendwann nach Italien zurückzukehren, vermutlich nach Florenz, um Luigi zu heiraten, der die ganze Zeit geduldig auf sie wartete.

80

Am 19. November 1946 fuhren Renée und Stella nach Neapel und gingen an Bord der *Marine Perch*, Ziel New York, wo sie knapp drei Wochen später am 9. Dezember anlegten. «Eins war mir klar, als wir das Schiff bestiegen», sagt Stella, «nämlich dass Renée und ich keine richtige Vorstellung hatten, was uns erwartete. Wir waren zwei *orfanelle*, wir wussten nicht, wohin wir gehörten und wo wir landen würden.»

Nachdem die beiden Schwestern sich in ihrer Kabine eingerichtet hatten, schlenderten sie auf dem Deck entlang, wo ihnen eine unter dem Namen «Stellina Levy» reservierte Chaiselongue ins Auge stach. *Stellina* ist eine Verkleinerungsform für *Stella*, und die Schwestern fanden das merkwürdig, weil ihre Finanzen ganz bestimmt keinen solchen Luxus zuließen. Ob Luigi dahintersteckte? Stella glaubte es nicht, war sich aber nicht sicher. Sie hielten sich eine Weile in der Nähe auf, dann noch eine Weile, bis schließlich zwei elegante Frauen den Platz und den daneben, reserviert unter dem Namen Fanny Levy, einnahmen.

«Ist eine von Ihnen Stellina Levy?», fragte Stella.

«Ja, ich!», erwiderte die eine Frau.

«Ich auch», sagte Stella.

Die beiden begrüßten sich – oder stellten sich eher vor – mit einer Umarmung.

«Aber ich habe Sie beide schon mal gesehen», sagte Fanny Levy, nachdem sie die beiden gründlich gemustert hatte. «Sie waren im Konsulat in Neapel.»

Richtig, erwiderte Stella. Sogar mehrmals.

Stellina und Fanny waren Schwägerinnen. Begleitet von den beiden ältesten von Fannys fünf Kindern, kehrten sie aus Mailand zurück, der Stadt, die sie kurz nach den Rassengesetzen verlassen hatten; bei diesem ersten Nachkriegsbesuch hatten sie sich um ihre Häuser und Angelegenheiten dort gekümmert. In New York betrieben Fanny und ihr Mann einen Antiquitätenhandel mit einem Geschäft in Manhattan auf der East Side in den 60ern; Stellina und ihr Mann waren Pelzhändler in der 38th Street. Fanny, knapp unter vierzig, war eine Frau, die kein Blatt vor den Mund nahm und einen sarkastischen Humor hatte – sie bezeichnete die Nicht-so-alten-Antiquitäten, die sie und ihr Mann der New Yorker Bourgeoisie andrehten, als «Jewish Renaissance»; außerdem war sie einfühlsam und uneigennützig und sollte irgendwann in nicht allzu ferner Zukunft – wie Stella mir ankündigt – eine entscheidende Rolle in ihrem Schicksal spielen. Als ich Stella frage, ob sie mir diese Geschichte heute erzählen wird, antwortet sie mit einem elfenhaften Lächeln: «Ich lasse Sie lieber warten.»

Auf der Überfahrt nach New York wichen sich die vier Frauen – außer um zu schlafen – nicht von der Seite. Und nach ihrer Ankunft sagte Fanny, bevor sich ihre Wege trennten, zu Stella: «Ich habe so ein Gefühl, dass ich dich bald wiedersehe.»

In New York wohnten Stella und Renée eine Woche bei Verwandten in Brooklyn, ehe sie mit dem Zug nach Kalifornien fuhren, wo sich vier der älteren Levi-Geschwister niedergelassen hatten. Endlich waren sie mit ihrer Familie vereint.

81

«Was ich gefühlt habe, als ich meinen Bruder Morris zum ersten Mal am Bahnhof sah, und nach all den Jahren Selma, Sara und Felicie, *non posso dirti*» – ich kann es Ihnen nicht beschreiben. So beginnt Stella am folgenden Samstag.

Doch dann tut sie genau das:

«Die Tränen – auf allen Seiten – flossen ohne Ende. Sie weinten, und wir weinten. Und eigentlich nicht nur unseretwegen; das heißt, schon unseretwegen, aber auch um das, wofür wir standen. Unsere Ankunft in Los Angeles führte ihnen die Tragödie, die auf Rhodos und danach geschah, deutlich vor Augen. Sie weinten um den Verlust unseres Hauses, den Tod unserer Eltern, das Ende von allem, mit dem sie aufgewachsen waren, von allem, mit dem *wir* aufgewachsen waren ...»

So wie viele Rhodeslis, die in Los Angeles gelandet waren, lebte Morris in Leimert Park, und in den folgenden Tagen kam jeder vorbei, der eine Verbindung zur Juderia hatte, um Renée und Stella zu sehen. Unter den Ersten war Miriams älterer Bruder, ihr Onkel Isaac, der Felicie 1940 nach Los Angeles mitgenommen hatte. Isaac hatte zwei Schwestern und einen Bruder in den Lagern verloren und war, wie jene Riesen, die er einst an der Puerta de la Mar gesehen hatte, selbst einer von *los buenos de mosotros* geworden, einer unserer Besten – der Beste und der Einzige, da er der letzte noch lebende Angehörige seiner Generation war.

Tag für Tag kamen Verwandte und Freunde oder Freunde von Freunden, um Fragen zu stellen. *Wussten sie, was mit –*

passiert ist? Wann hatten sie – zum letzten Mal gesehen? Hatte – am Ende noch etwas gesagt? Wusste –, *dass es das Ende war?*

Und alle lauschten aufmerksam den Antworten der Mädchen. Das heißt, den besten Antworten, die sie zu bieten hatten. Manchmal hatten sie keine.

Die Besucher zündeten Kerzen an, sprachen Gebete, weinten. Sie kamen und gingen, aber ähnlich wie die gutherzigen Frauen in Bolzano fragten sie die Schwestern nicht nach Einzelheiten ihrer Erlebnisse in den Lagern. «Damals dachten alle: *Warum sie aufwühlen*? Also blieben sie und wir weitgehend stumm.»

Einige Zeit nachdem Stella und ich dieses Gespräch führten, stieß ich zufällig auf einen Acht-Millimeter-Film, den Stellas engagierter Archivar und Cousin Aron Hasson aufgespürt hat: zwei Minuten stummer und hübsch verschwommener alter Farbfilm, der offenbar eine Geburtstagsparty in Morris' Haus von Anfang 1947 festhält, nicht lange nach Stellas und Renées Ankunft in Los Angeles, und diesen Film bringe ich Stella mit. Gemeinsam sehen wir zu, wie ein Figurenfries über den Bildschirm zieht, eine Version aus der Mitte des zwanzigsten Jahrhunderts, die mich unwillkürlich an Friese erinnert, die Schlachten oder Prozessionen auf alten Tempeln darstellen oder griechische Vasen schmücken: Levis und Misrahis, Notricas und Hassons, alle festlich gekleidet, halten sich an den Händen, winken oder machen grüßende Gesten, legen Arme um Schultern oder schneiden ein festlich dekoriertes Gebäck mit einem Kuchenmesser auf.

Stella und Renée, gut aussehend, strahlend, mit großen Ansteckorchideen an den Kragen, schenken der Kamera ein

Lächeln, das nicht leicht zu deuten ist oder, besser gesagt, das nicht leicht zu trennen ist von all dem, was ich über die lange Reise weiß, die diese Frauen zurück in den Schoß ihrer übrig gebliebenen Familie brachte.

Alle paar Sekunden halte ich den Film an, damit Stella den Gesichtern Namen geben, Namen mit Namen verbinden und die weitläufigen Verwandtschaftsverhältnisse zwischen diesen dynamischen überlebenden Rhodeslis näher erklären kann. Am Ende des Films fällt mir auf, dass ein Name, ein Gesicht, eine Person fehlt: Felicie.

Während der ersten Zusammenkünfte, kurz nach ihrer Ankunft, und auch bei späteren war Felicie nirgends zu sehen. Als sie das erste Mal verschwand, suchte Stella nach ihr und fand sie bei verschlossener Tür in ihrem Zimmer.

«Aber warum?»

«Ich fragte sie. Aber nicht *warum*, sondern *was ist los*? Was tat sie dort? Und sie antwortete: ‹Ich wollte mir Beethovens Neunte anhören.›»

Felicie wollte sich Beethovens Neunte anhören, vermutet Stella, weil ihre Welt verschwunden war. Diese Welt, die auf dem Denken und Schreiben der Antike aufbaute und von deutscher (sowie französischer und italienischer) Musik und Kunst, von Philosophie und von Romanen gespeist wurde, war eine Lebensweise, die bestimmte Straßen und Räume in der Juderia durchdrang, die Straßen, in denen Felicie lebte, die Räume, in denen sie las und bis tief in die Nacht mit Robert Cohen in seinen nicht zusammenpassenden Socken diskutierte und nicht an Gott oder an Religion glaubte, sondern an grundlegenden menschlichen Anstand – diese Räume, diese Welt, die noch in ihrem Kopf und in ihrer Erinnerung existierten, wurden durch die bloße Anwesenheit von Stella und Renée auf den Kopf gestellt, durch alles, was sie verkörperten und durchgemacht hatten.

Sie konnte nur Beethoven hören. Alles andere überforderte sie.

82

Nicht lange nach ihrer Ankunft trafen Stella und Renée einen Mann, einen Schönheitschirurgen, dem auffiel, dass Renée ihren Arm versteckte. Er fragte sie, ob sie sich ihre Nummer entfernen lassen wolle. «Keine große Sache. Ich kann das machen.» Sie vereinbarte einen Termin für sich und Stella für den folgenden Tag.

Was sollte aus den beiden *orfanelle* werden?

Renée war fünfundzwanzig, Stella dreiundzwanzig. Es folgte eine unstete Zeit, in der sie sich ausprobierten: Wo und wie wollten sie leben? Wo arbeiten? Wie Freunde finden? Vielleicht Partner auf Zeit, vielleicht Ehemänner.

Würden sie in Felicies Fußstapfen treten?

Als Felicie Morris nach Los Angeles folgte, hatte sie zuerst als Näherin gearbeitet – die intellektuelle Felicie, die in ihrem Leben nie eine Nadel in der Hand gehalten hatte. Das Nähen brachte ihr eine gutherzige Frau bei, die sich den Lohn ihrer Stückarbeit mit ihr teilte, bis Felicie es beherrschte, was einige Zeit dauerte. Später nahm sie eine Stelle im Büro eines Altersheims an. Abends und am Wochenende war sie die stets verfügbare Tante, die auf ihre Nichten und Neffen aufpasste und großzügig ihr Geld verteilte.

«Sie wurde die alte Jungfer der Familie», sagt Stella, «ein schrecklicher Ausdruck. Wir vergaßen, was in ihr steckte, und so vergaß sie es ebenfalls. Sie ließ zu, dass wir sie ausnutzten, und wir taten es. Und wir – oder ich jedenfalls – hatten deswegen jahrelang ein schlechtes Gewissen. Aber die traurige Wahrheit ist, dass nicht alle begabten oder intelligenten Menschen etwas zurückgeben, auch wenn es einmal so aussah.»

Da mir diese Einschätzung Felicies ziemlich hart erscheint, frage ich Stella, ob man Felicies Nachkriegsleben nicht auch anders sehen könnte. Die Würde, mit der sie eine handwerkliche Arbeit aufnahm – beeindruckend. Und auch ihre finanzielle Großzügigkeit scheint nicht unbedeutend zu sein. Als ich darauf hinweise, gibt Stella zu, dass Felicie die Erste war, die ihren Schwestern Geld nach Florenz schickte, und dass sie ihnen noch viele Jahre lang an entscheidenden Punkten in ihrem Leben aus der Klemme half. Das Geld führt zu anderen Aspekten von Felicies Großzügigkeit: wofür sie Energie und Mühe aufwandte, woran sie glaubte. Als Felicie nach Berkeley zog, nahm sie an Demonstrationen für Bürger- und Frauenrechte sowie gegen den Krieg in Vietnam teil. Sie engagierte sich für Gewerkschaften. Die junge Frau, die sich kritisch über das faschistische Regime geäußert hatte – flüsternd im Schutz der Dunkelheit –, erhob nun ihre Stimme gegen Aktivitäten der Regierung ihrer Wahlheimat, die sie als ungerecht empfand.

Und auch wenn Felicie weiterhin nicht mit Renée oder Stella über ihre Erfahrungen in den Lagern sprach, las sie doch ziemlich viel zu dem Thema. «Sie wollte es philosophisch begreifen – oder zumindest versuchen –, aber letztlich konnte sie das natürlich nicht, wer konnte das schon? Und sie fühlte sich schuldig: weil sie gegangen war, weil sie nicht da war für unseren Vater, als er seine Arbeit und sein Augenlicht verlor. Ich glaube, wenn sie früher gegangen wäre, so wie Sara und Selma, dann wäre die Situation vielleicht anders gewesen. Dann wäre sie vielleicht nicht … ich weiß nicht … so problembeladen gewesen.»

Felicie las also und versuchte das, was Renée und Stella widerfahren war, durch logisches Denken zu ergründen, aber was taten die anderen Geschwister? «Sara redete *unentwegt*. Sie lief durch die Gegend und wiederholte alles, was wir erzählten: ‹Meine Schwestern haben Auschwitz überlebt, dieses und jenes ist ihnen passiert.› Sie machte das nicht aus Bosheit, wahrscheinlich versuchte sie so, mit unseren Erfahrungen klarzukommen.» Selma und Morris wiederum wurden emotional, sobald das Thema aufkam, aber ihre Neugier hielt sich in Grenzen, war mitunter unbeholfen: «Welche Fragen soll man stellen, wenn man nicht weiß, wo man anfangen soll?» Stella sah Victor erst nach zehn Jahren wieder, als er nach Bologna gezogen war, und inzwischen hielt er sich noch bedeckter, was seine Gefühle anging.

Renée wiederum war in sich gekehrt und reserviert. Später im Leben erzählte Stella Renées Söhnen von Erlebnissen, über die ihre Mutter nie gesprochen hatte, und dennoch herrschte zwischen den beiden Schwestern ein bleibendes Verständnis – eine Sprache, die niemand sonst verstand. Eine von ihnen musste nur «Magda», «Kanada» oder «Kartoffel» sagen. «Selbst heute noch, wenn ich nach all den Jahren an diesen Marsch nach Allach denke, auf dem sie nicht zuließ, dass ich aufgab, denke ich, *das* ist meine Schwester. *Das* ist Renée.»

In Los Angeles arbeitete Stella eine Zeit lang bei zwei ungarischen Antiquitätenhändlern, während Renée in einer Fabrik Kleider nähte – wieder wurde genäht. (Als Stella mir das erzählt, muss ich daran denken, dass Renée mit fünfzehn anfing, ihre Aussteuer zu nähen.) «Es war nicht die Zukunft, die meine Schwester in Rhodos erwartet hatte», sagt Stella sarkastisch, «aber zwischen Rhodos und Los Angeles kam eben Auschwitz.»

Abends nahmen beide Englischunterricht; sie brauchten eine neue Sprache für das neue Leben in einer neuen Welt.

Irgendwann hatte Felicie von einer Wohnung am Beverly Drive gehört und stellte die Idee in den Raum, die drei Schwestern könnten zusammenleben. Stella und Renée sahen sich die Wohnung an und fragten die Vermieterin in ihrem mangelhaften Englisch, ob die Gegend sicher sei. «Absolut», antwortete sie. «Wir vermieten nie an Leute mit Katzen oder Hunden, oder an Juden.»

Die Schwestern schauten sich an und fassten in stillem Einverständnis einen anderen Plan.

Renée probierte es in Nordkalifornien, wo Sara in Berkeley lebte und auch Felicie irgendwann hinzog, während Stella zurückblieb, zunehmend weniger bezaubert von der Stadt der Engel. «Nach Florenz? Können Sie sich das vorstellen? Um einen Film auf Französisch oder Italienisch zu sehen oder in einen Buchladen zu gehen, musste man den ganzen Weg nach Westwood mit der Straßenbahn fahren. Ich sah mich selbst als eine *povera donna sola abbandonata in questo popoloso deserto che appellano Los Angeles*. Wie in *La Traviata* – Sie wissen schon.»

«Aber Stella», sage ich, «hat Violetta nicht von Paris gesungen?»

Stella lacht. «Das mit dem *popoloso deserto* stimmte – glauben Sie mir.»

Renée war in Berkeley nicht viel glücklicher. Sie und Stella berieten sich und kamen zu dem Schluss, nach Italien zurückzukehren. Es musste das Land sein, für das sie bestimmt waren. Außerdem wartete dort Luigi; es war an der Zeit.

83

Anfang 1948 fuhren Renée und Stella nach New York, um ihre Rückkehr nach Florenz vorzubereiten, und einer der ersten Menschen, die sie besuchten, war Fanny Levy, die kein Blatt vor den Mund nahm, was die Italien-Pläne der Schwestern betraf.

«*Ma siete matte?*» – Habt ihr den Verstand verloren? «Italien liegt in Trümmern. Es wird Jahre, vielleicht Jahrzehnte dauern, bis das Land wieder zu sich findet. Italien ist nicht die Zukunft – die Zukunft ist Amerika.»

«Aber Kalifornien hat uns nicht gefallen», sagte Stella.

«Wer geht schon nach Kalifornien? Nicht Leute wie ihr. Für euch ist New York der richtige Ort, um ein Leben aufzubauen. Hier sind alle möglichen Leute, hier bieten sich alle Möglichkeiten. Genau hier gehört ihr hin.»

Renée und Stella begriffen gleichzeitig, dass Fanny recht hatte.

Das heißt, wahrscheinlich recht hatte: «Um ehrlich zu sein», erklärt mir Stella, «folgte ich nicht zum ersten Mal in diesen Jahren einem Gefühl, einem Impuls. In dem Moment machte es Sinn. Aber trotzdem hatte ich keine Zukunftsvision für mich. Damals nicht und eigentlich nie.»

Sie schrieb Luigi. Es war einer der schwierigsten Briefe, die sie je verfasst hatte.

Einige Zeit später, erzählt sie mir vorgreifend, um die Geschichte zu vervollständigen, freundete sich Luigi mit ihrem Bruder Victor an und half ihm bei seinem Umzug nach Italien, nachdem er den Kongo verlassen hatte, und so blieben sie und Luigi in der Umlaufbahn des jeweils anderen, wenn sie auch nicht mehr füreinander Teil ihres späteren Lebens waren. Es verging viel Zeit, ehe sie und Luigi sich wieder von Angesicht zu Angesicht sahen. Inzwischen war er verheiratet und hatte eine Familie. Als sie allein waren, gestand er ihr: «Als du nicht nach Florenz zurückgekommen bist, um mich zu heiraten, hast du mir den größten Schmerz meines Lebens zugefügt.»

Für Stella nicht leicht zu verkraften: «Bis zum heutigen Tag lebe ich mit dieser *colpa*.» *Colpa*: «Fehler» oder «Schuld». Dass sie ihren eigenen Neigungen oder ihrem Gespür gefolgt ist; dass sie ihre Vorstellungen und Wünsche kannte oder glaubte, sie zu kennen. «War es nicht besser, keine Ehe einzugehen, die sich als falsch erwiesen hätte? Wenn ich Luigi geheiratet hätte und dann gegangen wäre, welchen Schmerz hätte ich *dann* wohl verursacht?»

Mehrere Jahre danach – es war noch mehr Zeit vergangen, die, wie Stella hoffte, eine erleichternde Distanz geschaffen hatte – sah sie Luigi persönlich wieder. Sie wollte ihn umarmen, aber er zog sich zurück. «Ich wollte ihm für alles danken, was er mir gegeben hatte, und das war sehr viel, aber er zeigte noch immer seine Verletztheit. Ich fand das ... enttäuschend.» Was bei Stella als *un vero affetto*, echtes Gefühl, vorhanden war, hatte sich bei Luigi als Bitterkeit verfestigt.

«Kann es sein, dass er Sie noch geliebt hat?»

«Ich glaube eher, dass er in eine Vorstellung von mir verliebt war. Mein wirkliches Ich konnte er zu diesem Zeitpunkt gar nicht kennen.»

Stellas frühe Jahre in New York zeichneten sich durch Charakterstärke aus. Sie hatte die Charakterstärke und den Mut, Luigi und sich selbst zu befreien. Sie hatte die Charakterstärke und Disziplin, sich die englische Sprache anzueignen. Sie hatte die Charakterstärke und Entschlossenheit, zu lernen und für sich selbst zu sorgen.

Um Arbeit zu finden, wandte sie sich logischerweise an die anderen exilierten Mitglieder ihrer Gemeinde (aber kann man noch von Exil sprechen, frage ich mich, wenn der Ort, von dem man kommt, nicht mehr existiert?). Sie fing bei zwei Brüdern an, Hillel und Hertzel Franco, die in der Juderia in der Nähe der Levis gewohnt hatten und vor dem Krieg nach New York gezogen waren – Hillel (wie Stellas Bruder Morris) noch bevor sie ihn kennenlernen konnte. Als die Francos erfuhren, dass die jungen Frauen aus Rhodos sich in der Stadt niederlassen wollten, luden sie die beiden sofort zum Essen in ihrer Wohnung an der Upper West Side ein, ein Abend, an dem auch andere Rhodeslis anwesend waren, darunter Stellas Nachbarn, die Turiels. Die Francos führten ein gut etabliertes Import Export Geschäft und fanden für Stella eine Arbeit, bei der sie ihre guten Sprachkenntnisse einsetzen konnte, da viele ihrer Transaktionen mit Belgisch Kongo auf Französisch getätigt wurden. Renée begann in den Verwaltungsbüros des Kaufhauses Saks zu arbeiten.

Die Francos exportierten in Amerika hergestellte Produkte von Autoreifen bis Textilien; durch die Arbeit erwarb Stella wichtige Kenntnisse für ihr späteres langes Berufsleben. Über Fanny lernte sie einen weiteren Import-Export-Geschäftsmann kennen, einen Italiener namens Baldi, der gebrauchte Kleidung und Textilien nach Italien importierte; bei der weitgehend puerto-ricanischen Belegschaft konnte Stella neben ihrem Italienisch auch ihre Spanischkenntnisse anwenden. Nach Baldi stieg Stella als unabhängige Agentin in das Geschäft ein und half italienischen Kunden bei der Beschaffung in Amerika hergestellter Textilien (Bettwäsche, Handtücher, Restposten und dergleichen) für den italienischen Markt, auf dem in den Nachkriegsjahren ein großer Bedarf herrschte. Ihre Arbeit führte sie oft in den Süden, in traditionelle und von Männern dominierte Milieus, doch ihr Scharfsinn für Zahlen und die Leichtigkeit, mit der sie sich zwischen verschiedenen Kulturen und Sprachen bewegte, verhalfen ihr jahrelang zu einem stattlichen Einkommen und brachten sie mit einer Vielzahl von Menschen und Orten in Kontakt. Dennoch hat Stella, wenn sie mit der für sie typischen Rastlosigkeit und Selbstanalyse auf die Erfahrung zurückblickt, gemischte Gefühle.

«Ich habe hart und ehrlich gearbeitet, und ich habe gut verdient», sagt Stella zu mir. «Aber eigentlich schäme ich mich und bedaure das Ganze sehr, weil ich von etwas anderem geträumt hatte und ein intellektuelles Leben führen wollte. Wie Sie wissen, habe ich es mit Schreiben, dann mit Psychologie versucht und bin gescheitert, weil ich entweder nicht das Zeug dazu hatte oder mir der Antrieb fehlte. Um in diesen Bereichen zu bestehen, muss man Opfer bringen, und dazu war ich damals nicht bereit. Das Textilgeschäft ist mir leichtgefallen, es war wie ein Geschenk.»

Jahrelang, fährt sie fort, habe sie auf die falschen Werte gesetzt. In der ersten New-York-Phase sei sie in die vertraute Gemeinschaft der vertriebenen Rhodeslis und deren scheinbare Sicherheit zurückgefallen. Und wieder erwähnt sie, dass sie zu viele Gedanken auf ihre Kleidung und ihr Äußeres verschwendet habe. Heute, so Stella, wünschte sie, sie hätte diese Energie auf ein Studium gelenkt und es durchgezogen, auf Selbstdisziplin und Konzentration.

Während ich Stella zuhöre, fällt mir unwillkürlich wieder das junge Mädchen mit dem Koffer ein, bereit, in Italien zu studieren; dann das ältere Mädchen, das man aus der Schule warf; das noch ältere, das an den Abschlussprüfungen scheiterte. Und das war noch vor den Lagern. Vorsichtig frage ich Stella, ob diese Hindernisse oder Enttäuschungen ihrer Ansicht nach den späteren Verlauf ihres Lebens erklären.

«Schon möglich», sagt sie nachdenklich. «Aber wenn ich ein bisschen Selbst-Erforschung betreibe», sagt sie, «wird mir klar, dass ich davon überzeugt war, mir sollte alles von selbst zufallen, ohne Arbeit oder Mühe. Aber so läuft es nicht im Leben. Sie müssen Ihrer Tochter und jedem jungen Menschen, den Sie gernhaben, sagen: Wenn du an den Punkt kommen willst, wo du etwas gut – meisterhaft – beherrschst, musst du dich dem voll und ganz hingeben. Kochen, tanzen, studieren, schreiben – ganz gleich, was. Heute sehe ich ein und spüre, was mir damals fehlte: Disziplin. Disziplin ist das, was zählt.»

84

New York war nicht das Richtige für Renée; sie fühlte sich nicht wohl in der großen Stadt. 1949 beschloss sie, nach Kalifornien zurückzukehren, wo sie eine Arbeit fand, heiratete, Kinder bekam und sich scheiden ließ – kurz gesagt, sie fand ihre Zukunft und folgte ihr.

Nach allem, was sie zusammen durchgestanden hatten, fühlte Stella sich im Stich gelassen, hielt aber weiter an der Überzeugung fest, dass New York, wie Fanny Levy vorhergesagt hatte, ihre Stadt war.

Zum ersten Mal ganz auf sich allein gestellt, zog Stella an die Upper West Side und teilte sich mit einer Freundin namens Willia eine Wohnung in einem Gebäude mit dem Spitznamen il Vaticano. Warum Vatikan? «Weil im wirklichen Vatikan keine Juden lebten und der Vatikan im Krieg keine Juden aufgenommen hatte, aber in diesem Haus an der Upper West Side lebten sehr viele Juden, und darunter sehr viele Italiener», erklärt Stella. «Es war natürlich ironisch gemeint.»

In il Vaticano saß Stella Anfang der Fünfzigerjahre bei einem Dinner neben Paul Grundberg, den sie als einen der besten Männer beschreibt, dem sie je begegnet ist, und den ersten Mann, der ihr das Gefühl gab, «sich um meiner selbst willen für mich zu interessieren». Eigentlich lernte sie zuerst seine Eltern kennen, auch bei einer von Willias Abendgesellschaften, und war bereits von der Familiengeschichte fasziniert, einer noch nicht lange zurückliegenden Odyssee durch die Türkei, wo Pauls Eltern in deutsch-jüdische Familien geboren wurden; durch Italien, wo Paul zur Welt kam und in Mailand aufwuchs, wo sein Vater Sigmund bis 1938 eine florierende Textilfabrik besaß; durch die Schweiz, wohin sie als Nächstes zogen, da sie in weiser Voraussicht etwas Kapital dort angelegt hatten; durch Frankreich, wo sie ein Haus in Nizza gekauft hatten, bis das Leben auch dort unmöglich wurde; durch Portugal, das ihnen, wie vielen anderen Juden auf der Durchreise in jenen Jahren, einen kurzen sicheren Unterschlupf bot; und schließlich nach New York, wo die Familie 1940 landete. Diese unfreiwillige Wanderschaft hinterließ einen bitteren Geschmack bei Paul, der lange Zeit in seinem Leben allergisch auf Italien und einen Großteil Europas reagierte. Er kam einfach nicht damit klar, so Stella, dass man eine Gruppe von Menschen, die so wesentlich zur Wirtschaft und Kultur und zum Leben eines Landes beigetragen hatte, von einem Tag auf den andern einfach wegen ihrer Religion hinauswarf.

An diesem Abend kamen Stella und Paul ins Gespräch, und er bot an, ihr Greenwich Village zu zeigen, wo er lebte. Ihr erstes Date fand bei Nedick's an der 8th Street und Sixth Avenue bei einem Hotdog und Kaffee statt. «*Très élégant*», sagt Stella liebevoll.

Paul, merkte sie schnell, war *molto retto* – sehr aufrecht, ehrlich. Er hatte vor Kurzem sein Architekturstudium an der Columbia University abgeschlossen, arbeitete in einem etablierten Architekturbüro und nahm jedes noch so bescheidene Projekt an. In Mailand war Paul immer von einem Chauffeur zur Schule gebracht worden, was er Stella gegenüber jedoch nie erwähnte; sie erfuhr es von seiner Schwester Lotte, die sehnsüchtig und oft über den verlorenen Luxus der Familie sprach, nicht nur den Chauffeur, auch den Koch, die Nanny, das Dienstmädchen. Paul hingegen kehrte all diesen Dingen den Rücken, so wie er auch Europa den

Rücken kehrte. Er tat nie großspurig. Ihm waren Ideen, Menschen und seine Arbeit wichtig.

Nach ihrer kurzen Schilderung von Pauls Hintergrund und Charakter und dem Beginn ihrer Beziehung sagt Stella: «Ich habe schon mehrmals gesagt, wenn ich über die junge Frau in Rhodos spreche, kommt sie mir manchmal wie eine andere Person vor, eine Figur aus einer Geschichte, einer anderen Welt. Das trifft auch auf die Stella zu, die Paul geheiratet hat. Ich verstehe sie bis zum heutigen Tag nicht ganz.»

Als ich mit meinen Notizen fertig bin, erklärt mir Stella weiter, dass Paul ein sehr feiner Mensch war, in den sie jedoch nicht besinnungslos verliebt gewesen sei. Ein Cousin sagte ihr mal, sie werde sich vermutlich nie besinnungslos in jemanden verlieben, und inzwischen frage sie sich, ob er recht hatte. Die Liebe, die sie für Paul empfand, basierte auf Zuneigung und Respekt. Darüber hinaus fühlte sie sich aber im Vergleich zu ihm leichtfertig, nicht ernsthaft oder kultiviert genug. «Und ich dachte, ich könnte ihm schaden.»

Ich blicke auf. Stellas Gesicht hat sich verhärtet.

«Schaden?», frage ich.

Sie nickt.

«Hängt es damit zusammen, was Sie durchlebt haben?», frage ich.

«Das kam mir nie in den Sinn. Aber wissen Sie, damals kam mir vieles nicht in den Sinn.»

Sie fährt fort, dass sie mit «schaden» vermutlich eher «zurückhalten» meint. Wenn Pauls gebildete Freunde beispielsweise zum Essen kamen, fiel es ihr schwer, sich an der Unterhaltung zu beteiligen, und bevor sie sich's versah, suchte sie Zuflucht in der Küche, kümmerte sich um Essen und Getränke und solche Dinge, und sobald sie einen Hauch dieses konventionellen Hausfrauengefühls verspürte – so wie damals in Florenz bei den Gesprächen mit Noferini über ihre gemeinsame Zukunft, wie ihr inzwischen klar ist –, überkam sie ein leichtes Erstickungsgefühl, sie fühlte sich zutiefst unwohl, beinahe krank. Allerdings war es für diese Phase in Stellas Leben typisch, von Gefühlen ergriffen zu werden, die sie nicht verstand, oder eigene Gedanken wahrzunehmen, ohne ein klares Gespür für sich selbst zu entwickeln.

«Ich glaube, es spricht für sich, dass mein Mann und ich nie in der Lage waren, uns ein Zuhause oder eine eigene Welt zu erschaffen», fährt sie fort. «Und Paul war einfühlsam. Er wusste, dass ich zu kämpfen hatte. Er wusste, dass ich mir nach dem Verlust meines Zuhauses in Rhodos nicht einfach woanders ein neues einrichten konnte. Wir zogen ständig um, in neue Häuser oder Wohnungen von Freunden oder Verwandten, immer vorübergehend. Wir waren nicht verwurzelt, weil ich unfähig war, Wurzeln zu schlagen – ich war nicht bereit dazu oder wollte es nicht. Und dennoch verdiente er mehr.»

Stella erklärt mir nicht zum ersten Mal, dass sie nicht für die Ehe geschaffen war. «Schon in Rhodos dachte ich so über die Ehe, und als ich dann selbst verheiratet war, wurde es mir umso klarer. Ich musste frei sein im Leben. Um atmen zu können, musste ich allein sein.»

85

Am folgenden Samstag nähert sich Stella diesem Teil ihres Lebens aus einem anderen, aber offenbar dazugehörigen Blickwinkel: Sie erzählt, dass sie, als sie aus den Lagern kam, sehr lange ihre Periode nicht hatte. In Italien setzte sie kurze Zeit wieder ein und blieb dann abermals aus. Ihre Cousine Sara hatte ihre Periode nie wieder. Renée schon; am Ende bekam sie zwei Kinder.

Als Stella nach New York zurückkehrte, ging sie zu einem Gynäkologen, einem Dr. Wimpfheimer, der einen kleinen Eingriff bei ihr vornahm und ihr versicherte, dass ihre Periode bald wiederkommen würde, und so war es auch.

Das Leben trug sie weiter. Sie traf Paul und heiratete, wurde schwanger. Am 6. Dezember 1954 brachte sie einen Sohn zur Welt, John. Danach kam ein strahlender Dr. Wimpfheimer zu ihr: «Erinnern Sie sich noch, dass Sie meinten, Sie könnten nie ein Kind bekommen?»

Überglücklich und erleichtert konnte Stella ihm bestätigen, dass er recht gehabt und sie sich geirrt hatte.

Als Stella und Paul sich drei Jahre später trennten, gelangte sie zu einer anderen schwierigen Erkenntnis: Sie hatte klar begriffen, dass sie für die Rolle als Ehefrau nicht bereit war, und sosehr sie ihren Sohn vergötterte, sah sie ein, dass sie auch für die Rolle einer alleinerziehenden Mutter nicht bereit war. «Ich hatte nicht das Zeug dazu. Ich hatte Angst und war allein. Ich hatte hier keine Familie. Keine Schwestern, keine Tanten, keine Mutter, keine Gemeinde. Man könnte wohl sagen, dass ich verloren war …»

Als frischgebackene, kämpfende Mutter suchte sie zum ersten Mal einen Psychiater auf. Sie wollte die Antwort nicht in den Lagern finden, sondern in sich selbst, das stellte sie klar. Andere hatten diesen Ort, diese Erfahrung hinter sich gelassen, hatten geheiratet und Kinder bekommen, und beides offenbar erfolgreich. Warum, wollte sie wissen, konnte sie es nicht?

«So dachte ich damals», sagt Stella. «Aber es stimmt, wie ich inzwischen weiß, dass ich diese Erfahrung nie verarbeitet oder verdaut habe. Ich wollte oder konnte nicht. Wenn einer der Analytiker, bei denen ich war, *bravo*, wirklich *bravo* gewesen wäre, dann hätte er oder sie mir vielleicht durch diesen Verstehensprozess helfen können; dann hätte ich bestimmte Probleme lösen können, auch wenn es schmerzhaft oder verstörend gewesen wäre. Denn tatsächlich wurde ich mit dem Beginn der Rassengesetze – ich habe es schon mehrmals gesagt – von mir selbst, von meinem Weg abgeschnitten. Isoliert. Und dann ... dann die Lager. All diese Aktionen gegen die Juden lösten eine Bindungsangst in mir aus. Diese Brüche in meinem Leben waren» – sie sucht nach dem richtigen Wort – «folgenschwer.»

In bestimmten Gemütsverfassungen, fügt sie hinzu, sei sie allerdings nicht sicher, ob dies wirklich die Schuld ihrer Therapeuten gewesen sei. Sie waren qualifiziert und wohlmeinend; es sei gut möglich, dass sie noch nicht bereit war für das, was sie ihr zu bieten hatten. Aber sie war stur, widerständig, skeptisch. «Vielleicht überrascht es Sie, aber ich bin nicht immer der einfachste Mensch.»

Stella atmet tief durch und beendet dann das Thema ihrer Fähigkeit zum Mutterdasein mit der Bemerkung, es falle ihr nicht leicht, diese Erinnerungen erneut zu überdenken. Als John neun war, sagt sie, habe ihr eine Therapeutin vorgeschlagen, ihn auf ein fortschrittliches Internat in Schottland zu schicken, und sie habe diesen Rat unklugerweise – so sieht sie es heute – befolgt. Als ich Stella frage, ob er es denn wollte, antwortet sie spitz: «Welches Kind will schon seine Mutter verlassen?»

John hielt es zwei Jahre in Schottland aus. Als er zurückkam, verbrachte er die Sommer bei Stella und den Rest des Jahres bei seinem Vater, der wieder geheiratet hatte und nach Chatham in Upstate New York gezogen war: «Ich glaube, für ihn war es so am besten», sagt Stella. «Ich hoffe es jedenfalls.»

Stellas Blick schweift in die Ferne. Es ist klar, wie schwer ihr diese Unterhaltung fällt; aber gleichzeitig scheint sie entschlossen zu sein, dieses Gespräch zu führen, entschlossen, auch diese Erfahrung auf irgendeine Art in Worte zu fassen oder es wenigstens zu versuchen.

Schließlich frage ich sie, ob sie über all das mit ihrem Sohn gesprochen habe. Sie habe es versucht, lautet ihre Antwort, sei allerdings nicht sicher, ob es ihr gelungen sei. «Aber einmal habe ich ihm gesagt, dass ich vielleicht keine großartige Mutter war, aber ihm zumindest einen perfekten Vater ausgesucht habe.»

86

Stellas Leben verlief nach dem Ende ihrer Ehe nicht ohne intime Beziehungen, aber ihre wichtigsten und dauerhaftesten Verbindungen waren ihre Freundschaften.

Als wir an diesem Wintersamstag in ihrer Wohnung sitzen – Stella, fast achtundneunzig, im Winter ihres Lebens –, sprechen wir über einige ihrer Freunde und Freundinnen, von denen inzwischen viele gestorben sind, und ich spüre förmlich, wie sich die Geister versammeln. Estelle Pilot zum Beispiel: eine Werbetexterin, die Stella durch Fanny Levy kennenlernte. Estelle wurde in Bangor, Maine, in eine von zwei jüdischen Familien der Stadt geboren. Als sie ein Kind war, wurde sie einmal von einer Schulkameradin gefragt, wo ihre Hörner seien. «Die hab ich zu Hause gelassen», antwortete sie schroff. Als Estelle nach New York gezogen war, rief ihre Mutter sie eines Samstags an und fragte, was sie so treibe. «Ich lese die Bibel», erwiderte sie. «Aber du bist doch nicht gläubig.» – «Was hat die Bibel mit Gläubigsein zu tun?» Im hohen Alter, als Estelle in der Bleecker Street lebte, ging sie nach unten, um ihren Hund draußen allein Gassi gehen zu lassen; dann kehrte sie in ihre Wohnung zurück, lehnte sich aus dem Fenster und wartete auf ihn. Wenn er dann zurückkam, rief sie nach unten: «Sir, Lady, ich drücke den Türsummer, können Sie den Hund reinlassen?»

Estelle war eine Persönlichkeit, und Stella liebt Persönlichkeiten. Sie war eine amerikanische Felicie: Sie las alles, wusste alles, hatte einen scharfen Verstand. Wie auch die «Frauen von Brandeis», die Stella durch Ellen

Levine kennenlernte, eine Schriftstellerin, die sie über Fanny Levys Sohn Leone und dessen Frau Chris kannte. Stella, Leone und Chris besaßen Anteile an einer Reihe von Ferienhäusern in den Hamptons, deren diverse Schlafzimmer sie über Zeitungsannoncen mit darauffolgenden Bewerbungsgesprächen vermieteten. Stella brachte John mit; einer der Hausgenossen brachte Hunde mit, die den Frieden ihres mürrischen Nachbarn Willem de Kooning störten. Sie war mit den Künstlern Costantino Nivola und Gert Berliner befreundet, die mit einem Kindertransport nach Schweden geschickt worden waren. In den Hamptons und auch in der Stadt nahm sie an ernsthaften Pokerspielen mit Woody Allen und den Dramatikern Arthur Kopit und Jack Gelber teil, bei denen ohne Essenspause bis elf oder gar Mitternacht durchgespielt wurde und sie sich den Ruf als die Frau erwarb, die all diesen cleveren Männern ihr Geld abknöpfte. «Es war das Beste von New York, New York von seiner besten Seite», sagt Stella. «In jenen Jahren traf ich so viele interessante Leute. Ich hatte Glück. Das Leben ist voll von leuchtenden Persönlichkeiten, ein Theater der außergewöhnlichen Charaktere, man muss nur offen sein.»

In ihrem Leben seien sehr viele Menschen gekommen und gegangen, fährt Stella fort. Sie setzt diesen Satz in die Vergangenheit, aber es vergeht kein Samstag, an dem unsere Gespräche nicht unterbrochen werden durch einen Telefonanruf (oder zwei, oder mehr) von Stellas Freunden oder Verwandten, die inzwischen größtenteils telefonisch mit ihr in Kontakt stehen. Ich kenne niemanden in ihrem Alter oder auch nur annähernd ihrem Alter, der ein von so vielen Menschen bevölkertes, vernetztes Leben führt wie sie.

Gleichzeitig jedoch sehe ich auch jedes Mal, wie allein und einsam sie sich oft fühlt.

Stella ist sich bewusst, dass ihr Nachkriegsleben sie unschwer in andere, konventionellere Richtungen hätte führen können. Die Mehrheit der jungen Frauen, die sie in Rhodos kannte, sowohl jene, die vor der Deportation gingen, als auch jene, die aus den Lagern zurückkamen, heiratete innerhalb der Gemeinde, doch Stella war nicht daran interessiert, auf diese Weise die Welt nachzuahmen, in der sie aufgewachsen war. Sie weiß noch immer nicht genau, woher diese Gefühle rühren, ob sie schon sehr früh, unter dem unausgesprochenen Einfluss ihrer Mutter entstanden – einer Notrica, die unter ihrem Stand geheiratet hatte – oder durch ihr Liebesleben («Ich habe Dinge getan, die ich meinen Geschwistern nie erzählen könnte, außer vielleicht Sara»), oder ob sie ihrer unterbrochenen Schulbildung geschuldet sind oder der Tatsache, dass sie sich als alleinstehende Frau ihren Lebensunterhalt verdienen musste. Aber wie auch immer es dazu kam, Stella war eine Außenseiterin, und auch wenn dieses Außenseitertum ihr mitunter beträchtliche Schwierigkeiten im Leben bescherte, weiß sie die Freiheit zu schätzen, die es ihr im Laufe der Zeit gewährte.

«Ich bin fest überzeugt, dass wir im Leben in jeder Situation, jedem Kontext, jeder Phase ein anderer Mensch werden», sagt sie. «Heute stelle ich mir die Frage: Was bleibt, was hat Bestand in einem Menschen? In meinem Fall sehe ich als Motiv eine allmähliche Öffnung. Genau das hat mir Amerika letztlich gegeben: eine gewaltige Öffnung. Vermutlich wäre es nicht möglich gewesen, dasselbe Leben in Italien zu führen, das nach dem Krieg noch sehr geschlossen und klassistisch war, mit einem mitunter ziemlich restriktiven Denken, vor allem in Bezug auf die Erwartungen an eine Frau. Hätte es die Juderia weiterhin gegeben, dann hätte ich mit Sicherheit nicht dorthin gehört. In New York war ich finanziell unabhängig, ich konnte mich in verschiedenen Kreisen frei bewegen, mir waren keine Grenzen gesetzt. Und Grenzen wollte ich mir nie setzen lassen.»

87

Mit zunehmendem Alter bekamen ihre Freunde einen wichtigeren Stellenwert als ihre Geschwister, auch wenn ihre Brüder und vor allem ihre Schwestern zwangsläufig die wesentliche Verbindung zur Juderia blieben. Besonders Selma, in Stellas früher Kindheit fast eine zweite Mutter für sie, verkörperte die verlorene Welt der Juderia, weil sie unter den Geschwistern die Einzige war, die das ganze Jahr über die Feiertage und Rituale einhielt – sie war die Einzige, die überhaupt gläubig blieb –, und weil sie ihren Haushalt wie ihre Mutter organisierte und den Donnerstag und Freitag der Vorbereitung des Schabbat vorbehielt, den sie fast jede Woche beging. Als älteste Tochter hatte Selma aus erster Hand von Miriam, ihren Tanten und Großmüttern gelernt, wie man *burekas* und *boyus*, *pastels* und *pastelikus* macht, all die verschieden geformten und unterschiedlich gefüllten herzhaften Teigtaschen, die in der Juderia die Grundnahrung in fast jedem Haushalt bildeten. Darüber hinaus war sie eine hervorragende Bäckerin, die einen ständigen Strom von *baklava*, *travados*, *kurabiyes* produzierte – wieder in allen erdenklichen Formen. Auch Marzipan und Kuchen (Biscuit, Mandarinen- und Zitronenkuchen), Meringues, Pudding, Früchtemus, Bonbons und kandierte Früchte machte sie selbst. Wenn man in ihre Küche trat oder sich an ihren Tisch setzte, umhüllten einen Düfte und Aromen von einer eindrucksvollen Proust'schen Intensität, die Stella bei jedem Besuch als bleibendsten, aber auch schwächsten Faden zu ihrer Kindheit und Jugend schätzte.

Selma und Sara wurden sehr alt, neunundneunzig und achtundneunzig, und verbrachten ihr Leben wie Morris, Felicie und Renée in Kalifornien. Von allen Levi-Kindern blieb nur Victor in Europa, in Bologna. Am Ende stand Stella Renée am nächsten – «Wie auch nicht, nach allem, was wir gemeinsam durchgestanden hatten?» – und flog nach Nordkalifornien, wann immer sie konnte oder gebraucht wurde oder erwünscht war.

«Und jetzt», sagt Stella, «ist das Baby der Familie die älteste noch Lebende – die *einzige* noch Lebende.»

Bei diesen Worten spielt sich auf Stellas faltigem, aber äußerst lebhaftem Gesicht ein kleiner Film ihres jüngeren Ichs ab, der an die Familienfotos erinnert, die ihre älteren Geschwister bei ihrer Abreise von Rhodos mitgenommen hatten und die später wieder bei ihr landeten, Bilder, die sie und ich im Laufe der Jahre oft betrachtet haben: Stella und ihre Geschwister außerhalb der Stadtmauern, am Strand vor ihrer *cabina*, vor der Laubhütte, die sie im Hof gebaut hatten, oder auf dem Weg zum Rodino-Park an einem Samstagnachmittag. Auf all diesen Fotos ist sie immer die Kleinste, die Jüngste, die Letzte in der Reihe.

«Es gibt ein altes Sprichwort», sage ich zu Stella. «Vielleicht kennen Sie es. Das jüngste Kind darf die Geschichte erzählen – das jüngste Kind hat das letzte Wort. Ich glaube, Henry James hat etwas in der Richtung gesagt.»

«Das letzte Wort zu haben», sagt Stella, «kann sehr einsam sein.»

88

Wie alle langen Leben, lässt sich Stellas in Kapitel einteilen. Eines der wichtigsten begann vor zwanzig Jahren, als sie auf die achtzig zuging, ein Alter, in dem die meisten sich allmählich nach innen wenden, weniger in der Welt tun und weniger von ihr brauchen. Stella hingegen tat mehr und brauchte mehr. Sie begann, als Freiwillige im Sephardic House zu arbeiten, aus dem die American Sephardic Foundation hervorging, als es in ein Gebäude an der 16th Street umzog und sich Räumlichkeiten mit dem Center for Jewish History und anderen Organisationen teilte. In der Lobby wurde ihr eines Tages Natalia Indrimi vorgestellt, die bald das Centro Primo Levi mit Alessandro Di Rocco gründete, einem weltbekannten Neurologen aus Genua; acht Jahre später stieß Alessandro Cassin dazu, dessen Großvater Stella nach dem Krieg in der Pensione Annalena kennengelernt hatte. Auf unterschiedliche Weise spielten alle zentrale Rollen in Stellas späten Jahren.

Stella nähert sich der Freundschaft, wie so vielem in ihrem Leben, ohne vorgefasste Meinung, wie eine solche Verbindung sein, wie sie aussehen oder sich entwickeln könnte. Bei Natalia zum Beispiel sagt sie: «Unsere Verbindung war eine unmittelbare, außergewöhnliche Sache. Sie spielte sich auf unterschiedlichen Ebenen ab – intellektuell, psychologisch, emotional.» Sie und Natalia entstammen nicht der gleichen Generation. Sie sind weder Mutter und Tochter noch Schwestern oder Cousinen, Arten von Beziehungen, die Stella gut kennt und intensiv gelebt hat; aber die Freundschaft mit Natalia entwickelte sich zu einer sehr bedeutsamen. «Auf sehr feinfühlige Weise hat Natalia mir geholfen, endlich zu sehen, wer ich bin. Ich glaube, wenn man ein einfühlsamer und wacher Mensch ist, kann einem das im Leben passieren. Aber man muss mutig sein, denn Freundschaft setzt Verletzlichkeit voraus; sie ist auch ein Akt blinden Vertrauens, ein Risiko.»

In Alessandro Cassin hat Stella einen vertrauten männlichen Freund gefunden, wie es ihn in ihrem langen Leben bis dahin nie gegeben hatte. Bei wöchentlichen Schabbatessen begleitete er sie auf eine ausgiebige Reise in ihre Vergangenheit, befand sich mit ihr in einem stetigen intellektuellen Austausch, er lernte mit ihr Althebräisch, sie sangen zusammen alte sephardische Lieder, die sie mit seiner Unterstützung aus ihrem umfassenden Gedächtnis hervorholte. Wie Natalia, fand auch Alessandro Eigenschaften in Stella, in ihrem Leben und in ihrem Denken, deren sie sich nicht immer bewusst war. Weil die beiden sie auf eine neue Art und Weise schätzten, gelang es auch Stella, sich selbst in mancherlei Hinsicht neu zu schätzen: nicht nur für das, was sie erlebte und ertrug, sondern auch dafür, wie sie das, was sie erlebte und ertrug, interpretierte und darüber dachte.

Diese dynamischen Verbindungen haben der Lebensphase, die im Italienischen manchmal, und wie ich finde sehr schön, *la terza età*, «das dritte Alter», genannt wird, eine unerwartete Bedeutung verliehen. Es wäre falsch zu sagen, dass diese Phase in Stellas Leben die früheren Entbehrungen wettmachen konnte, aber es steht außer Frage, dass sie ein ungewöhnlich reiches, vielschichtiges Alter erlebt hat, in dem sie sich ständig weiterentwickelte und viele Menschen in ihren Bann zog – darunter auch mich – und jedem von uns auf unterschiedliche und unvergessliche Weise etwas gegeben und genommen hat.

89

Es gibt noch einen Freund, über den Stella mit mir sprechen möchte: Öcsi Ullmann – «Er war wie ein Bruder für mich.» Öcsi half Stella 1977 über eine große Hürde in ihrem Leben: Er bestand darauf, dass sie, dreiunddreißig Jahre nachdem sie die Insel verlassen hatte, nach Rhodos zurückkehrte.

Öcsi und sein Bruder waren Kinder eines ungarischen Juden und einer Griechin; das Paar heiratete in der Türkei, wo die Jungen vor ihrem Umzug nach London aufwuchsen. Sein – und Stellas – «türkisches Blut» ließen sie schnell Freunde werden: «Sie sind aus Rhodos? Sie haben türkische Vorfahren? Dann sind wir verwandt», verkündete er bei ihrer ersten Begegnung.

Öcsi führte eine auf Teppiche und Wandteppiche spezialisierte Galerie in atmosphärischen Räumen über der Madison Avenue und später an der Upper West Side. Überschäumend, eigensinnig, herzlich und weit gereist, schien er alles zu wissen; wenn er einem vertraute, sagte er frei heraus seine Meinung. «Als er hörte, dass ich noch nicht daran gedacht hatte, nach Rhodos zurückzukehren, sagte er: ‹Unmöglich. Du musst. Das muss geschehen› – und er sorgte im Alleingang dafür, dass es geschah.»

Stella hatte sich gewehrt; sie hatte Angst davor. Ohne seinen Anstoß wäre sie niemals gefahren, zumindest nicht damals. Und so war sie, ohne es recht zu realisieren, im Frühjahr 1977 plötzlich dort: Sie, Öcsi und sein damaliger Freund flogen nach Athen, dann nach Rhodos. Sie zitterte, als sie aus dem Flugzeug stieg.

Der Flughafen lag in der Nähe von Trianda, und die Gefühle überfluteten sie augenblicklich: die vielen Wochenenden, die sie dort mit ihren griechischen Freunden, den Papathanasis', verbracht hatten, ihren Rückzug dorthin nach den Bombardierungen.

Das Taxi setzte sie vor einem Hotel im modernen Teil der Stadt ab. Sie gingen zu Fuß zur Juderia.

«Dafür gibt es keine Worte», sagt Stella, während sich ihr Blick verdüstert. «Ich kann nicht darüber sprechen, nicht jetzt.»

Während ich sie ansehe, denke ich an eine Stelle bei Proust, in der er Saint-Loups Freundin Rachel, die Schauspielerin, als eine Frau beschreibt, deren Persönlichkeit sich in den Augen konzentriert. So kommt mir Stella in diesem Moment vor.

An diesem Punkt enden wir für diesen Tag.

90

In der folgenden Woche hat Stella schließlich Worte gefunden:

«Ich erzähle Ihnen, wie es war. Als ob ein schweres Gewicht in meinem Bauch lag – ein Krebs, ein Geschwür, nur war es keins von beidem. Es war Angst: die Angst zurückzukehren, Angst, etwas vorzufinden – nein, nichts vorzufinden. Die Angst festzustellen, dass alles fort war. Und tatsächlich war alles fort. Alles, was wichtig war.»

Stella kam sich wie eine Fremde in ihrer Heimat vor: ihrer einstigen Heimat. Als sie den großen Platz überquerten, Kay Ancha, hörte Öcsi, der Griechisch sprach, einen jungen Mann seinem Freund zuflüstern: «Ich kenne sie.» Er sagte es Stella, die sich umdrehte und den Sprecher nach kurzem Zögern erkannte: Isaac (Izzy) Alhadeff, dessen Mutter in Beirut im Osmanischen Reich geboren war und somit zu den türkischen Staatsbürgern gehörte, denen die Deportation erspart blieb.

Es war ihr Argos-Moment, nur wurde sie nicht von einem Hund erkannt, sondern von einem Jungen – einem Jungen, der inzwischen ein Mann war.

Izzy Alhadeff war die erste menschliche Verbindung zur Juderia, die Stella bei dieser Rückkehr erlebte, aber es folgten weitere. Sie besuchte die Familie Soriano, auch ihnen war aufgrund der türkischen Staatsbürgerschaft die Deportation erspart geblieben. Sie waren eine Zeit lang in die Türkei gezogen und gehörten zu den ersten Mitgliedern der Gemeinde, die nach dem Krieg zurückkamen, und zu den wenigen, die in Rhodos blieben. Sie besuchte Mihali Papathanasis, der ein Reisebüro eröffnet hatte: «Ich glaube, wir haben mindestens eine halbe Stunde geweint.»

Mihali fragte sie nach Renée. Sie sei noch nicht bereit zurückzukommen, erklärte Stella ihm. Aber vielleicht irgendwann.

Öcsi und Stella besichtigten die Kahal-Shalom-Synagoge; sie war zerstört und leer, noch nicht restauriert wie später. Sie gingen an ihrem Haus vorbei, an den Häusern ihrer Freundinnen. Sämtliche Türen waren geschlossen, wohingegen in Stellas Zeit, in ihrer Juderia, die Küchentür ihrer Mutter tagsüber offen stand, wie auch bei Ermana Rifka Cohen, Ermana Behora Soriano und Ermana Dalva – die unscharfe Abgrenzung zwischen Haus und Straße, zwischen privat und öffentlich, die einem Kind beim Umherstreifen im Viertel das Gefühl gab, überall zu Hause zu sein.

Sie gingen an der Bäckerei und den Ruinen von Kahal Grande, der größeren Synagoge, vorbei, die zerbombt worden war. Nach drei Jahrzehnten trug das Viertel noch immer die Narben des Kriegs, die Trümmer eingestürzter Wände lagen noch immer dort, wo sie hingefallen waren; Häuser ohne Dächer, Schwellen ohne Türen, Fenster ohne Scheiben. Unkraut wucherte in verwelkten Gärten.

Konnte man es noch immer Juderia nennen, wenn dort praktisch keine Juden mehr lebten?

91

Der ersten Reise folgten weitere bis 2015, als ich Stella auf Rhodos traf. Vielleicht hatte es so vonstattengehen müssen: In regelmäßigen Mikrodosen, wie eine Reihe von Impfungen, damit sie der Trauer, dem Verlust, dem Gefühl der Entwurzelung und dem Schmerz nach und nach und in der Gesellschaft verschiedener Menschen begegnen konnte. Auf diese Weise konfrontierte sich Stella mit den Dämonen der Rückkehr, auch wenn sie, wie mir bei unserem Treffen in Rhodos klar wurde, nie ganz verschwanden – wie könnten sie auch?

Schrittweise begann sie, Rhodos zu den Punkten auf ihrem Kompass hinzuzufügen. Sie wurde entspannter, *couragierter* – ihr Wort. Wenn ihre Arbeit sie nach Italien führte, machte sie einen kurzen Abstecher. Mit Mitgliedern der Synagoge in der Broome Street nahm sie an einer Reise nach Rhodos teil. Ihre Cousine Sara kam aus Kapstadt. Sie organisierte ein Treffen mit den Rhodeslis aus Brüssel, wohin viele 1960 nach der Unabhängigkeit des belgischen Kongo gezogen waren. Sie stiegen in modernen Hotels ab, versammelten sich zum Trinken und Essen und um sich zu erinnern. Sie weinten so viel, dass ihr Make-up in Strömen hinunterfloss. Aber sie lachten auch. «Ja, lachen war möglich – sogar notwendig.»

Die zurückkehrenden Rhodeslis schufen einen Ort oder etwas in der Art für die Menschen, die verschwunden waren. *Erinnerst du dich an den* capitano *und wie er das Mädchen mit der Grippe hofiert hat?* Oder: *Leon Cohen, der Sohn des Schuhmachers, der gerade das Handwerk lernte und*

Gefühle für Renée hegte. Er war vier, fünf Jahre jünger als sie und errötete, wenn er mit zitternder Hand ihren Fuß abmaß. Oder: *Giuseppe Hazan, Yosefacci, der Junge, der bei seinen älteren Geschwistern lebte, weil seine Eltern ein Geschäft an der Halki führten* e andava a fare il peripatetico con Frate Angelino, *als ich ihn das letzte Mal auf der Straße sah, trug* er Die Leiden des jungen Werther *unterm Arm, und ich zog ihn auf, weil er so ein hochtrabendes Buch las –*

Das Mädchen mit der Grippe, der verliebte Sohn des *calzolaio*, der Goethe lesende Yosefacci: Sie alle wurden in den Öfen von Auschwitz verbrannt. Wo sonst würde man sich je an sie erinnern? Wer sonst?

92

1995 überredete Stella Renée schließlich, nach Rhodos zurückzukehren. Renée war lange unerbittlich gewesen. Sie hatte es wie Lucia Franco gehalten, die nie zurückging, oder Clara Gabriel, die Stella in Brüssel besuchte, in der Hoffnung, sie zu überreden. Claras Reaktion: «Auf dieses Stück Erde setze ich nie wieder einen Fuß.»

Bei Renée erwies sich Stella als hartnäckiger. Sie versuchte es so lange, bis sie Erfolg hatte. Renée wurde von Erinnerungen nur so überflutet, was vielleicht daran lag, dass Sara Notrica sie begleitete oder weil sie zu dritt waren: Sie gingen an den Strand, sie sprachen über das Sprungbrett, die *cabina*, das *gelato*, das sie bei Rosetti gekauft hatten; sie fuhren zum Monte Smith. Sie gingen an der Schule der *suore* vorbei, an der *aeronautica*, wo man sie festgehalten hatte. Sie wanderten durch die Straßen der Juderia, Block für Block, Haus für Haus. Aber niemand wollte an die Tür des Levi-Hauses klopfen, wo angeblich ein mit einer Russin verheirateter Grieche wohnte; niemand brachte es über sich hineinzugehen.

Stella nahm Renée zu den Papathanasis' mit. Mihali war nicht da, und sie baten seine Tochter, ihm nichts von ihrem Besuch zu erzählen. Sie wollten ihn überraschen.

Renée war eine enge Freundin aus Mihalis Jugendzeit, die Frau, der er (aus reiner Großzügigkeit) angeboten hatte, sie zu heiraten, um sie vor der Deportation zu retten; sein Bruder Yoti hatte Stella das gleiche Angebot gemacht. Die

Überraschung brachte Mihali fast um. Als er Renées Gesicht sah, schwamm das seine in Tränen.

Sara, die Griechisch sprach, hörte sich in Soroni um, weil sie herausfinden wollte, was aus Miriams Freund Mihali Elias geworden war; von einer Nachbarin erfuhren sie schließlich, dass er vor einigen Jahren gestorben war. Allerdings lebte eine seiner Töchter in der Nähe, in dem Dorf Kalavarda. Zu dritt fuhren sie dorthin und fanden schließlich das Mädchen, das Renée und Stella gekannt hatten; inzwischen war sie Mutter, aber sie erkannten sie sofort. «Sie schaute uns an, als wären wir Geister», sagt Stella, «was wir in gewisser Weise vermutlich auch waren.»

Für Renée blieb es bei diesem einzigen Besuch in Rhodos. Stella reiste weiter dorthin. Im Lauf der Jahre konnte sie beobachten, wie sich die Juderia, oder was einst die Juderia gewesen war, mit Läden füllte, die T-Shirts und Andenken verkauften. Sie sah Touristen, die Limonade oder Wasser tranken, während sie am Fuß einer schwarzen Steintafel saßen, aufgestellt 2002, um auf Griechisch, Hebräisch, Englisch, Französisch, Italienisch und Judäo-Spanisch der jüdischen Opfer von Rhodos und Kos zu gedenken. Diese Reisenden kamen wegen des Strands oder vielleicht wegen der Ruinen und zum Shoppen; sie waren sich der einstigen Bedeutung dieses Viertels nicht bewusst.

Schließlich half Stella bei der Planung der Restaurierung der Kahal-Shalom-Synagoge und wirkte bei einem Museum mit, das ihr jüngster Cousin Aron Hasson in den neben dem großen Gebetsraum befindlichen ehemaligen Frauenräumen eingerichtet hatte. Nach der Eröffnung des Museums 1997 stiftete Selmas Tochter Esther eines der besonderen Kleider, die Miriam im Lauf der Jahre von einem durchreisenden türkischen Händler gekauft und den älteren Mädchen bei ihrer Abreise in die Staaten mitgegeben hatte. Diese Kleider – Sara spendete ein ähnliches einem Museum in Berkeley, wo sie lebte – bestanden aus Samt mit Gold- oder Silberstickereien. Miriam trug diese Kleider nicht, sondern sammelte sie wegen ihrer Seltenheit und Handwerkskunst; die älteren Mädchen zogen sie vielleicht einmal im Jahr an, zum Purimfest, und dann auch nur, wenn sie versprachen, sehr vorsichtig zu sein.

Das Kleid kehrte mit einer Reihe von Gegenständen, die andere Familien beigesteuert hatten, nach Rhodos zurück, doch von der Mehrheit der Menschen, die diese Dinge gekauft, aufbewahrt und gesammelt hatten, bleibt nur eine Spur in der Juderia zurück, ihr Name: 2009 wurde im Innenhof der Synagoge ein Gebilde aus Metall und Plexiglas in Form eines großen Buches aufgestellt. Auf seinen Seiten wird jeder einzelne Jude von Rhodos namentlich genannt, der am 23. Juli 1944 auf eines der drei Schiffe geladen wurde.

Bevor ich Rhodos in jenem Sommer nach meinem Besuch verließ, zeigte mir Stella dieses große Buch. Mühsam blätterte sie die Seiten für mich um und las nacheinander die Namen ihrer Familie, ihrer Freunde, der Toten. Fast sieben Jahrzehnte waren vergangen, wurde mir klar, während ich dort stand, seit die meisten dieser Namen in der Juderia laut ausgesprochen worden waren.

93

Einige Fragen habe ich mir aufgehoben.

Kann sie sich vorstellen, wie ihre Gefühle für Rhodos gewesen wären, frage ich Stella am folgenden Samstag, wenn es keinen Krieg, keine Deportation, keine Lager gegeben hätte?

Eine unangemessene Frage? Aus ihrem Gesicht lässt es sich zunächst nicht ablesen. Nur, dass sie überlegt. So habe ich sie schon oft gesehen, wenn sie sich schweigend zurückzieht oder eine Pause einlegt. Die Intensität, mit der sie sich nach innen kehrt, erinnert mich an eine Frage, die Hannah Arendt sich einmal selbst stellte: Wo sind wir, wenn wir denken? Arendt fand zu einer Antwort, indem sie über eine Parabel Kafkas reflektierte, in der er sich ein Schlachtfeld vorstellte, auf dem die Kräfte der Vergangenheit und der Zukunft zusammenprallen.

Nach einem Moment, mehreren Momenten, sagt Stella: «Das kann man nicht wissen, oder? Rhodos endete, wie es endete. Eine alternative Realität ist schwer vorstellbar.» Aber sie versucht es: «Wenn es keinen Krieg gegeben hätte, wären wir trotzdem gegangen.»

«Was macht Sie da so sicher?»

«Weil es keine Männer gab, die wir hätten heiraten können!»

Sie lacht. Und dann: «Wir hatten dort keine Zukunft. Wir waren eine Gemeinde alter und junger Frauen – hauptsächlich Frauen. Die Zeit hätte uns in jedem Fall weiter in die Moderne geholt, und die Moderne wäre anders gewesen, sie hätte alles verändert und zwangsläufig neue Wege eröffnet.

Wenn Renée und ich gegangen wären, dann wären meine Eltern allein gewesen, aber wir hätten sie niemals allein lassen können, also wären sie mit uns gekommen, wahrscheinlich zuerst nach Los Angeles.»

Und was hätten ihr Vater und ihre Mutter in Los Angeles gemacht?

«Sie hätten sich angepasst», sagt Stella. «Was sonst? Wir Juden haben das immer getan. Das habe ich Ihnen doch schon gesagt, oder?»

Ich frage, ob sie Wut empfindet, und wenn ja, wie sie damit umgeht.

Sie überlegt kurz. «Ich bin ein Mensch, der schnell über Kleinigkeiten wütend wird ... aber was diese Sache betrifft, diese wichtige Sache, da spüre ich keine Wut. Stattdessen habe ich Fragen. Ich würde den Ursprung dieses weitverbreiteten Antisemitismus, der Tausende Jahre zurückreicht, gern besser verstehen. Ich sage oft, es gibt andere Genozide, wir haben das Beispiel der Afroamerikaner, wie sie in diesem Land behandelt wurden und noch immer behandelt werden. Offenbar ist Hass in uns Menschen fest verankert. Aber die Sache mit den Juden, mit dem Krieg, das ist wirklich verblüffend. All das wurde von einem Volk verübt, das kultivierter, literarischer und gebildeter war als alle anderen in Europa. Man sah es an ihrer Musik, ihrer Philosophie – ich bin nicht die Erste, die in diese Richtung argumentiert und auf die Deutschen als das Volk von Bach, Mendelssohn, Goethe und so weiter verweist. Im Ernst, man sah es sogar an ihren Uniformen. Als wir aus den Zügen stiegen und die SS-Leute sahen, waren sie makellos gekleidet. Sie haben sich makellos gekleidet, um Menschen zu vernichten.»

Natürlich, fährt Stella fort, wäre das Ganze nicht passiert, wenn der Rest der Europäer, selbst die, die den Krieg nicht wollten, sich nicht abgewendet hätten, auch die Italiener, die weit mehr beteiligt waren, als oft angenommen oder diskutiert wird. Dies ist einer der Punkte, glaubt Stella, über den noch nicht ausreichend gesprochen wurde: «Nicht annähernd.»

Und dann ist da vor allem noch die Absurdität der Vorgänge in Rhodos: «Ich habe es Ihnen schon gesagt und werde es vermutlich noch öfter sagen. Ich frage mich immer noch: Warum? Warum nahmen sie wegen einer so kleinen Gemeinde den weiten Weg auf sich, und dann noch in letzter Minute, zwei Monate bevor Griechenland befreit wurde, um was zu tun? Im Wesentlichen, um Alte zu deportieren. Worin lag der Sinn, über 1700 Menschen zusammenzutreiben, sie auf eine Reise zu schicken, die einen Monat dauerte und wer weiß wie viel kostete? Hätten sie das Geld nicht besser für Waffen aufwenden können, um sich zu verteidigen?»

Nach einer Weile fragt Stella, ob es möglich ist, derart zu hassen. Das ist die Frage über die menschliche Seele, die sie am meisten umtreibt. «Manchmal denke ich, dass es bei dem Ganzen vielleicht gar nicht mehr um den Hass auf die Juden ging. Die Deutschen hatten eine Maschinerie aufgebaut und benutzten sie weiter, obwohl sie wussten, dass der Krieg vorbei war.»

Sie macht eine Pause, kehrt vielleicht, so stelle ich es mir vor, zu dem von Kafka beschriebenen Schlachtfeld der Gedanken zurück.

«Für mich persönlich war es, wie für viele von uns, eine traumatische Erfahrung. Aber eine Gemeinde auf diese Weise zu zerstören? In Rhodos wird es nie wieder Juden geben. Niemals. Sie haben es geschafft, ein Volk für immer von seinem Ort zu trennen.

Ich frage mich, warum, aber es gibt keine Antwort. Man findet keinen Grund. Man erzählt die Geschichte, wie ich sie Ihnen erzählt habe. Mehr kann man nicht tun.»

94

Man erzählt die Geschichte. Aber warum hat Stella so lange gewartet? Warum hat sie bis weit in ihre Neunzigerjahre gewartet, ehe sie sich hingesetzt und darüber geredet, richtig darüber geredet hat, was ihr und ihrer Familie widerfuhr?

Zunächst erinnert sie mich: Sie hat durchaus über Rhodos gesprochen. Sie erklärte sich einverstanden, in zwei Dokumentarfilmen aufzutreten, Rebecca Samonàs *L'isola delle Rose* und Ruggero Gabbais *The Longest Journey*. Ihr Sohn wusste in groben Zügen über ihr Leben Bescheid. Ihre Enkeltochter interviewte sie für ein Schulprojekt, und natürlich sprach sie im Lauf der Jahre mit ihren Freunden, ihren engen Freunden über ihre Erfahrung. Sie gehörte nicht zu den Überlebenden, die diese spezielle Tür schließen und nie wieder auch nur einen Spaltweit öffnen; aber sie war auch nicht daran interessiert, eine Erzählerin des Holocaust zu werden, eine, die ständig dieselben Geschichten erzählt, auch wenn sie selbst und ihre Erinnerungen sich verändern.

«Ich wollte nicht, dass meine Identität auf diese Weise festgelegt wird. Ich wollte nicht die tätowierte Nummer auf meinem Arm. Ich wollte nicht, dass man mich ansieht und sagt: ‹*Poverina.*› Ich wollte kein Opfer sein.»

Im Übrigen, fährt Stella fort, gebe es viele Leute, die ihre Geschichten bereits erzählt hätten, insbesondere Primo Levi. Und es gebe einen persönlichen Grund, warum sie ihre Geschichte nicht erzählen wollte. Sie höre eine kritische Stimme in ihrem Kopf – überwiegend ihre eigene kritische

Stimme, wie sie mittlerweile weiß –, die frage, für wen sie sich halte und mit welcher Berechtigung sie über das Leben in der Juderia und danach sprechen solle. Aber über die Jahre habe sie ihre Meinung geändert, besonders als sie älter wurde. «Vieles findet man spät im Leben heraus», sagt sie. «Ich habe das bisher niemandem gesagt, aber wenn man ein gewisses Alter erreicht, hat man keine Angst mehr, sich lächerlich zu machen.»

Nach einer Weile fügt sie hinzu: «Und dann kamen Sie des Weges und waren neugierig. Und geduldig mit mir, obwohl ich nicht immer ganz … ganz einfach war. In unseren Gesprächen habe ich einiges über mich selbst gelernt. Wenn ich Ihnen meine Geschichte erzähle, lerne ich. Was ich zum Beispiel gelernt habe, ist, dass es nicht nur eine Wahrheit gibt; es gibt eine sich verändernde Wahrheit auf diesem *cammin della nostra vita*, und man versteht eine ganze Menge, wenn man wieder und wieder zu dem zurückkehrt, was man sicher zu denken, fühlen und glauben meinte.

Und letztendlich habe ich Ihnen vertraut.»

Ich weise darauf hin, dass es einige Zeit gedauert hat, bis sie dieses Vertrauen aufgebaut hatte.

«Vertrauen muss man sich verdienen, finden Sie nicht, Michael?»

Früher hätte ich den Blick, mit dem sie mich jetzt bedenkt, als grimmig bezeichnet. Inzwischen deute ich ihn anders. Es ist der Blick einer Person, die vollkommen präsent ist und sich nicht scheut, ihre Meinung zu sagen, die nicht bereit ist, schwierige Momente einfach oder schmackhaft zu machen und die vor allem ehrlich ist, so ehrlich, wie es das Erinnerungsvermögen und der menschliche Geist, der sich im Lauf der Zeit weiterentwickelt, hergeben.

«Sie haben recht», sage ich. «Aber ich glaube auch ... dass ein Vertrauensvorschuss nötig ist – auf beiden Seiten.»

Stella denkt nach. «Ich glaube, der war bei uns beiden vorhanden.»

Die Stille, die uns einhüllt, fühlt sich fast materiell an, als sei sie aus etwas Greifbarem wie Stoff, wie ein großes Segel oder ein Zelt – ein Segel, das den Wind eingefangen hat, der uns auf dieser Reise trug, ein Zelt, das unsere gemeinsame Zeit, unsere vielen Samstage über diese vielen Jahre umschlossen hat.

«Da ist noch etwas», sagt Stella nach einer Weile.

«Ach ja?»

«Nun, unsere Gespräche, irgendwie haben sie mich am Leben gehalten.»

95

Was würden Sie den Kindern sagen, frage ich Stella, die geboren werden, nachdem all die Überlebenden gestorben sind und der Holocaust zu einem in Büchern, Dokumentarfilmen und Museen aufbewahrten und beschriebenen Ereignis wird, etwas, das *damals* Menschen widerfuhr, Menschen, in deren Augen man nicht mehr blicken kann, deren Stimmen und Geschichten man nicht mehr persönlich hören kann? Was sollten die Nachgeborenen Ihrer Ansicht nach wissen?

Bevor Stella antwortet, füge ich noch hinzu, dass ich sie manchmal als die Letzte Überlebende betrachte oder sie dazu ernenne. Irgendwann wird es eine geben: die Letzte Überlebende, die alles erzählt. Nicht alles, das stimmt nicht. Sie wird wie Stella erzählen, was sie erlebt und erfahren hat, so authentisch und wahrheitsgemäß, wie es die Erinnerung zulässt; sie wird die Geschichte an verschiedenen Punkten in ihrem Leben überdenken und ihr Leben lang über das, was ihr widerfuhr, die möglichen Gründe dafür und wie es sie formte, nachdenken. Und sie wird es für zunehmend wichtig halten, das Erlebte mit anderen zu teilen: die Welt, aus der sie kam und die so weit in der Zeit zurückreicht. Die Welt, in die sie geworfen wurde. Die Welt, die sie schließlich entdeckte und für sich selbst schuf.

Stella denkt kurz nach, ehe sie antwortet: «Ich würde sagen: Hasse keinen anderen Menschen. Warum solltest du einen anderen Menschen hassen? Weil er gemein ist oder weil er einen anderen Hintergrund hat als du? Weil sich sein Glaube von deinem unterscheidet?»

Dann:

«Ich wurde, wie viele von uns, in eine bestimmte Religion geboren. Als Mädchen waren Ritual und Glaube für mich untrennbar. Ich wusste, dass Felicie nicht gläubig war, dass mein Bruder am Schabbat rauchte und meine Mutter sagte: ‹Geht, wohin ihr wollt, macht, was euch gefällt, solange ihr außer Sichtweite seid.› Ich selbst wuchs als Ungläubige auf. Aber die Art, wie wir mit der Synagoge vor unserem Haus lebten und mein Vater zu jedem Gottesdienst und Gebet dorthin rannte; die Mesusa an unserer Tür; und am Schabbat das Essen, der Kiddusch ... die vielen Feiertage, die vielen Gepflogenheiten. Was fange ich mit alldem an? Negiere ich es, leugne ich es? Die Traditionen, in denen ich aufwuchs, machten mich zu der, die ich bin. Und nicht nur das. Ich wurde von den Büchern geformt, die ich gelesen habe, ich weiß, dass hinter der Welt, in die ich hineingeboren wurde, eine sehr lange Geschichte steht. Diese kleinen Stämme kämpften, nahmen das Land Kanaan ein und bauten einen Tempel. Sie entwickelten die Idee eines einzigen Gottes. Stück für Stück formten sie eine Religion. Sie lernten von den Ägyptern, sie lernten in Babylon. Sie wuchsen, sie entwickelten sich, sie wurden ein Volk – so jedenfalls geht die Geschichte.

Ein Jude muss nicht gläubig sein. Man ist Jude, weil man in eine Tradition hineingeboren wurde. Aber egal, ob man an Gott glaubt, eines darf man nicht vergessen: Keine Vorstellung von Gott ist besser als eine andere. Letztendlich sind wir alle ähnlich, jeder mit Eigenheiten und Unvollkommenheiten. Das Wichtigste ist, die Menschlichkeit wertzuschätzen.»

96

Im Lauf der Jahre habe ich Stella öfter gesagt, dass sie für mich eines der besten Vorbilder sei, wie man mit Anmut und Charakterfestigkeit, manchmal auch Sturheit, altern kann: Sie begann mit Mitte neunzig Althebräisch zu lernen, liest unaufhörlich, geht fast jeden Tag nach draußen, bleibt mit ihren vielen Freunden in Kontakt, lässt niemandem einen unklaren oder bequemen Gedanken oder ein nicht ganz perfektes Verhalten durchgehen. Manchmal allerdings reagierte sie darauf mit einem leichten Zögern, einem stummen Widerspruch, und inzwischen ist mir klar geworden, dass ich durch mein Beharren auf ihre beeindruckende Haltung in gewisser Weise ihre düsteren Gefühle bezüglich dieses Lebensabschnitts ignoriert, negiert oder ihnen zumindest keinen Raum gelassen habe. Und ihre Situation ist, wenn sie offen darüber spricht, oft nicht angenehm: Sie hat diesen Verstand, diesen intakten Verstand, der zu wenig genutzt, «vergeudet» wird. Die Tage erschöpfen sich manchmal in banalen Hausarbeiten und Pflichten. Sie ist einsam und müde. Sie hat das Gefühl, ausgedient zu haben. «Es gibt Momente, da weiß ich nicht, ob ich weitermachen kann.» Oder: «Denken Sie an Primo Levi. Der wusste, als er ans Ende gekommen war.»

Primo Levi (trotz des gleichen Nachnamens sind er und Stella nicht verwandt) war über viele Jahre ein Maßstab für Stella: ein aufmerksamer Leser der menschlichen Natur, präzise im Denken, wütend, wenn nötig, ein Geschichtenerzähler (der wichtigsten Geschichten), und der Erste, der über seine eigenen Erfahrungen in den Lagern schrieb –

der erste Bericht dieser Art, den sie und viele andere lasen. Aber als sie ihn in diesem Zusammenhang erwähnt, denkt sie natürlich an die Art und Weise, wie er im April 1987 starb.

«Spielt es eine Rolle, ob ihm schwindlig war und er die Treppe hinunterfiel, oder ob er sich entschied, sein Leben zu beenden?», sagt sie, als nehme sie die Frage vorweg, an deren Formulierung ich in Gedanken noch arbeite. «Wichtig ist nicht, wie man stirbt, sondern wie man lebt.»

Ich warte kurz, ehe ich erwidere: «Trotzdem fragt man sich, oder frage ich mich, ob es damit zusammenhing, dass …»

Wie so oft, ist sie mir voraus.

«Ja, das möchten alle wissen. Manche glauben, er sei den Lagern mental entflohen, aber was heißt schon ‹entflohen›? Mein Verstand … lässt nicht los. Ich denke immer noch an den Zug und versuche, die Einzelheiten zurückzuholen. Ich weiß, dass wir eine Art Vorhang für meinen Vater fabriziert haben, damit er ungestört, einigermaßen ungestört pinkeln konnte, aber ich kann mich nicht erinnern, wie wir ihn befestigt haben. Ich weiß nicht, wie wir die zwei Wochen überstanden haben. Und als mein Onkel Notrica starb und sein Leichnam an demselben Bahnhof weggebracht wurde, wo ich mir die Haare wusch, ich frage mich, ob wir verstanden, was das bedeutete, oder wie wir darüber dachten. Ich erinnere mich an seinen Tod, und ich erinnere mich an meinen Mut oder meine Dummheit, wie immer man will, als ich mit Sara und Renée zu dieser Pumpe ging, aber ich weiß nicht, wie ich den Mut aufbrachte, überhaupt zu fragen.

Diese beiden Ereignisse fanden gleichzeitig und am gleichen Ort statt. Was bedeutet all das?

Und das war nur die Zugfahrt. Dann kommt das Jahr danach. Nein, das alles ist noch in mir, ich denke vielleicht anders darüber, aber es fordert mich ständig auf, zurückzugehen, zurückzublicken ...»

Vermutlich war all das auch immer in Primo Levi, sage ich vorsichtig.

«Er hatte gegeben, was er geben konnte», sagt Stella. «Er schrieb nicht mehr, weil er alles, was er zu sagen hatte, aufgeschrieben hatte. Er war in die Schulen gegangen, um mit jungen Menschen zu sprechen. Er war oft interviewt worden. Er hatte sein Werk hier vollendet. Er war bereit zu gehen.»

97

Am 27. Januar, dem Jahrestag der Befreiung des Konzentrationslagers Auschwitz-Birkenau durch die Sowjetarmee, begeht das Centro Primo Levi den Internationalen Tag des Gedenkens an die Opfer des Holocaust, indem es an einer als *Lesen der Namen* bekannten Zeremonie teilnimmt: Vor dem italienischen Konsulat an der Park Avenue werden Stehpulte und Mikrofone aufgebaut, und ab neun Uhr morgens werden in den folgenden sechs, sieben Stunden abwechselnd die Namen – erst Nach-, dann Vornamen – aller zehntausend Männer, Frauen und Kinder vorgelesen, die während der faschistisch-nazistischen Verfolgung aus Italien und den von Italien kontrollierten Gebieten deportiert wurden.

Trotz der Kälte macht sich Stella immer auf den Weg nach Uptown. Manchmal liest sie, manchmal steht sie da oder sitzt hinten, trinkt Tee und wird von den Dutzenden Teilnehmern begrüßt, spricht mit ihnen. Manchmal treibt die Kälte sie ins Innere oder nach Hause – aber sie erscheint immer.

In einem Jahr, als ich an der Reihe bin und am Rednerpult stehe, ist der Buchstabe *L* aufgeschlagen: Ganz zufällig, ein mysteriöser Zufall, obliegt es mir, die Namen von Stellas Familie zu verlesen. In den vergangenen Jahren huschte mein Blick beim Lesen oft nach rechts zu einer Spalte mit kurzen Informationen: Wann und wo der Mann, die Frau oder das Kind geboren wurde; mit wem er oder sie verheiratet war, wer seine oder ihre Eltern waren; wo die Person verhaftet und wohin sie deportiert wurde; und dann einer von zwei Sätzen: «*È sopravvissuto alla Shoah*» oder «*Non è sopravvissuto alla Shoah*» – überlebte den Holocaust oder überlebte ihn nicht. In diesem Jahr wandern meine Augen nicht nach rechts, weil ich nach all der Zeit mit Stella weiß, was mit diesen Menschen, Stellas Familie, den Levis aus Rhodos, geschah.

Wissen ist Erinnern. Lesen ist Erinnern. Namen nennen ist Erinnern.

Es gibt verschiedene Möglichkeiten, sich zu erinnern.

Im Herbst 2019 organisierten Natalia Indrimi und Alessandro Cassin eine einmonatige Pop-up-Ausstellung in einer Remise im West Village über die Geschichte der Juden von Rhodos, die, wohl zu ihrer eigenen Überraschung, selbst zu einem unerwarteten Akt des Erinnerns wurde.

Der Titel der Ausstellung lautete *Los Corassones Avlan*, nach einer judäo-spanischen Wendung, die in der Juderia oft verwendet wurde und keine wirkliche Entsprechung im Englischen hat. *Los corassones* – oder *korasones* – *avlan*: wörtlich «Herzen sprechen» – aber mir war nicht ganz klar, was das hieß oder besagte, bis Stella erklärte: «Man ist in der Küche und bereitet das Essen vor, oder man sitzt in einem Sessel und liest ein Buch. Plötzlich kommt einem eine Freundin in den Sinn: Man sieht ihr Gesicht, man denkt an eine Bemerkung von ihr, eine erzählte Geschichte. Kurz darauf klopft es an der Tür. Man öffnet, und da steht genau diese Freundin. ‹*Ah*›, sagt man dann, ‹*los korasones avlan.*›»

Herzen sprechen? Herzen rufen herbei? Herzen begreifen? Einen Monat lang sprachen im West Village Herzen über Rhodos, beschworen die verlorene Welt der Juderia herauf und machten sie begreifbar. Natalia und Alessandro stellten einen Schaukasten auf, mit Textilien, einigen Silberobjekten und einem Paar *takos*. Sie projizierten eine Reihe Fotos und Filmausschnitte vom alten Rhodos an die kahlen Backsteinmauern. Es gab *burekas* von Davide Roubini, einem Bäcker, der Wochen damit zubrachte, sie zu testen und leicht abzuändern, damit sie Stellas strengen Maßstäben genügten, was noch erschwert wurde, weil sie den erinnerten Aromen von vor fast hundert Jahren nahekommen mussten.

An einigen Abenden kamen Musiker und sangen sephardische Lieder. An anderen wurden Dokumentarfilme über die Juderia von Rebecca Samonà gezeigt, der Enkeltochter von Vittoria Sidis Licitri und Ernesto Licitri, die sich an Stella gewandt hatte, um die unerforschte Vergangenheit ihrer Familie zu verstehen. Dann wieder gab es Gespräche mit Stella und ihrer Cousine Isabelle Levy; mit Stella und ihrem früheren Nachbarn Elliot Turiel, dem kleinen Jungen, dessen Geburt sie beobachtet hatte (*«Ke paryo? Ijo!»*) und aus dem später ein Psychologieprofessor in Berkeley geworden war. An einem Abend sprach ich mit Stella über die Großmütter, Mütter und Töchter der Juderia.

Abgesehen von diesen Veranstaltungen fand einen ganzen Monat lang noch etwas Großartiges statt, Nachmittag für Nachmittag, Abend für Abend, in einem Innenhof der West 4th Street, abseits eines belebten, unauffälligen Abschnitts der Sixth Avenue, wo ein Strom von teils weit angereisten Menschen die kleinen Räume füllte. Sie waren Nachfahren von Rhodos, Kinder, Enkelkinder, Nichten und Neffen, aufgewachsen mit den Geschichten über die Juderia und mit den Menschen, die dort lebten, die mit alten judäo-spanischen Wiegenliedern in den Schlaf gesungen worden waren, die die *burekas* und *pastelles* und *travados* gegessen hatten, deren Rezepte über Generationen weitergereicht wurden, Menschen, die in einer alten Schublade Fotos aufbewahrten, die der Zuordnung bedurften, oder ein Objekt, das erklärt werden musste, ein filigranes Armband oder ein vor einem Jahrhundert besticktes Tuch, das die Zeit und den Ort seiner Entstehung, wo es getauscht, geliebt, verschenkt, geflickt und benutzt worden war, lange überlebt hatte. Sie kamen wegen der Musik, den Gesprächen, dem Tee und dem fast authentischen Gebäck … und sie kamen wegen Stella, die wie eine Dorfälteste in einem alten, mit einem türkischen Kelim bedeckten Sessel saß, Geschichten anhörte, Fragen beantwortete und viele eigene stellte.

Eines Abends war ich da, als eine Frau – sie hatte geduldig gewartet, bis sie an die Reihe kam – Stella fragte, ob sie ihre Mutter Fortunée gekannt habe. (Nicht die Fortunée, die in Auschwitz die Kerzen angezündet und die Gebete gesprochen hatte.) Stella wirkte kurz verwirrt, und dann plötzlich: «Sie meinen *Fortunata* – so kannten wir sie in Rhodos. Aber natürlich: Fortunata Soriano. Sie ging mit meiner Schwester Renée in eine Klasse, und ihre Mutter Behora Soriano war eine gute Freundin meiner Mutter, sie machten zusammen *passeggiate* und gingen ins Kino, und mit ihrem Mann kam sie oft nach dem Schabbat zur Hawdala vorbei …» Stella verband weitere Punkte – wo Fortunata gelebt, wie sie als Mädchen ausgesehen hatte –, und dann grub sie eine Erinnerung aus, die selbst für sie neu war, wie man an ihrer veränderten Miene, die plötzlich von innen heraus zu leuchten schien, erkennen konnte: «Wissen Sie», sagte Stella, «dass Ihre Mutter in Auschwitz beim Appell immer eine Pinzette *in ihrem Mund* versteckt hat?»

Stella verstummte einen Moment lang, dann stieß sie ein leises, ironisches, vielschichtiges Lachen aus. «Ich habe mit eigenen Augen gesehen, wie sie das Ding herausnahm. Sie sagte: ‹Meine Augenbrauen sind so dick, und das ist das sicherste Versteck. Und beim Appell dürfen wir sowieso nicht reden …›»

Die Tochter dieser Frau – mittleres Alter, zurückgebundenes blondes Haar – legte ihre Hände auf Stellas Schultern, und Stella erwiderte die Geste. Während sie dastanden, einander hielten und sich sehr lange ansahen, schien die Zeit aufzubrechen, und vor uns erschien kurz Fortunée / Fortunata.

Dann ging der Moment vorbei, und sie kehrte wieder zu den anderen Geistern zurück.

98

«Ich habe nachgedacht», sage ich so beiläufig wie möglich. «Würden die Leute, die diese Geschichte lesen, nicht gern etwas über das ... Intimleben der jungen Stella wissen, ich meine, wie es wirklich anfing?»

Sie bedenkt mich mit einem schwer zu deutenden Blick. Ein Hauch Spott ist erkennbar. Das ganz bestimmt. Wahrscheinlich auch leichte Genervtheit.

«‹Die junge Stella.› Sie sprechen von mir, als ob ich schon eine Romanfigur wäre.» Sie macht eine Pause. «Womit Sie gar nicht so falschliegen. Denn inzwischen sehe ich mich nach all den Jahren, in denen wir uns unterhalten haben, fast selbst so. Die junge Stella, die Sie erwähnen: Ich kenne sie, und ich kenne sie nicht. Vermutlich ist das normal, wenn man sich so weit in der Zeit von der Person entfernt hat, die man einmal war.» Wieder hält sie inne. «Aber ja, ich werde Ihre Frage beantworten – auf meine Weise.»

Auf ihre Weise: Stella ist eine unheimliche und zugleich clevere Scheherazade. Sie versteht es, mich hängen zu lassen, Woche für Woche, Moment für Moment, Satz für Satz. Bei bestimmten Themen lässt sie mich mittlerweile schon mehr als sechs Jahre warten, aber ich habe gelernt, dass es manchmal besser ist, nicht die drängende oder nächste Frage zu stellen. Meistens ist es interessanter, abzuwarten und zu sehen, was sie mir – auf ihre Weise – erzählen will.

Also warte ich.

«Die drei Männer, die ich Ihnen beschrieben habe», setzt sie langsam an, «Luigi, Gennaro und Renzo, gehörten zu den wichtigsten Menschen in dieser Phase meines Lebens.

Jeder, könnte man sagen, hat mir ein anderes Fenster geöffnet.»

Luigis Einfluss, erklärt sie, war zunächst hauptsächlich intellektuell – schließlich war er ein Lehrer, ihr Lehrer. Nicht nur in Rhodos, auch später in Florenz. Was er ihr gab, war unermesslich. Literatur, Geschichte, Oper. Freundschaft. Außerdem bot er ihr die Ehe und eine Familie in Italien an, eine Vision für ihr Leben, die sich großzügig und gangbar anfühlte – bis sie es doch nicht mehr war.

Renzo war eher weltgewandt, kultiviert, ein Mann, der in ganz Europa und im Nahen Osten Geschäfte machte. Sein Haus, sein Selbstvertrauen, seine Ideen, seine Zuversicht, die lebhaften, eleganten Essen, die er ausrichtete: All das faszinierte Stella. Was sie aber rückblickend wirklich beeindruckte, war die Klarheit, mit der er die Situation erfasste, als die Deutschen die Kontrolle über die Insel übernahmen. Er kehrte nicht einmal nach Hause zurück, um sich Wechselwäsche zu holen: Er ging einfach zu den Schiffen, wie sie mir bereits erzählte, übergab sein ganzes Geld und reiste ab.

«Genau das, was bestimmte Juden immer getan haben», sagt sie. «Nämlich die, die darin geübt sind, die Zeichen zu lesen.»

Aber hat es in ihr nichts ausgelöst, dass er wegging, ohne sich wenigstens zu verabschieden?

«Ich war nur neidisch», erwidert sie unmissverständlich. «Rückblickend wünschte ich, ich hätte das auch tun können.»

Dann war da Gennaro, der Dichter/Anwalt/Soldat, der Schwimmer mit der Empfindsamkeit des neunzehnten Jahrhunderts. In dieser Lebensphase, vielleicht sogar in ihrem ganzen Leben, war er vermutlich am ehesten ein Seelenverwandter für Stella. «Bis zum heutigen Tag denke ich oft an ihn. Die Art, wie er starb – die ihm unumgänglich und nicht verhandelbar erschien, die im zeitlichen Abstand jedoch für uns ziemlich anders aussieht. Aber auch die Art, wie er lebte, schrieb und redete. Was er von sich selbst gab …»

Sie lehnt sich in ihrem Sessel zurück und lässt ein kleines Schweigen entstehen.

«Wie Ihnen wahrscheinlich inzwischen klar ist, begann mein Intimleben mit einem dieser Männer. Es passierte. Aber zu sagen, mit wem – wieso müssen Sie das wissen?»

Sie wartet meine Antwort nicht ab – wobei ich auch keine hätte.

«Viel wichtiger ist es, zu verstehen, dass ich diese drei Männer kannte, dass ich sie gut kannte und tiefe Gefühle für sie hegte. Und dass ich sie als junge Frau in der Juderia sah und offen mit ihnen befreundet war, mit dem Einverständnis meiner Mutter. Sie verbot mir nie, mit ihnen auszugehen – sie lernte sie sogar alle kennen. Sie glaubte an mich und vertraute mir. Sie war ungewöhnlich: Sie erkannte, dass sich die Welt ringsum veränderte, und ich mich mit ihr, und so veränderte auch sie sich, wie mir später bewusst wurde.

Wieso ist es wichtig, mit wem man ins Bett geht? Entscheidend war der Einfluss dieser Verbindungen. Sie prägten mein Leben in diesen Jahren – und prägten damit auch *mich.*»

99

«Wir müssen zum Ende kommen, bevor ich am Ende bin», schreibt Stella am Anfang des neuen Jahres als Antwort auf meine E-Mail, in der ich ein Datum für unser erstes Treffen im Januar festlegen will. *«Dobbiamo finire prima che io finisca»* – in der (für mein Ohr) harten Möglichkeitsform, klingt es für mich noch krasser auf Italienisch.

Als ich am Samstag ankomme, öffnet eine unruhige Stella die Tür. Tiefe Schatten liegen um ihre Augen, und sie lässt sich schwerfällig in ihrem gewohnten Sessel nieder.

Ich packe die Kekse und Äpfel aus, die ich vormittags am frostigen Union Square gekauft habe. Dann schenke ich mir ein Glas Wasser ein und lege Computer und Notizbuch an den üblichen Platz auf dem Sofa.

Während der Woche habe ich Stella einen Artikel aus der *Times* über das Gedächtnis bei sehr alten Menschen weitergeleitet, und damit fangen wir an. Sie erzählt mir, ihr gehe es genauso, sie vergesse Dinge, banale Dinge, warum sie in diesen oder jenen Raum gegangen ist, ihre älteren Erinnerungen jedoch würden zunehmend klarer. Wir reden nicht zum ersten Mal gemeinsam staunend über ihr Gedächtnis und darüber, wie es funktioniert.

«Ich weiß nicht, warum es so ist», sagt sie, «aber ich sehe meine Großmutter jetzt direkt vor mir auf der Bank vor dem Haus sitzen, die in die Wand eingebaut war und Platz für ein Kissen bot, das sie morgens mit hinausnahm und am Ende des Tages wieder wegräumte. Sie sitzt da und beobachtet, wie das Leben vorbeizieht.»

Stellas Großmutter sitzt im fortgeschrittenen Alter draußen im hellen, milden Rhodos, während Stella in ihrem fortgeschrittenen Alter im Winter in einer New Yorker Wohnung eingesperrt ist.

Stella hat mir dieses Bild von ihrer geduldig dasitzenden Großmutter schon zuvor beschrieben, mir sogar schon die Bank gezeigt – hat sie das vergessen? Ich frage mich, wie schon des Öfteren, wenn sie sich wiederholt hatte, ob sie in die Lebensphase eingetreten ist, in der die Geschichten dieselben, die Bilder dieselben sind, aber einige Punkte sich nicht mehr verbinden. Dann, als würde sie meine Gedanken ahnen, sagt sie: «Ich habe Ihnen schon erzählt, dass ich meine Großmütter nicht sterben sah, aber ich sah danach ihre Leichname. Sie waren beide sechsundachtzig und starben im Abstand von einem Jahr. Und sie wirkten beide … friedlich.»

Sie verharrt einen Moment. «Wissen Sie, es hat etwas Beruhigendes, wenn man jung ist und weiß, dass Menschen an Altersschwäche sterben, einfach nur, weil sie alt sind. Das macht den Tod weniger … weniger beängstigend.»

Stella verstummt eine Weile und erzählt mir dann, sie habe auch viel über ihre Eltern nachgedacht, über ihre Ehe und wie sie arrangiert worden war; ihre Mutter, die aus einer Familie mit beträchtlichen Mitteln stammte – mit vielen Banker-Onkeln –, heiratete ihren Vater, dessen Herkunft bescheidener war. Auf den ersten Blick schien die Partie ziemlich unwahrscheinlich.

«Vielleicht waren sie verliebt», werfe ich ein.

Sie gibt ein abschätziges Geräusch von sich. Und dann: «Sie hatten großen Respekt voreinander. Vielleicht war das nach so vielen gemeinsamen Jahren genug.»

Eine Zeit lang sitzen Stella und ich schweigend da. Das kühle, fahle Winterlicht scheint durch die Fenster zu schweben und sich wie ein Nebel um uns zu verdichten. Stella wirkt weit entfernt, zurückgezogen.

Schließlich beugt sie sich vor und schaltet eine der weißen Porzellanlampen ein. Die Geste wirkt wie ein Punkt.

Sie geht zu einem anderen Thema über – so scheint es jedenfalls. Sie erwähnt eine alte Ausgabe der *New York Review of Books*, in der sie einen Artikel von Peter Brooks über eine neu aufgelegte Sammlung von Walter Benjamin mit dem Titel *The Storyteller Essays* gelesen habe. Sie greift zum Tisch neben ihrem Sessel und nimmt das Heft. «In diesem Artikel steht ein wunderschöner Satz», sagt sie, blättert die Seite um und hält sich den Text näher an die Augen. «‹Der Tod ist die Sanktion von allem, was der Erzähler berichten kann›», liest sie. «‹Vom Tode hat er seine Autorität geliehen.›»

Stella sieht mich mit einem Blick an – wieder ein Satzzeichen –, der sich anfühlt wie ein Pfeil in meiner Brust.

Sie reicht mir das Heft; ich bin froh, dass ich ihren Blick nicht erwidern muss.

Meine Augen bleiben an einer Stelle hängen. Ich lese vor:

> Der Erzähler *stellt einen Gegensatz her zwischen mündlicher Erzählung und gedrucktem Roman. Die Erzählung erwacht im Kreis der Arbeit, der Reisen und des Handwerks zum Leben: Sie ist eine mündliche Transaktion in der Werkstatt oder mit einem Reisenden, der zurückgekehrt ist, um seine Abenteuer den Zu-Hause-Gebliebenen zu erzählen. Es geht in erster Linie darum, dass eine Person ihre Lebenserfahrung in einem aktiven Austausch an eine andere weitergibt. Die Persönlichkeit des Erzählers, schreibt Benjamin, hafte an der Geschichte «wie die Spur der Töpferhand an einer Tonschale». Geschichten sind kurz*

und bündig, sie haben eine «keusche Gedrungenheit», die keiner Erklärungen bedarf. Sie entfalten sich im Rhythmus der Arbeit. Die Erzählung bietet menschlichen Rat. Was sie übermittelt, ist, in Benjamins verblüffend schlichtem Begriff, «Weisheit».

Merkwürdig, dass dieses Buch, diese Worte, ausgerechnet jetzt auftauchen.

«Sie sind die Reisende», sage ich zu Stella, «und Ihre Wohnung ist unsere Werkstatt.»

Sie überlegt einen Moment.

«Aber habe ich Weisheit übermittelt? Das ist die Frage.»

«*Ich* glaube schon. Ich *weiß*, dass Sie es getan haben.»

Sie nickt zögernd, als wäre sie nicht ganz überzeugt.

In der anschließenden Stille betrachte ich die rot-gelben Wände, die türkischen Teppiche auf dem Fußboden, die dicht gepackten Bücher, die weißen Lampen, die Licht auf Stellas langes, faltiges Gesicht werfen, wie seit nunmehr schon sechs Jahren.

«Letzte Nacht hatte ich wieder einen verstörenden Traum», sagt Stella nach einer Pause.

«Ach ja?»

«Ich träumte, dass ich auf einen lichterfüllten Raum zuging, und dort sah ich ausgerechnet Gruppen von Leuten aus Rhodos. Ich dachte: *Was tun sie hier? Habe ich sie eingeladen?* Rebecca Amato war dort, meine Cousine, die das Buch schrieb, und zwei meiner Schwestern, Renée und Selma. Ich dachte: *Rufen sie mich, sind sie gekommen, um mich zu holen? Ist es an der Zeit, mich ihnen anzuschließen?*»

«Was haben Sie gefühlt, als Sie die Leute sahen?»

«Ich war eigentlich hauptsächlich verwirrt. Aber dann … dann erschien meine Mutter. *Das* hat mich erschreckt. Und mich geweckt. Es war fünf Uhr morgens, und ich habe gezittert.» Sie macht eine Pause. «Es war einer der Träume, die bis in den Morgen hineinreichen, in den ganzen Tag. Sie wissen schon, bei denen die Grenze zwischen Wachzustand und Traum verwischt ...»

Ich nicke. Die Art Traum kenne ich.

Wieder Stille. «Ich bin neugierig», sage ich. «Welche Sprache wurde in dem Traum gesprochen? Judäo-Spanisch? Italienisch? Englisch?»

«Ich weiß nicht. Träume ... Träume sind manchmal jenseits der Sprache. Sie zeigen einem, womit man am stärksten verbunden ist.»

«Und was ist das?»

«Die Menschen, die einen rufen.»

100

Wir müssen zum Ende kommen, bevor ich am Ende bin. Stellas Leben ist es noch nicht, ebenso wenig wie ihre Geschichte.

Dank

In *Einhundert Samstage* wurde ein Leben aus der Erinnerung dargeboten, im Zeitabstand von sieben, acht und sogar neun Jahrzehnten zu den erinnerten Ereignissen. Die Geschichten selbst wurden in einer Sprache erzählt, in eine andere übersetzt, dann geformt und überarbeitet, bis sie ihren Weg auf die Seite fanden. In den über sechs Jahren, in denen Stella und ich uns trafen, wiederholte und überdachte sie ihre Geschichten mehr als einmal; zudem hörte sie nie auf, neue Informationen über die Welt aufzunehmen, in die sie geboren wurde, über die Ereignisse, die sie durchlebte, über die zentralen Orte und Menschen, die sie kannte. Und im Lauf ihres langen Lebens hat sie sich weiterentwickelt in ihrem Denken über das Mädchen, dann die junge und später die reife Frau, die sie einst war, und sie versucht noch immer den Menschen zu verstehen, der sie heute ist.

Ich habe mich bemüht, die Fakten hinter Stellas Erinnerungen zu recherchieren. Die meisten von Stellas Erinnerungen scheinen mit den historischen Quellen übereinzustimmen; wo es Unsicherheiten oder Abweichungen gab, habe ich mich an Stella gehalten, weil ich der emotionalen und psychologischen Wahrheit ihrer Erfahrungen immer mehr vertraute, und auch den Gründen, weshalb sie sich an etwas erinnert und es erzählt. Erinnerung ist nicht Geschichte; sie ist das Verständnis eines einzigen Menschen zu einem bestimmten Zeitpunkt von dem, was dieser Mensch erlebt hat, und mit diesem Verständnis und in diesem Geist wurde dieses Buch verfasst.

Eine Reihe von Menschen hat dazu beigetragen, *Einhundert Samstage* zu realisieren. Zentral ist natürlich Stella Levi selbst. Ihre Offenheit, Disziplin, Geduld und Großzügigkeit haben mich viel gelehrt und mich gründlich herausgefordert; ihr zuzuhören und sie kennenzulernen, war ein unvergessliches Erlebnis.

Natalia Indrimi, die Direktorin des Centro Primo Levi in New York, stellte mir Stella vor und war mir eine unverzichtbare Hilfe in vielen kritischen Augenblicken; zudem war sie eine einfühlsame und kompetente Leserin. Alessandro Cassin, der Vizedirektor des Centro Primo Levi, war über viele Jahre ein Schutzengel, der auf vielerlei Weise zu diesem Projekt beigetragen hat; er war ein scharfsinniger Leser, was Stella und diese Seiten betrifft. Beiden gilt meine zutiefst empfundene Dankbarkeit.

Aufrichtiger Dank auch an Makena Mezistrano für die Hilfe beim Transkribieren des Judäo-Spanischen nach dem Aki-Yerushalayim-System, das die Sprache phonetisch wiedergibt und von der National Authority for Ladino in Jerusalem entwickelt wurde. Eine häufig benutzte Variation der Rhodeslis ist die Vokalanhebung (*mano* wird *manu*, *borekas* wird *burekas* etc.), dort, wo Stella diesem Muster folgt, habe ich es auch getan. Gleiches gilt für eine Handvoll wesentlicher Wörter, die Stella in bestimmten Kontexten in einer besonderen Form erinnert, etwa *enserradura* und *tenemi aki*.

Im Anschluss füge ich eine gekürzte Liste von Büchern und Essays über Rhodos und Italien unter dem faschistischen Regime hinzu, die ich erwähnt oder konsultiert habe, aber besonderen Dank möchte ich den Historikern Marco Clementi und Anthony McElligott für die bereitwillige Beantwortung zahlreicher Fragen aussprechen.

Für die großartige Archivarbeit und Großzügigkeit möchte ich Aron Hasson danken.

Für verschiedene Gefälligkeiten und viel Ermutigung bedanke ich mich außerdem in alphabetischer Reihenfolge bei: Stefano Albertini, Elisabetta Beraldo, Andrea Canobbio, Camuggi Frank, Lucia Frank, Merona Frank, Sophie Frank, Rebecca Samonà, Jo Anne Schlesinger, Ileene Smith, Peter Stastny, Sarah Abrevaya Stein, Jean Strouse, Giorgio van Straten und Jane Varkell.

Dank auch an die John Simon Guggenheim Memorial Foundation für die begeisterte Unterstützung dieses Projekts und seines Autors.

Und wie immer, großen Dank an meine treuen und unerschütterlichen Leserinnen und Leser Andrea Chapin, Steven Frank und an meine Agentin Sally Wofford-Girand sowie die scharfsinnige und engagierte Lauren Wein, die zusammen mit Amy Guay und dem Rest des Teams bei Avid Reader Press diesem Buch ein großartiges Zuhause gegeben haben.

Ausgewählte Bibliografie

Alhadeff, Vittorio. *Le chêne de Rhodes: Saga d'une grande famille sépharde.* Paris: Lior éditions, 2019.

Angel, Marc D. *The Jesus of Rhodes: The History of a Sephardic Community.* New York: Sepher-Hermon Press, 1998.

Benatar, Isaac. *Rhodes and the Holocaust: The Story of the Jewish Community from the Mediterranean Island of Rhodes.* Bloomington, IN: iUniverse, 2010.

Benatar, Jacqueline, und Myriam Benatar. *Si je t'oublie, Rhodes: Mémorial de la Communauté juive de Rhodes de 1939 à 1945.* Jerusalem: Editions JEM et Erez, 2012; Correctum et Addendum, 2019.

Bierman, John. *Odyssee. 1940–1944. Vier Jahre auf der Flucht durch Europa. Stationen einer dramatischen Reise.* Berlin: Ullstein, 1985.

Clementi, Marco, und Eirini Toliou. *Gli ultimi ebrei di Rodi: Leggi razziali e deportazioni nel Dodecaneso italiano (1938–1948).* Rom: DeriveApprodi, 2015.

Franco, Hizkia M. *The Jewish Martyrs of Rhodes and Cos.* New York: HarperCollins, 1994.

Galante, Avram. *Histoire des juifs de Turquie.* Vol. 7. Istanbul: Isis Press, 1988.

Levi, Primo. *The Complete Works of Primo Levi.* Hg. Ann Goldstein. New York: Liveright, 2015.

Levis Sullam, Simon. *The Italian Executioners: The Genocide of the Jews of Italy.* Princeton, NJ: Princeton University Press, 2018.

Lévy, Isaac Jack. *Jewish Rhodes: A Lost Culture.* Berkeley, CA: Judah L. Magnes Museum, 1989.

Lévy, Isaac Jack, und Rosemary Lévy Zumwalt. *Ritual Medical*

Lore of Sephardic Women: Sweetening the Spirits, Healing the Sick. Urbana und Chicago: University of Illinois Press, 2022.

Levy, Rebecca Amato. *I Remember Rhodes.* New York: Sepher-Hermon Press, 1987.

Livingston, Michael A. *The Fascists and the Jews of Italy: Mussolini's Race Laws, 1938–1943.* Cambridge, UK: Cambridge University Press, 2014.

McElligott, Anthony. «The Deportation of the Jews of Rhodes, 1944: An Integrated History.» In *The Holocaust in Greece*, Hg. Giorgos Antoniou und A. Dirk Moses, 58–85. Cambridge, UK: Cambridge University Press, 2018.

Menascé, Esther Fintz. *Gli ebrei a Rodi: Storia di un'antica comunità annietata dai nazisti.* Mailand: Guerini e Associati, 1992.

Menascé, Esther Fintz. *A History of Jewish Rhodes.* Los Angeles: Rhodes Jewish Historical Foundation, 2014.

Modiano, Sami. *Per questo ho vissuto: La mia vita ad Auschwitz-Birkenau e altri esili.* Mailand: RCS Libri, 2013.

Pignataro, Luca. *Il Dodecaneso italiano 1912–1947.* Vol. 3. Chieti, IT: Edizioni Solfanelli, 2018.

Sarfatti, Michele. *The Jews in Mussolini's Italy: From Equality to Persecution.* Madison: University of Wisconsin Press, 2006.

Sarfatti, Michele. *La Shoah in Italia: La persecuzione degli ebrei sotto il fascismo.* Turin: Giulio Einaudi Editore, 2005.

Shachar, Nathan. *The Lost Worlds of Rhodes: Greeks, Italians, Jews and Turks Between Tradition and Modernity.* Eastbourne, UK: Sussex Academic Press, 2013.

Stille, Alexander. *Benevolence and Betrayal: Five Italian Jewish Families Under Fascism.* New York: Summit Books, 1991.

Tescione, Gennaro. *Una luce che si spense il 9 dicembre 1943.* Caserta, IT: Società di Storia Patria di Terra di Lavoro, 1993.

Varon, Laura. *The Juderia: A Holocaust Survivor's Tribute to the Jewish Community of Rhodes.* Westport, CT: Praeger, 1999.

Bildnachweis

Alle Fotos © Stella Levi außer
Tafel 4 oben: © www.jewishrhodes.org
Tafel 8 oben: © Artemis Alcalay
www.greekjewsholocaustsurvivors.art
Tafel 8 unten: © Robin Siegel